JN439302

군자오불 학자오불

조미애 칼럼집

신아출판사

| 책머리에 |

교육으로 행복한 나라를 꿈꾸며

학생들이 많이 변했다고 합니다. 변해버린 학생들로 인해 교단을 떠나야 한다고 생각한 적도 있었습니다. 그런데 변화하는 학생이야말로 미래의 희망이었습니다. 이제 다시는 희망을 잃지 않을 것입니다.

교사가 되어 대한민국 교육에 큰 역할을 해봐야겠다는 그러한 꿈은 애초 없었습니다. 그저 눈 맑은 어린 학생들과의 만남이 즐겁고 행복했습니다. 시골길을 달리는 완행버스 안에서 옆에 앉은 아주머니가 선생이냐고 물었을 때 부끄러웠다는 말을 할 때까지는 적어도 그랬습니다. 그런데 별 생각 없이 교무실에서 했던 그 말에 노한 초임지 교감선생님의 호통을 듣고서야 정신이 번쩍 들었습니다. 선생에게서 선생 냄새가 나야지 무슨 말이냐는 것이었습니다. 지금 나는 교사로서 교사냄새가 있는 사람이고 싶습니다. 세상에 선생냄새를 풍기고 싶습니다.

이 글들은 1980년 사범대학을 졸업하고 교단에서 학생들과 함께하면서 써 왔던 것입니다. 미래의 교육비전을 생각하다보니, 1980년에서 2030년까지 꼭 50년이었습니다. 반백년입니다. 학습하는 미래사회가 내게 지나간 25년을 되돌아보게 한 것입니다. 여기에 담긴 것은 주로 과거 25년 동안의 교육에 대한 생각입니다. 이제 이 책을 펴내면서 나는 25년 후 우리 교육을 상상하고자 합니다. 많은 것이 달라진 것 같으면서도 크게 달라진 것 없는 것이 바로 교육 현장이기 때문입니다.

아이들과 부딪히고 그로인해 만들어진 상처를 혼자 어루만지던 날의 일기인지도 모르겠습니다. 문교부, 초등학교 등 바뀐 일부 용어는 교육인적자원부, 초등학교 등으로 수정했으나 가급적 당시의 상황을 헤아리고자 글 말미에 발표했던 연도를 남겨두었습니다.

목표는 나의 시 〈노나라 재경〉에게 있으며 교단은 내게 영원한 희망입니다. 비록 공교육이 부실하다고 하더라도 내 아이들을 이곳에 맡기고 결국 이 자리에서 끝까지 희망을 찾을 것입니다. 교육으로 행복한 국민, 교육으로 행복한 나라에 나의 모든 것을 담고 싶습니다.

> 사흘을 재계하여/ 상이나 벼슬을 얻는 따위의/ 사욕을 버리고// 닷새를 재계하여/ 세상의 칭찬이나 비난/ 작품의 공교함과 치졸함에 대한/ 관심마저 버리고// 이레를 재계하여/ 사지와 육체의 형체조차/ 잊어버리게/ 마음을 어지럽히는 모든 것/ 깨끗이 사라지도록 한 후에/ 그렇게 한 연후에// 재질이 최상이어야/ 훌륭한 작품이 될 수 있으니// 숲에 들어가/ 나무 본래의 자연스러운 성질과/ 모습을 관찰하고/ 재목을 선정하고/ 마음속에 만들 모양을 그려보고/ 비로소 손을 대어 악기를 만들었던/ 노나라 재경처럼// 그렇게 시詩 한 편 쓰다 가리// 내 마음의 자연스러운 본성이/ 나무와 하나가 되듯// 내 마음의 자연스러운 심성이/ 내가 쓰는 글과 하나가 되듯

차례

제1장 항상 봄처럼 새로워라

제3장 북치는 남편 노래하는 아내

제4장 맨 처음 거둔 햅쌀로 성주단지를 채우고

제5장 잃어버린 학생을 찾아서

제1장 항상 봄처럼 새로워라

군자오불이란 군자가 해서는 아니 될 다섯 가지의 덕목을 말하는데, 제1불不은 남에 따라 내 지조를 바꾸지 않는 것이다. '남나름이즘'이 아니라 '내 나름이즘'이라고 할 수 있다. 군자의 제2불不은 싫고 밉다고 하여 남을 모함하지 않는 것이다. 오늘날 자신의 이익을 위해서 무차별적으로 인신공격만을 일삼는 일부 어리석은 사람들에게 꼭 들려주고 싶은 말이다. 군자 제3불不은 귀천에 따라 대접을 달리 하지 않는 것이요. 군자 제4불不은 작은 예절에 구애받지 않는 것이며, 군자 제5불不은 남의 실수나 흉을 들춰내지 않는 것이다.

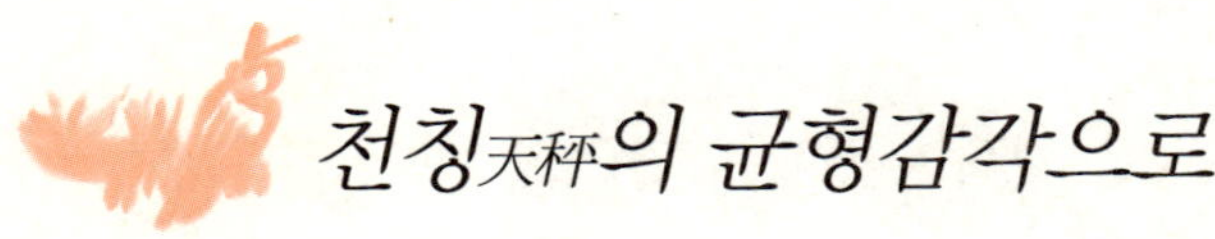

천칭天秤의 균형감각으로

멀리 모악산 정상이 환히 보이면서 아침 햇살이 베란다에 가득하다. 불과 며칠 전까지만 해도 몰아치던 눈보라에 길 건너 건물조차 분간하기 어려웠던 때가 있었는데, 새해가 밝으니 어느새 먼 옛날이야기처럼 느껴진다. 하지만 아직 도로 곳곳에는 그 당시 쌓였던 눈들이 얼어붙은 채 남아 있고 쓰러진 비닐하우스가 온전한 제 모습을 찾기는 쉽지 않을 것 같다. 깜빡하여 눈길 주지 못한 사이 아파트 베란다에 두었던 베고니아 잎이 얼어버렸다. 빛을 향해 잎이 굽어지는 성질이 있는 화초들이 몹시도 추웠던 날 밤 추위를 이기지 못한 모양이다.

저울 중에서 가장 정밀도가 높은 것은 천칭天秤이라고 불리는 맞저울이다. 지렛대의 중앙을 받침점으로 하고 자유로이 상하로 움직일 수 있게 함으로써 한 쪽에는 측정하고자 하는 물체를 올려놓고, 다른 쪽에는 분동을 놓아 양쪽에 작용하는 힘이 균형을 이루는 수평 원리를 이용한 저울이다. 저울로 물체가 지니는 고유한 양인 질량을 측정할 때 가장 먼저 해야 할 일은 영점을 맞추는 일이다. 영점을 조절하는 것은 저울에 아무것도 올려놓지 않은 상태에서 좌우대칭 균형을 이루는 작업이다.

사회의 불평등과 교육의 불평등이 날로 심화되고 있는 오늘날 천칭의 균형감각은 더욱 절실하게 필요하다. 나라의 장래와 희망은 교육에 있고, 교육은 우리 사회에 평형의 상태, 균형의 상태, 좌우 대칭의 상태를 만들어준다.

계층간에 심한 격차로 몸살을 앓고 있는 교육격차를 해소하기 위해서는, 대통령의 공약이기도 했던 GDP 6% 교육재정의 안정적인 확보가 시급하다고 본다. 참여정부가 출범한 2003년 이래 교육재정의 GDP 대비 비율은 계속적으로 하락하여 2005년에는 4.2%수준으로 떨어졌다. 지방채를 포함해도 4.4% 수준이다. OECD 평균과 비교하면 GDP 대비 공교육에 투자하는 비중이 높지만 이 역시 정부가 부담하는 교육비보다는 학부모가 부담하는 비용이 다른 나라에 비해 많기 때문이다.

무엇보다도 학부모의 교육부담을 줄이고 사교육비를 절감하여 공교육을 살려, 신뢰와 만족을 주는 교육강국을 만들어야 한다. 2001년 이후 4년 동안의 전라북도 14개 시군에서 투자한 교육경비보조금을 보면 자치단체별로 너무도 큰 차이가 나고, 지방세 대비 교육보조금의 비율은 대부분이 1%내외인 것은 참으로 슬픈 일이 아닐 수 없다. 교육의 기회와 과정 그리고 결과에까지 사회적 불평등이 재생산된다면 자치단체는 책임을 면할 수 없을 것이다.

전라북도에서는 도내 학생의 38%가 교육받고 있는 전주시가 앞장서고 각 시군이 그 역할을 다하여 적극적으로 교육에 대한 투자를 확대하여 인재를 양성하고 훗날 그들이 고향을 위해 열심히 일할 수 있는 여건을 만들어주기 바란다. 그래야만이 잠시 추위에 쓰러졌다가도 사랑의 빛으로 다시 일어서는 화초처럼 우리도 미래를 꿈꿀 수 있지 않겠는가.

2006

지역 계층간 교육격차 해소를

춘삼월을 기다리다 남도까지 봄 마중을 다녀왔다. 도심을 벗어나자 바람결이 벌써 다르다. 진즉 겨울의 흔적을 털어낸 듯 촉촉하게 물기를 머금은 땅은 속살을 드러낸 채 씨앗을 기다리고 있었고 아직 객토를 하지 않은 논과 밭에서는 막 올라온 풀싹들이 푸릇푸릇하다. 분홍 꽃이 수놓인 블라우스 위에 연두 빛 얇은 스웨터를 입고 나온 시인은 어느새 개부랄 꽃을 찾았는지 우리에게 건넨다. 하늘빛을 꼭 닮은 작고 앙증맞은 꽃자매가 도톰한 잎 위로 고개를 내밀어 인사를 한다.

세상에서 가장 별난 기업으로 브라질에 본사를 두고 있는 셈코의 리카르도 세믈러는 최고경영자를 일컫는 CEO를 Chief Executive Officer가 아닌 Chief Enzyme Officer 즉 '최고 효소 임원' 이라고 한다. 촉매제라는 말이다. 촉매란 자신은 변화하지 않으면서 다른 물질의 화학반응을 돕는 물질이다. 지긋이 손을 내밀어 자연 속으로 나를 끌어내는 선배의 마음과도 같다.

훈훈하게까지 느껴지는 바람이 잔가지를 흔들고 지나간다. 숨을 깊게 들이마심으로 어느새 다가온 봄을 만져본다. 몹시도 그리웠던 것처럼 흙냄새가 온몸으로 혈관을 따라 조직세포마다 스며드는 것만 같다. 내일모레 처음 학교에 가는 어린아이처럼 즐겁다.

바람은 우리에게 고정되어진 사고를 전환하라고 요구하고 있었다. 변화와 혁신적인 경영으로 성공한 셈코처럼 일하는 방식을 바꾸라고 말하는 것이다. 세믈러가 말하는 효소와 같은 지도자는 오늘날 우리 사회가 필요로 하는 사람이다. 직장에서는 상사가 해야 할 역할이며 학교에서 교사의 역할이 바로 그렇다.

아이들이 깔깔거리면서 뛰어가고 있다. 아직 외투를 벗지는 않았지만 자유롭게 놀고 있는 모습이 무척 평화롭고 안정되어 보인다. 도시에서 아이들과 마주했을 때 느껴지는 알 수 없는 불안이 그곳에는 없었다.

최근 한국농촌경제원의 조사에 의하면, 농업주민의 농촌생활 만족도는 겨우 10%를 웃도는 정도라고 한다. 도시에 살고 있다하여 모두가 생활에 만족한다고는 할 수 없지만, 52%이상이 농촌생활에 불만족이라는 것은 문제가 크다. 요인으로는 열악한 교육여건이 우선 그렇고 복지시설의 부족이나 사람들의 부정적인 인식 그리고 불편한 주거환경 순으로 나타나고 있다.

우리에게는 교육의 계층간 지역간의 격차를 해소하는 일이 시급한 일이 되었다. 미국에서는 로빈후드정책이라 하여 교육재정 재분배를 통한 격차를 해소하고 있으며, 영국은 EAZ(Education Action Zone) 프랑스에서는 ZEP(Les Zone d' education prioritaire)라 하여 교육투자우선 지역을 도입하고 있다. 교육투자우선지역 사업은 학업성취를 향상시키고 교육에 대한 패러다임이 전환되는 계기가 될 것이다.

한나절의 나들이를 통해 내 안에 남도의 봄빛을 담아 왔다. 아름다운 자연 속에 한 폭의 풍경화처럼 교육으로 우리 아이들이 행복하고 자유롭고 평화로웠으면 좋겠다. 2006

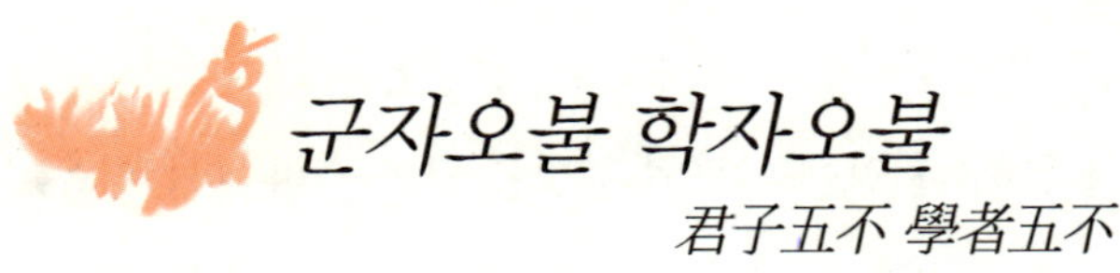

군자오불 학자오불

君子五不 學者五不

잠시 창 밖에서 눈을 떼고 있는 동안 비가 내렸나보다. 마른 땅이 물기를 머금고 촉촉하게 젖으니 금방이라도 연두 빛 새순이 틈새로 얼굴을 내밀 것만 같다. 요 며칠 동안 불어 온 훈훈한 바람까지 가세한다면 봄의 싱그러움이 이미 곁에 머물러 있음을 알 수 있다.

멀리서 오신 손님들과 함께 '강암서예관'을 찾았다. 전주 남천의 물소리를 들으면서 오랜만에 한가롭게 옛 묵향의 세계에서 행복한 한나절을 보낼 수 있었다. 아래층에서 강암剛庵 송성용의 글씨를 감상한 후에 이층에 올라 이항복의 글씨와 단원의 그림 등을 다시 보면서 문득, 조선 후기의 학자 홍만종洪萬宗이 평생 지켰다는 군자5불君子五不을 생각했다.

군자오불이란 군자가 해서는 아니 될 다섯 가지의 덕목을 말하는데, 제1불은 남에 따라 내 지조를 바꾸지 않는 것이다. '남나름이즘'이 아니라 '내나름이즘'이라고 할 수 있다. 군자의 제2불은 싫고 밉다고 하여 남을 모함하지 않는 것이다. 오늘날 자신의 이익을 위해서 무차별적으로 인신공격만을 일삼는 일부 어리석은 사람들에게 꼭 들려주고 싶은 말이다. 군자 제3불은 귀천에 따라 대접을 달리 하지 않는 것이요. 군자 제4불은 작은 예절에 구애받지 않는 것이며, 군자 제 5불은 남의 실수나 흉을 들춰내지 않는 것이다.

과거와 달리 훨씬 다변화된 사회에 살고 있는 우리들에게 군자오불은 오히려 더 필요한 덕목이 아닌가 싶다. 항상 나를 낮추고 남을 배려하는 마음을 갖는다면 우리 사회는 한 폭의 아름다운 산수화처럼, 화선지위에 먹빛으로 담긴 옛 성현의 글씨처럼 그렇게 날마다 깊은 감동을 주고받으며 행복할 수 있을 것이다.

고전 역학적으로는 전자가 통과할 수 없는 장애물의 터널링 현상에 관해 집중적으로 연구했으며, 반도체에 불순물을 첨가함으로써 고체상태 반도체의 특성을 조절하는 방법을 고안하여 1973년, 32세에 노벨물리학상을 수상한 에사키 레오나(江崎玲於奈, Esaki Reiona)박사가 훌륭한 연구자가 되기 위해 평생 스스로 다섯가지의 금기사항을 지킨다고 했던 말이 기억난다. 학자오금學者五禁인 셈인데, 나는 이것을 학자오불學者五不로 받아들여 이해하고 있다. 학자 뿐 아니라 배우고 익히기를 게을리 하지 않는 사랑스러운 우리 아이들을 비롯하여 평생교육이 필요한 현대인들이 꼭 담아두어야 할 의미이다.

학자의 제1불은, 이전에는 어떠어떠했느니 하는 과거의 관습이나 관례에 얽매이지 않는 것이요. 제2불은 유명 하느니, 권위가 있느니 하는 등의 명성에 얽매이지 않아야 하며, 제3불은 세상 잡사에 관심을 흩뜨리지 않는 것이고, 제4불은 좌절이나 실패를 두려워하지 않음이요. 제5

불은 만사를 통달한 체 말고 어린이처럼 호기심을 잃지 않아야 한다는 것이다.

과학 선생님들이 모여서 어떻게 하면 보다 즐거운 수업을 학생들에게 제공할 수 있을 것인가에 대하여 연구하고자 세미나 및 워크숍을 기획하던 얼마 전의 일이다. 협의 중인데 멀리 강원도에서 전화가 왔다. 그는 최근 어떤 실험 자료를 개발했는데 전주에서 하는 워크숍에 참여하여 선보이고 싶다고 말했다. 과학을 공부하는 사람들은 '이동준자바실험실' 이라는 인터넷사이트를 모두 잘 알고 있다. 중학교 현직교사인 그는 가상 과학실험 자료를 만들어 우리나라 과학교육에 혁신적인 새바람을 불러일으킨 사람으로 전화를 건 장본인이었다. 워크숍 날 손수 제작한 자료들을 들고 와 참석한 전북의 초·중등선생님들에게 정성을 다해 설명하고 시연하는 모습에는 바르 학문하는 사람의 태도가 살아 있었다.

어느 경우에는 실제로 자신이 알고 있는 것에 대해서 크게 평가하고 과대포장은 물론 확대하여 내보임으로 이내 실망하게 만드는 사람이 종종 있다. 하지만, 정성스러운 마음으로 유심히 살펴 찾아보면 21세기를 살고 있는 진정한 군자로서 학문하는 태도를 바르게 지닌 사람이 우리와 가까운 곳에 있다는 것을 알 수 있다. 적극적이고 역동적이며 어린이처럼 호기심을 잃지 않는 사람들이 있기에 추운 겨울이 지나면 꽃향기 날리는 봄이 오는 것이리라. 그래서 오늘도 나는 행복하다. 2004

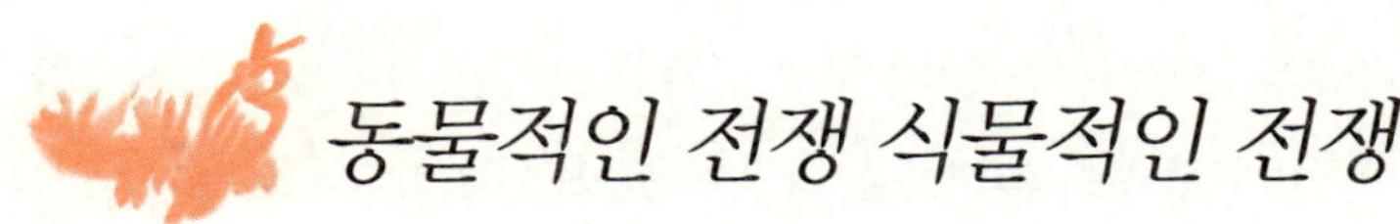

동물적인 전쟁 식물적인 전쟁

우리나라 6.25 이후의 모습이라는 제목으로, 오늘 아침 몇 장의 사진이 메일로 전해져 왔다. 가끔 보아오던 흑백사진이 아니라 칼라로 처리된 것이, 우리에게도 전쟁이란 그리 오래된 과거가 아니라는 사실을 더 크게 실감나게 한다.

몇 장의 사진을 통해 전쟁의 상흔을 바라보면서, 나는 전쟁을 직접 겪은 세대가 아님에도 불구하고 결코 낯설지가 않음에 조금씩 놀라고 있다. 오히려 홑겹의 무명 치마저고리를 입고 무심한 얼굴로 전장 속에 서 있는 소년과 소녀의 모습들이 어릴 적 나를 보고 있는 것 같은 착각을 하게 한다. 동물적인 전쟁의 결과이다.

우주에서 내려다보면 이데올로기의 대립으로 인해 총칼로 무장한 사람들의 전쟁과 밀림 동물들의 생태 환경, 나무뿌리들의 영토 확장과 식물들의 경쟁 모두가 매한가지 일상처럼 보이는 것일까? 인류의 역사를 되돌아보면 피로 얼룩진 전쟁의 역사서를 읽는 것만 같으니 말이다. 우리에게 생명이라는 것이 정녕 어떠한 가치를 지니는 것인지조차 의문이다. 인간 생명의 존귀함을 너무도 하찮게 생각하는 오늘의 현실에 그저 마음이 무거워질 뿐이다.

바다 속에서 서로 먹고 먹히는 물고기들의 생존이나, 정글에서 싸워 잡아먹고 먹히는 동물들의 천적관계에 대하여, 생태계의 평형을 유지하는 과정이라고 학습하면서도 정작 인간들이 지극히 사소한 감정이나 자국의 경제적인 이익을 위해서 인위적으로 일으키는 전쟁에 대하여는 구구하게 당위성을 주장하는 것을 보면서, 인간만큼 이기적인 동물이 우주 어느 곳에 또 있을까 싶다.

어느새 길어진 햇살이 아파트 베란다를 깊숙하게 찾아 들어온다. 유리창을 통해 볼을 건드리는 빛의 온도가 따뜻하게 느껴진다. 시루항아리에 심은 접란의 잎도 누릇누릇하여 왠지 생기를 잃어 보인다. 오래도록 긴 꽃대를 흔들면서 작고 귀여운 하얀 꽃을 피워내던 것이다. 며칠 돌보지 못한 사이에, 틈을 비집고 자리를 잡은 괭이밥이 오히려 싱싱하다. 남의 집에 숨어들어 온 놈이, 주인이 잠시 무심한 사이에 뿌리를 내려버린 것이다. 그런데 한 분에 난 두 식물이 그리 흉하지 않고 오히려 작은 숲을 키운 듯하여 그냥 그렇게 두고 보기로 했다.

흙으로 빚어낸 분盆 안에서/동설란의 새 순과/이름 모를 어린 싹 하나가/싸우고 있다/긴 겨울 튼실한 알뿌리 덕에/매운 추위 다 이겨낸 생명이라서/힘이라면 누구와도 견줄 만하나/이름조차 알 수 없는 풀씨 역시/만만한 것은 아니다/아직 이른 봄날 오후/길게 들어 온 햇살을/서로 탐내고 가두어 가면

서/좁은 화분 안에 뿌리를 뻗어/땅을 훔쳐 넓히는/순筍들의 전쟁

— 〈순筍들의 전쟁〉 전문 —

나의 첫 시집 『풀대님으로 오신 당신』에 발문을 주신 이흥우 시인은 내게 이런 말씀을 하셨다.

“언젠가 본 풍신수길(豊臣秀吉 토요토미 히데요시)의 특이한 한 수 의 단가(短歌 : 和歌)생각이 났다. ‘깊은 바다 속에서도 전쟁이 있다. 서로 죽이고 죽는’ 그것은 깊은 바다 속에서 서로 잡아먹고 잡아먹히는 물고기들의 생태를 매우 주관적으로 읊은 내용이었다. 풍신수길은 미천한 농부로 태어나 일본의 전국시대를 싸움과 싸움으로 살고 겪으며 무장으로 마침내 일본 정치의 제1인자로까지 올라 간 인물이었다. 임진왜란은 그의 전국시대적인 생리가 매우 비정상적으로 돌출한 대 실패작이었다. 바다 속의 생태를 그렇게 읊은 그의 단가에는, 어쩔 수 없는 그의 전국시대를 산 숙명적인 생리가 반영되었다는 생각을 나는 했다. 바닷물고기의 상처에서 나는 비린내(혹은 동물적인 살의殺意)같은 것이 느껴지는 것이다.

시에서 노래하는 것은 동물적인 살의가 아니라 식물적인 생존경쟁의 영위이다. 버젓한 동설란의 새 순과 이름 모를 풀싹이 그 분(세계)안에서 1:1 의 평등한 자격을 가지고 영토 확장의 전쟁을 한다. 전쟁은 전쟁이지만 거기서 발산되는 것은 생선 같은 피의 비린내가 아니라, 산뜻하고 상긋한 풀내이다.

싸움은 싸움, 전쟁은 전쟁이지만, 그것은 상호절멸의 전쟁이 아니다. 하나의 지구 위에서 서로 생존경쟁을 벌이면서도, 아직은 각각 상호공

존의 환경적, 생태적 밸런스를 유지하는, 어딘가 미소를 머금게 하는 전쟁이다. 그것을 평화라고 하기에는 더욱 동적이고 그것을 전쟁이라고 하기에는 더욱 정적이다. 그런 동動과 정靜, 그런 평화와 그런 전쟁이 함께 깃들여 산다."

춘추시대 동성同性의 형제국 괵나라와 우虞나라 옆에 대국 진晉나라가 있었다. 진은 괵나라를 치고자 우나라에 많은 선물을 보내면서 길을 내어 달라고 요구했다. 어리석은 우공은 진기한 보물에 현혹되어 흔쾌히 허락을 했다. 이때 충신 궁지기宮之奇가 간곡하게 순망치한(脣亡齒寒, 입술이 망하면 이가 시리다)의 예를 들어 이를 말렸지만, 우공은 궁지기의 간언을 받아들이지 않았던 것이다. 결국 진의 대군은 우공이 빌려준 길을 따라 괵나라를 치고, 돌아오는 길에 우나라까지 쳐서 멸망시키고야 말았던 것이다.

동물적인 전쟁은 어느 경우에라도 이미 비릿한 냄새가 난다. 더구나 그것이 인간의 극대화된 이기심과 자국의 이권을 위해 이런저런 트집을 끌어내어 의도적으로 일으킨 경우에는 더욱 그러하다. 2003년 올해는 내내 이라크전에 대한 보도를 접하면서 자꾸만 순망치한의 이야기를 떠올렸다.

할 수만 있다면 문화예술을 통해서 이 땅의 모든 동물적인 전쟁을 식물적인 전쟁으로 환원시켜야 할 것이지만, 어느 경우에라도 우리가 순망치한의 어리석음에 빠져서는 안되겠다는 생각을 해본다. 2003

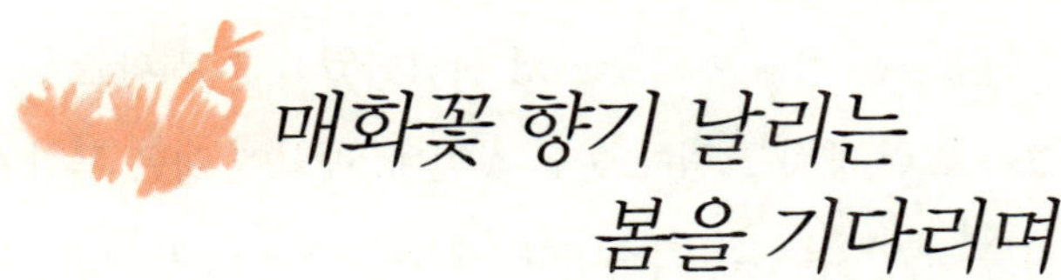

매화꽃 향기 날리는 봄을 기다리며

산과 들에 잔설이 남았어도 한낮의 햇살이 지나가는 자리에서는 어느 사이 초록의 연한 새잎들이 눈에 뜨인다. 봄이 오는 길목이다. 매서운 바람과 북서계절풍이 오래오래 머물면서 결코 떠나지 않을 것 같더니만, 이렇게 조용하면서도 스미듯 다가오는 봄의 소리에 겨울은 이미 그 힘을 잃어버린 듯하다. 이제 머지않아 아름다운 색깔과 고운 향기로 마른 가지를 흔들어 깨울 봄꽃을 보게 될 것이라는 기대감에 가슴이 설렌다.

청나라 문인 이방응李方膺은 그의 시 〈매화를 그리노라 (제화매題畫梅)〉에서, "휘호낙지묵흔신 기점매화최가인 원차천풍취득원 가가문항진성춘(揮毫落紙墨痕新 幾點梅花最可人 願借天風吹得遠 家家門巷盡成春)"이라 하여 "종이 위에 붓 휘두르니 묵색 산뜻한데, 매화 한 점 그려 놓으니 참으로 즐겁도다. 하늬바람 빌려 멀리멀리 날려서, 집집마다 거리마다 봄 활짝 피게 하고 싶어라."고 노래하였다.

이방응은 평생 매화를 가장 사랑하였고 또 매화를 잘 그렸다. 이 시는 그가 그린 매화 그림에 붙인 것인데, 매화에 대한 그의 사랑이 어떠했는지를 잘 알 수 있는 작품이다. 시는 그가 지금 누리고 있는 기쁨을 이 세상 모든 이에게 골고루 나누어 온 세상을 봄볕으로 감싸 안으려는 넉넉한 마음을 담고 있다.

이월이 되면 동네 언니들과 함께 나물을 캐러 다니던 어린 시절 생각이 난다. 얼었던 땅이 녹기 시작하여 조금은 질펀해진 언덕에서 우리들은 무릎에 젖은 흙을 묻혀가며 나물을 캤다. 먹을 수 있다는 나물을 찾아 서투른 솜씨로 뿌리를 다듬어서 바구니를 겨우 채우다보면 한나절 해가 이울었다. 둔한 나와는 달리 익숙한 손놀림으로 어느새 한 바구니 가득 나물을 캐는 언니들의 나물 캐는 모습은 참으로 예술적이었다. 결코 지워지지 않는 한 폭의 아름다운 풍경화로 간직하고 있다.

새로운 봄을 맞이하면서 나도 누군가에게 작은 행복을 전할 수 있었으면 좋겠다. 지난날의 이야기를 나누면서 함께 웃어줄 사람이면 더욱 좋겠다. 봄이 오는 갈재蘆嶺에 올라 파릇파릇 새로 돋아나는 세상을 바라보고 싶다. 내게 주어진 기쁨 조금이라도 상긋한 풀냄새 나는 봄바람에 실어 멀리멀리 보내고 싶다. 2004

4월 과학의 달을 보내며

멀리 장다리꽃이 노랗게 대공으로 서 있다가 바람이 불자 알 수 없는 언어로 말하듯 하늘거린다. 오늘 아침에는 드디어 도라지꽃이 한밭 가득 피었다. 출근길에 연보라 빛 꽃밭을 그냥 스치고 지나기에는 못내 아쉬운 마음이 남아 자꾸만 되돌아보곤 했다. 하늘거리는 것들이 모두 실크 블라우스처럼 부드럽게 계절의 움직임을 알려주고 있다. 그렇게 한낮의 눈부신 햇살을 맞으면서 어느새 4월이 다 가고 있다.

중학교 시절 음악시간에 〈사월의 노래〉를 지정곡으로 한 가창시험이 있었다. 한창 변성기였던 나는 음악선생님께서 세 번이나 음을 내려주셨음에도 '목련꽃 그늘 아래서 베르테르의 편지를 읽노라'를 제대로 시작하지 못해 점수를 얻지 못하고 말았다. 두고두고 지워지지 않은 기억 속에서 사월은 하얀 목련꽃으로 남아 있다. 그런데 앨범을 정리하다가 목련이 멀리 보이는 보리밭에 서 있는 나를 발견했다.

보리 꽃이 피는 4월은 과학의 달이다. 자연과학이야말로 국가산업 발전의 기초임에도 불구하고 지금의 학생들이 이공계를 기피하고 있듯이, 초기에는 정치적인 여러 상황들에 의해 뒷전으로 밀리고 후반에는 축제에 가려져서, 일반인에게 과학의 달이라는 의미가 전해지지 못한 채 지나버린 것은 아닌가 싶다.

지난 일요일에는 과학원 앞마당에서 과학놀이 한마당 큰잔치를 열었다. 어린 학생들의 손을 잡고 직접 과학을 체험하는 프로그램이었다. 맨눈으로는 볼 수 없는 태양의 흑점을 천체망원경으로 확인하고, 고생대 화석의 모형을 직접 만들기도 하고, 맥주 캔 위에 얹어 두었던 종이컵이 갑자기 하늘로 날아오르는 모습에 깜짝 놀라기도 하면서 하루해를 보냈다. 여러 신기한 실험들을 체험하느라 짧은 한나절이었다.

지난 1998년 겨울, 전북의 과학 선생님 몇몇이 모여 수업 중에 발견되는 오개념에 대한 이야기를 했다. 그리고 서로가 교육에의 모든 정보를 공유하고 현장에서 필요한 자료들을 만들어보자고 의견을 모았다. 급격하게 변화한 교단에서 교육에의 희망을 잃고 방황하던 내게는, 순수와 열정으로 가득 찬 젊은 선생들의 목소리가 신선한 충격이었다. 그러면서 다시금 초임시절에 지녔던 초록의 믿음을 회복할 수가 있었다. 그들이 바로 오늘날 과학놀이마당을 지도하고 있는 선생님이다.

헬륨기체를 마시고 이상하게 변해버린 자신의 목소리를 공중에 띄워 보기도 하고, 혈액형을 슬라이드글라스 위에서 판정해 보거나 유전인자를 가진 DNA를 추출하면서 고개를 끄덕이는 아이들! 기다란 메스실린더에서 마치 살아있는 뱀처럼 품어 나오는 거품을 보면서 휘둥그래진 눈으로 움직일 줄 모르는 학생들의 모습에 밝은 미래가 담겨 있었다. 과학이 다시 태어나고 있는 순간들이다.

"지지자불여호지자 호지자불여낙지자(知之者不如好之者 好之者不如樂之者)"라 하였다. 아는 것은 좋아하는 것만 못하고, 좋아하는 것은 즐기는 것만 못하다는 말이다.

계절이 몇 번 바뀌다 보면, 산과 들에 피고 지는 꽃 속에 세상의 이치가 모두 담겨 있음을 알 수 있으리라. 자연을 닮는다는 것은 참으로 어려운 일이다. 언제 피었는지 어느 것이 보리 꽃인지 미처 알지 못하고 지나는 것처럼, 우리의 아이들이 놀이를 통해서 보다 자연스럽게 과학과 가까워지고, 과학 속에서 꿈을 키우며 과학과 더불어 올곧게 자라기를 바라는 마음 간절하다. 2004

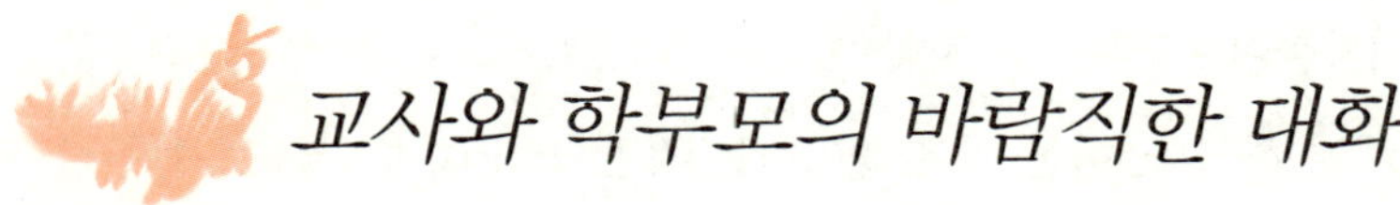

교사와 학부모의 바람직한 대화

요즘처럼 교사와 학부모의 관계가 서먹해진 적도 없었던 것 같다. 질 높은 교육은 학교와 가정 그리고 지역사회가 서로 긴밀하게 협조함으로써 이루어지는 것인데, 요 근래 교육의 주체인 학생과 교사 그리고 학부모 상호간에 건강한 관계를 유지하지 못함으로써 발생하는 민망한 경우를 가끔 만나게 된다.

지금 우리나라는 경제적으로 커다란 위기를 맞고 있다. 물질적인 빈곤은 정신적인 빈곤으로까지 이어지는 모양이다. 일부 사안에 대해서 집단으로 공동 대응하는 분위기가 확산되고 있다. 교육현장도 예외가 아니다. 과거와는 다르게, 학생들은 학생들대로 학부모는 학부모대로 점점 더 목소리를 높이고 불편하고 부족한 것들을 채워 주도록 요구하고 있다. 그렇다고 학생이나 학부모에게만 너무 지나치다고 말하고 책임을 묻기에는 석연치 않은 점이 있다.

환상이 아닌 주어진 우리의 교육여건을 솔직하게 받아들이는 슬기로움이 필요한데, 이렇듯 어려운 시기에 바른 교육 실천을 위한 교사와 학부모와의 바람직한 관계를 이루기 위해서는 과연 어떠한 몸짓들이 필요한 것일까? 무엇보다도 절실한 것은 효율적인 대화의 방법, 즉 대화의 기술을 연구하고 실천하는 일이라고 본다.

언젠가 내가 맡은 학급에서 책상 위에 놓아두었던 물건이 없어진 일이 있었다. 처음에는 잠시 장난하려 한 것으로 분위기를 이끌어 크게 확대하지 않으려 했으나, 물건을 가져간 학생은 끝내 스스로 나서지 않았다. 결국 문제의 아이를 교무실까지 불러오게 되었다. 퇴근시간이 한참이나 지난 후라서 교무실 안은 텅 비어 있었는데, 그제야 아이는 자신의 잘못을 시인하고 용서를 구하는 것이 아닌가? 자존심이 유난히 강했던 그 아이는 급우들이 보는 앞에서는 끝내 자신의 부정한 행위를 시인하지 않았던 것이다. 그러나 그 동안의 다른 사건들도 있었던지라 이미 감정이 격앙된 나는 학생의 학부모에게 전화를 걸어 도저히 이 아이를 더 이상 맡을 수 없으니 오셔서 데려가시라고 하고 말았다. 그 학생의 어머니와는 여러 차례 전화상담이 있었기에 문제인식이 충분한 상태라 믿고 이것도 하나의 방법이 될 수 있다는 생각에서 그렇게 했던 것이지만, 퇴근길에 달리는 차안에서 다시금 생각해보니 학생의 어머니가 그 순간 얼마나 놀랐으며 실망 또한 컸을까 싶어 퍽 마음이 무거웠다. 그래서 집에 도착하자마자 전화를 하여 상세한 상황과 그럴 수밖에 없었던 경위를 말씀드렸지만 역시 교사로서 내가 취한 행동이 경솔하지 않았을까 하는 생각만은 지울 수 없었다.

부모에게 있어 자녀란 커다란 꿈과 희망 그 자체이다. 그러기에 부모는 자라는 자녀를 통해서 본인들이 채 이루지 못했던 꿈을 키워 나가는 것이다. 이렇듯 부모의 기대가 큰 아이들에게, 가르치는 교사가 감정적으로 함부로 말하는 것은 학생의 마음에 상처를 낼뿐 아니라 곱게 키워가던 부모의 꿈까지 무참히 짓밟게 되는 것이다. 근심이 되었지만, 우리 반 학생은 그 일을 계기로 크게 뉘우치고 반성하여 상당한 행동교정이 이루어졌고 지금은 단정하게 학교생활을 잘하고 있으니 얼마나 다행한 일인지 모른다.

언젠가는 집안 제사를 모시고 자정이 거의 다 되어 돌아 왔는데 학부모로부터 전화메모가 되어 있었다. 시간이 늦기는 하였으나 아무래도 걱정되는 일이 있는 것 같아서 전화를 넣었다. 내내 기다리고 있었다면서 전화를 받은 학생의 아버지는 아이가 학교에서 회초리로 종아리를 맞은 건에 대해 한참동안 화를 냈다. 화가 난 상황이라 언어도 거칠었고, 매를 댄 교사에 대해 말할 수 없는 험담을 하는 등 듣고 있기가 매우 곤혹스러웠다. 담임으로서 내가 할 수 있었던 말은 "얼마나 속상하셨어요. 상처가 큽니까? 말하지 않아서 몰랐습니다. 죄송합니다."정도였을 뿐이다. 자세한 경위를 알지 못하고 있었을 뿐 아니라, 학부모가 극도로 감정이 악화된 상태인지라 어떻게든 그 기분을 달래어 일단은 가라 앉혀야 한다는 생각뿐이었던 것이다. 그런데, 한참동안을 들어주고 또 학생의 아픔이나 고통을 함께 인정해주자 학부형은 스스로 감정이 순화되었는지 전화를 끊을 때쯤 해서는 오히려 죄송하다는 말을 여러 차례 하였다. 어느 경우나 다 그렇겠지만, 감정이 악화된 학부모의 경우는 그저 그 말을 귀담아 듣고, 그 기분을 알아주는 것만으로도 문제를 충분히 해결할 수 있음을 깨닫게 해 준 좋은 경우였다.

학생지도를 하다보면 자칫 학부모와 전화상담을 하면서 충고를 하거나 설득을 하려 드는 실수를 범하게 된다. 그러나 경험이 많은 선배교사들의 말에 의하면 가능한 학부모에게 무엇은 하고 무엇은 하지 말아야 한다는 식의 말은 삼가야 한다는 것이다. 설혹 학부모 측에서 직접적인 충고를 요구해 오더라도 먼저 학부모로부터 당면한 상황에 대한 대안을 듣고 결정까지 내릴 수 있도록 격려해 주는 것이 교사로서의 올바른 태도라는 것이다. 결코 부모에게 어떤 것이라도 강요하려 들거나 설득하려 해서는 안 된다는 것인데, 교육현장에서 날마다 직접, 간접으로 부딪히게 되는 크고 작은 일들을 생각하면 실제로는 여간 어려운 일이 아닐 수 없다.

그렇다면 학부모를 상대로 교사가 설교를 하거나 훈계를 하는 행위는 더더욱 안 될 것이다. 학부모를 상대로 하는 훈계나 설교는 학부모에게 불안감과 분노를 일으키게 되고 때로는 자녀에 대한 심한 죄책감을 심어주게 됨으로써 그릇된 부모와 자녀의 관계가 형성되도록 교사가 역할을 한 결과를 가져오기 때문이다.

교사가 학부모와의 대화를 통해 학생을 표현할 때는 늘 희망을 안겨줄 수 있는 말을 해야만 한다. 지혜로운 교사라면 결코 "댁의 아이는 매우 게으르고 단정치 못하며 불손하고 무책임하기 짝이 없습니다."라고 하지는 않을 것이다. 더구나 아이의 성격이나 특색을 하나하나 부정적으로 지적하여 분석하거나 과거의 비행사실을 설명하지도 않을 것이다. 오직 앞으로 개선할 필요가 있는 사안만을 구체적으로 제시할 것이다. 바르지 못한 학생에게는 지나간 결점을 들추기보다는 미래에 대한 개선 방법을 제시하는 것이 학생지도의 바른 길임을 지혜로운 교사는 이미 잘 알고 있다.

교육현장에서 발생한 문제가 사회 문제로까지 확대되는 주 요인은 다름 아닌 학생과 학부모와의 대화기술 부족에서 오는 것이 아닌가 싶다. 그럴 때마다 아이들에게는 자신의 분노를 가라앉혀 줄 어른이 필요한 것이지 그 분노를 더욱 격화시키는 어른이 필요한 것은 아니라는 생각을 한다. 학생과 학부모 그리고 교사 간에 이루어지는 바람직한 대화는 우리 교육을 더욱 알차게 가꾸어주는 중요한 연결고리임을 잊지 말아야 할 것이다. 1998

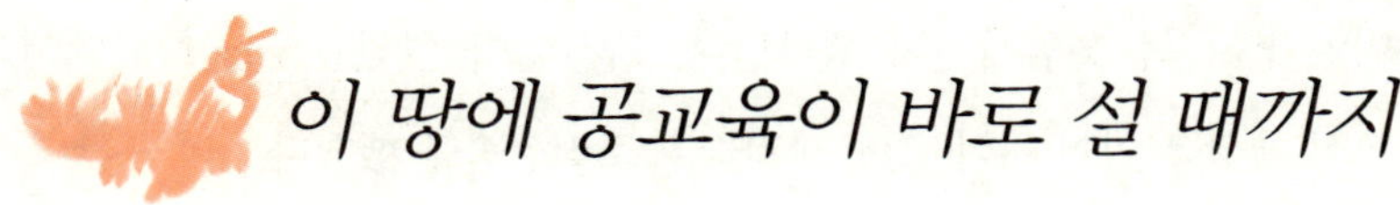

이 땅에 공교육이 바로 설 때까지

'지난밤에 찬비를 맞으며 돌아온 우산이다. 아침에 나와 보니 거죽에 조그만 나뭇잎 두엇이 아직 젖은 채 붙어있다. 아마 문간에 선 대추나무 가지를 스치고 들어온 때문이리라. 그러나 스친다고 나뭇잎이 왜 떨어지랴 하고 보니 벌써 누릇누릇 익은 낙엽이 아닌가!' 이태준의 〈돌〉이라는 수필의 일부이다.

이렇게 가을이 오면 학교축제를 통해 지난 한 해 동안 가꾸었던 교육을 종합하여 발표하게 된다. 지금 내가 근무하는 중학교에서도 예술제를 준비하느라 모두가 분주하다. 아이들은 특별한 프로그램을 구성하기 위해 교실에서 인터넷 검색을 하기도 하고, 우르르 동아리실로 몰려가서 그룹댄스반의 조언을 구하기도 한다. 다소 상기된 얼굴에 생기가 돈다. 평소에는 학교생활에 심드렁하던 학생들까지 떼를 지어 몰려다니며 무언가를 해 보겠다고 열심인 모습을 바라보는 것은 퍽 흐뭇한 일이다.

앞치마를 두른 채 가사실습을 마치고 나오는 남 · 여 학생들의 표정이 재미있다. 문득 초임시절이 생각난다. 가사실이 없었던 시골학교에서는 교실 책상을 이어 처마 밑에 세워놓고 조리실습을 했었다.

지난날에 비하면 엄청나게 많은 것들이 변모했다. 특히 교실의 크기는 그때나 지금이나 다를 바 없는데 학생 수는 거의 절반으로 줄었다. 지금은 전산화되어 편리하지만 한 학급에 70명이 넘는 학생들의 성적 단표를 수작업 하던 때가 바로 엊그제 같다. 다른 면에서 업무는 증가하였지만 그래도, 교실에서 몇 번이나 더 학생과 눈을 마주치느냐에 따라 교육효과는 달라진다고 믿고 있기에 학생수의 감소는 그만큼 교사와 학생과의 관계를 가깝게 하는데 큰 역할을 한다고 본다.

교육인적자원부는 지난 7월 20일 '지식 정보화 사회에 부응한 교육여건 개선 추진계획' 을 수립하였고, 김대중 대통령은 8 · 15 경축사를 통해 총 17조원을 투입하여 임기 내에 우리 교육을 선진국 수준으로 개선하기 위하여 교육여건을 개혁하겠다고 말했다. 그 동안의 교육개혁 내용이 교육의 일부분을 개선하는 것이었다면 이번에 발표된 계획은 총체적인 개선 방안을 담고 있다 하겠다. 교수 · 학습 방법의 개선과 기초학문의 보호 · 육성을 위한 지속적인 재정적 지원은 물론 학급당 학생 수의 감축과 교과교실의 확충 그리고, 교원의 증원 및 국립대학 교수의 증원 등을 주요 골자로 하는 이번 교육여건 개선 추진 계획은 현장에 있는 우리 교사들에게 참으로 반가운 소식이 아닐 수 없다.

세계 어느 나라보다도 우리나라 학부모들의 교육에 대한 열정은 대단하다. 자녀의 교육을 위해서라면 자신의 생활을 버리고라도 외국으로 이민까지 가는 것이 우리네 부모들이다. 그러한 결심의 저변에는 아직도 답답한 입시제도나 미래사회를 일찍부터 대비하겠다는 계획을 가지고 있기 때문이다. 이처럼 자녀 교육에 철저하게 매달리는 부모가 있는 한 우리나라의 미래는 정녕 희망이 있다.

언제부터 고대하던 것들인가! 선진국 수준 30명 내외의 학생을 대상으로 개인적 특성을 고려하면서 개별화된 교육의 꿈을 이루고자 했던 날이 드디어 가까이 온 듯하다. 우선은 단시일 내에 마련해야 하는 학급 증설에 따른 어려움 등으로 힘이 들지만 지금 서두르지 않으면 언제 다시 할 것인가.

21세기는 교육의 시대이다. 교육만이 우리가 살길이다. 부디 모처럼 이루어진 총체적인 교육여건 개선 방안이 중단되지 않고 본래의 계획대로 추진되어서 이 땅에 공교육이 바로 설 수 있는 그 날까지 우리 모두 힘을 모으자. 2001

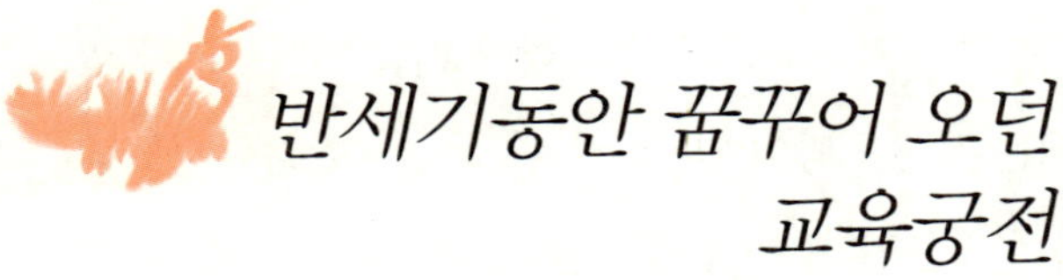

반세기동안 꿈꾸어 오던 교육궁전

무엇인가를 기다린다는 것은 퍽 행복한 일이다. 어느새 새천년의 한 해가 저물고 있다. 이 해가 가고 2002년이 오면 새로운 모습으로 우리 곁에 다가올 교육환경을 생각하면 저무는 해가 결코 아쉽지만은 않다.

저 아이들을 보라! 새롭게 변모한 햇살 환한 교실에서 자유롭게 활동하고 공부하면서 내일의 희망을 노래하는 우리 아이들의 맑고 밝은 얼굴을 보라!

흐르지 않고 고여 있는 물은 언젠가는 썩고 말 것이다. 때로는 졸졸졸 시냇물처럼 흐르기도 하고, 큰비에 콸콸 넘쳐서 둑을 무너뜨려가며 쏟아지기도 하고, 지각변동으로 침강하여 폭포를 이루기도 하는 물은 곧 우리나라의 교육이다. 일제강점기를 지나서 분단의 비극을 겪은 후 지난 50여 년 동안 우리교육은 한반도라는 커다란 호수에 가득한 물이 되어 조금씩 변화해 왔다. 세계 어느 나라보다도 자녀교육에 정열적이고 적극적인 학부모의 교육열이 있으니 수심 또한 매우 깊은 호수임에 틀림없다.

지난 세기의 후반부 이십여 년이 넘는 세월을 교육현장에서 학생을 가르쳐 온 나는, 그이전 이십여년 동안을 학생으로서 책상에 앉아 교실 수업을 받았다. 두 사람이 앉도록 되어 있는 소위 곰보책상으로 불리던 책상과 삐걱거리는 의자의 신음소리가 지금도 귓전에 생생하다. 오늘처럼 찬바람이 부는 겨울이면 덜컹거리는 유리창 소리를 들으면서 녹슨 난로 위에 노란 도시락을 올려 밥을 데우던 학창시절이 더러는 낭만으로 남아서 잠시나마 추억에 잠길 수 있게 한다. 그러나 비록 가을 동화와 같은 아름다운 영상으로 남아있다 하더라도, 더 이상 우리 아이들에게는 내가 경험했던 수십 년 전의 그러한 교육환경을 물려주고 싶지 않다.

대학을 졸업하고 산골학교에 초임 발령이 나서 가 보니 교실은 옛날 그 모습 그대로 남아 있었다. 그것은 도시로 전학해 가서 줄곧 큰 학교를 다녔던 까닭에 잠시 잊고 있었던 내 어릴 적 교실의 모습이었다. 겉모습만 나무로 지은 건물에서 시멘트 건물로 바뀌었을 뿐. 연료가 부족하여 제대로 조개탄마저 공급하지 못하고 보니 어린 학생들이 등교 길에 나무토막 한두 개씩을 주워 와서 불을 피우겠다고 내밀기도 했다. 새마을 운동이다 근대화사업이다 하면서 농촌도 변했고, 도심에는 높은 빌딩이 늘고 공장도 많아지고, 나라는 부유해져 가고 있었지만, 교육시설에 투자할 만큼 우리나라의 모든 여건이 성숙되지는 못했던 것이다.

지금 내가 담임을 맡고 있는 반 학생들은 두세 명을 제외하고는 모두 고층 아파트에 살고 있는데, 큰 어려움 없이 인터넷을 이용하여 과제학습도 곧잘 해 온다. 지금 학생들에게는 가정환경에 비해 오히려 학교의 시설이 많이 불편하다. 운영하고자 하는 교육과정의 양은 방대하고, 학부모의 요구와 교육열은 세계적인 수준인데 비해 기본적인 교육 여건은 아직도 열악하기 그지없는 것이 오늘 우리들의 학교 현황이다. 그러기에 금년부터 시행된 중학교 제 7차 교육과정을 정상적으로 운영하기가 어려운 것이 사실이다.

초임시절 내가 맡은 반 학생 수는 72명이었다. 한 교실의 크기는 예나 지금이나 변함이 없는데 지금은 35명 내외의 학생으로도 교실 안이 가득하다. 당시에는 어떻게 한 교실에 그 많은 학생들이 모두 자리하고 앉을 수 있었는지 모르겠다. 21세기 지식정보화사회를 살아갈 우리 2세들에게는 지금과 같은 열악한 교육여건에서 더 이상 교육받게 할 수는 없다.

교사가 즐겁게 가르치고 학생이 마음껏 학습할 수 있는 제대로 된 교실이 꼭 필요하다는 취지에서, 정부는 우선 고등학교는 2002년까지, 초 · 중학교는 2003년까지 학급당 최대 학생 수를 35명 이하로 감축하는 지금껏 유례없는 '7. 20교육여건 개선계획'을 추진하게 되었다. 교육여건 개선의 첫걸음은 과밀학급을 해소해서 창의적인 수업이 가능한 쾌적한 교육여건을 만드는 것이다. 교사들이 신명나게 가르치고 아이들이 즐겁게 공부할 수 있는 제대로 된 교실을 만들어 나가는 것이다. 그대로 두어서는 21세기 지식기반사회가 요구하는 경쟁력 있는 교육과, 지난해부터 단계적으로 적용되고 있는 학습자중심의 토론식수업이나 선택형 수업 중심으로 운영되는 제 7차 교육과정을 현장에서 정상적으로 적용하기 어려운 형편이기 때문이다.

학급당 학생수의 감축사업은 그 동안 지속적으로 추진해왔고 학부모와 교원 등 우리 교육계의 오랜 숙원이었으나, 부족한 재정여건 및 교원 확보의 어려움 등으로 부진했던 것이 사실이다. 선진국의 높은 국가경쟁력은 적정한 규모의 교실에서 질 높은 교육프로그램을 운영하고 있는 데서 비롯된다. 더욱이 이들 국가들은 교육여건이 우리보다 훨씬 앞서 있는데도 불구하고 한결같이 학급규모를 더 줄이는 정책을 추진하고 있다. 현재 우리나라 학급당 학생 수는 영국, 프랑스, 미국 등 주요 OECD 국가들보다 6~15명이나 더 많다. 이들 국가는 대부분 학급당 평균학생 수가 20~30명 수준인데, 우리나라는 중학생이 학급당 37명 고등학교는 40명으로 선진국에 비해 과밀 수준에 머물고 있다. 이중에 36명 이상의 과밀학급도 전체의 70.4%인 156,000학급이나 되고, 46명 이상도 15%인 32,000학급이나 된다.

이번 교육여건 개선계획은 고등학교의 추가 신설 및 초 · 중 · 고 학급을 증설하여 학급당 학생수 감축 목표연도를 7차 교육과정 적용시기에 맞춰 1~2년 앞당긴 것이다. 이처럼 2002학년도 학사일정에 맞추어 가급적 공사를 마무리하고자 서두르다보니 발생하게 되는 여러 문제 등이 거론되고 있다. 어찌 어려움이 한 두 가지뿐이겠는가! 오래된 집 한 채를 조금만 수리하더라도 많은 불편과 어려움이 따르는데, 하물며 우리 교육의 50년 묵은 과제를 해결하는 일이니 불편하고 고생스러움을 어찌 다 말할 수 있을까 싶다.

얼마 전 친정 집 보일러 공사를 새로 하면서 오래 손보지 않아 낡은 집안 몇 곳을 고치게 되었다. 거실과 주방 일부를 손보자는 것이었는데 보름정도 공사가 진행되는 동안 친정 부모님께서는 가재도구를 몽땅 이곳 저곳으로 옮겨야 했고 아들네 집을 오가면서 숙식하느라 고생을 하셨다. 어느 날은 옥상에 텐트를 치고서 야외식사를 해야 하기도 했다. 공사 중에는 그리도 걱정스럽더니만 공사가 끝나 새 집을 갖고 보니 얼마나 편리한지 형제들은 모여서 모두들 참 잘했다고 서로를 칭찬하며 좋아했다. 답답해서 가기는 싫지만 아무래도 아파트로 옮겨야 할 모양이라고 하던 두 분이 이제는 이곳에서 오래오래 살겠다고 하신다.

지난번 수능시험으로 잠시 지연되었던 모든 공사가 지금 다시 활발하게 진행되고 있다. 11월말 현재 82.6%의 착공비율을 보이고 있는 시설공사는 본격적인 동절기를 맞아 그 대책을 마련하고 정상적으로 진행 중에 있다. 처음 교육여건 개선계획이 발표되었을 때, 추진과정상 예상되는 부실공사와 수업장애 그리고 안전문제 등으로 비판의 목소리가 높았으나, 그 동안 시도별 · 학교별 여건을 충분히 고려하고 실행 가능한 계획 하에 철저한 감독으로 공사가 진행됨으로써 이제는 새 학교에 대한 기대의 목소리가 높아지고 있음을 느끼게 된다. 그럼에도 공사가 늦어지는 학교에 대해서는 무리한 추진은 피하고 신축적으로 공사를 집행하며 기존의 시설을 최대한 활용하여 우선 학급을 편성할 계획으로 있다.

변화는 자연스러운 것이지만, 이번 교육여건 개선계획처럼 커다란 계기가 있음으로써만이 이룰 수 있는 일이기도 하다. 이러한 시련의 땀으로 만들어진 교실들은 이제 제 7차 교육과정을 위한 다목적실과 특별실 등 다양한 용도로 활용될 것이다.

학교 신 · 증설사업이 완성되는 2004년 이후에는 현재보다 학교의 교육여건이 훨씬 개선되어 보다 나은 환경에서 우리 학생과 교원들이 질 높은 교육활동을 할 수 있게 된다. 모든 학교의 학급당 최대 학생수가

35명 이하의 적정규모 학급이 되고 학급당 평균 학생수가 32.6명 수준으로 낮아지며, 교원 1인당 학생 수는 초등이 25명, 중학교는 18.1명, 고등학교는 18.3명으로 줄게 된다. 즉, 교원정원이 대폭 늘어나 교원 1인당 평균 학생수도 21.1명으로 줄어들게 되는 것이다. 따라서 만족할 만한 수준은 아니지만, 교원들의 학생지도가 보다 긴밀해지고 수업부담도 줄어들어 교재 연구시간이 더 늘게 되니 보다 풍부한 교육활동을 전개할 수 있으리라고 본다. 아울러 추운 교실, 어두운 교실, 수거식 화장실 등이 모두 사라지고 오래된 책걸상이 전부 바뀌고, 개인 사물함이 완비되고 교원들의 편의시설이 100% 확충됨으로써, 그저 열악한 교육환경을 견디면서 막무가내로 잘 가르치라고만 요구하던 지난 시절은 드디어 역사 속 이야기로 남게 되었다.

'사람' 만이 유일한 자원인 우리 현실에서 교육에 대한 투자는 국가의 존망과 직결된다. 21세기 교육혁명의 시발점은 바로 획기적인 교육여건의 개선에 있다. 이러한 절박감과 필요에서 최근 교실증축을 비롯한 교육여건 개선사업이 추진되고 있는 것이다. 즉, 교육여건 개선의 첫걸음은 과밀학급을 해소함으로써 창의적인 수업이 가능한 쾌적한 교육여건을 만드는 것이며, 최소한 중산층 생활환경 수준으로 학교 생활공간 및 부대시설을 개선하고, 달라진 학교 내에서 다양한 특기 · 적성교육을 할 수 있는 기회를 제공함으로써 학부모의 사교육비 부담을 줄이는 한편, 교사들이 신명나게 가르치고 학생들은 즐겁게 공부할 수 있는 제대로 된 교실을 한 번 만들어 보자는 것이다. 그러기에 이번 교육여건 개선사업이 반드시 그 동안 우리 모든 교육가족의 소망을 이루어 줄 것이라고 본다.

지금 추진되고 있는 교육여건 개선계획을 위한 투자는 결코 중단할 수 없는 바로 우리의 미래를 위한 투자이다. 멀리 보이는 기린봉의 산봉우리 또한 언제나 그 모습 그대로 우뚝 솟아 있는 듯하지만 계절이 달라지면서 불어 스치는 바람으로 조금씩 그 색상과 달라진 바위의 무게감이 오늘에야 눈에 뜨인다. 바람에 날아오는 낙엽을 모아 큰 나무 등걸아래 수북하게 쌓는다. 언젠가는 이 낙엽 또한 우리가 이루고 있는 교육여건 개선사업의 진통처럼 든든한 거름이 될 것이다. 지금 우리나라는 반세기동안 꿈꾸어오던 교육궁전을 이루고자 공사 중이다. 2001

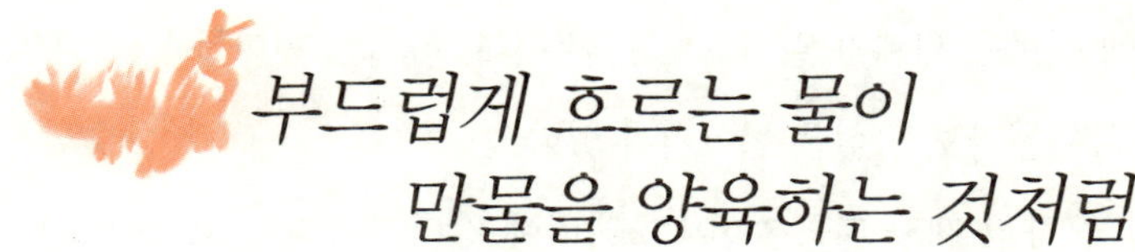

부드럽게 흐르는 물이 만물을 양육하는 것처럼

엊그제 새 잎 나는가 싶었는데 창을 열고 내다보니 우뚝 선 느티나무가 연두 빛으로 무성하다. 쏟아지는 아침 햇살에 나뭇잎마저 눈부시다. 연두색인 줄만 알았던 잎들이 녹색으로 초록으로 물결을 이루면서 흔들린다. 흔히들 초록은 동색이라지만 저처럼 한 그루의 나무에서도 서로 다른 색을 내고 있는 것이 오늘따라 예사롭게 보이지 않는다. 그것은 내가 가르치는 학생들이 바로 저 나무에 매달린 수많은 나뭇잎을 닮았다는 생각을 한 때문이다.

반백 년이 넘는 세월 동안 변모해가는 교정을 바라보다가 이제는 학교의 역사가 되어버린 한그루의 느티나무가 자주 내다보지 않아도 때가 되면 제 몸 가득 계절을 담아내는가 보다. 푸른 봄의 에너지는 외형적인 환경이 산뜻하게 달라진 교실에서 미디어를 통한 획기적인 교수학습방법이 도입된 학생들에게 전달되어 올해 아이들은 여느 해보다도 밝고 활기 차 보인다. 첨단 과학기술 문명의 발달로 하루가 다르게 교육현장에 새로운 세계가 열리고 있는 것이다. 하지만 변화를 느낄 때마다 더 자주 뒤돌아보고 싶은 이야기가 있다.

공자의 제자 자공子貢이 초나라에 갔다가 진나라로 돌아오던 중에 한수 북쪽을 지나다가 한 노인이 밭을 갈고 있는 것을 보았다. 노인은 고랑을 판 후 우물에 들어가 물동이로 물을 길어다 밭에 물을 주고 있었다. 부지런히 일을 하고는 있으나 매우 힘이 들어 보이고 능률도 오르지 않았다. 그래서 자공은 노인에게 용두레라는 기계를 사용하면 훨씬 일이 빠르고 힘이 덜 들 것이라고 말했다. 그러자 노인이 대답한다. "기계란 것을 쓰면 반드시 기교를 필요로 하는 일이 있게 되고 기교를 쓰는 마음을 갖게 되면 순백의 마음이 갖추어지지 않게 되며 그리하면 정신활동이 안정되지 못하여 도를 담을 수가 없는 것이오. 나는 기계를 모르는 것이 아니라 부끄러워서 쓰지 않는 것이오."

교사에게는 학생의 마음을 얻는 것이 가장 중요하다. 그러기에 다양한 교수매체를 사용할 때면 잠시 저 노인의 부끄러움을 기억할 수 있었으면 한다. 지나친 기교에 의존하지 않고 연두 빛 눈길을 주고받으며 그냥 쉬임 없이 흐르는 물이 되어야 한다. 물은 부드럽고 약한 듯 보이지만 굳세고 강한 것을 꺾는 데는 물보다 뛰어난 것도 없다. 부드럽게 흐르는 물이 만물을 양육하는 것처럼, 나뭇잎의 초록색만큼이나 다양한 학생들을 그렇게 사랑하고 싶다. 2005

사교육비 경감으로 공교육을 살리자

전라북도교육청은 교육인적자원부에서 발표한 공교육 정상화를 통한 사교육비 경감 대책에 대한 구체적인 실행계획을 수립하여 지난 3월 15일 발표하였다. 이번 대책은 사교육의 수요를 공교육 체제로 흡수하고 학교교육을 내실화하여 사회 문화적 풍토의 개선을 목표로 10대 실행과제를 선정하여 추진하겠다는 의지를 밝혔다. 이에 따라 전국 최초로 미군영어교실을 운영하는 등의 중장기계획을 구체적으로 수립하고 실무추진단을 구성하여 꼭 실천하겠다는 강한 의지를 보여주고 있다. 참으로 반가운 일이며 진즉에 했어야 할 일이라고 생각한다.

지난 해 한국교육개발원이 추정한 자료에 의하면 전국적으로 13조 6000억 원의 사교육비가 지출되었으며, 올 3월 전북에서만 해도 220억 원을 사용하는 것으로 나타났는데, 이 중 초·중·고생 1인당 연간 85만 원을 지출하는 것으로 조사되었다. 사교육의 팽창은 그렇지 않아도 부실한 공교육을 더욱 약화시키고 이것은 다시 사교육 수요를 발생시키는 악순환이 반복되고 있다. 더구나 교과중심의 선행학습이 대부분이라 정상적인 학교교육과정마저 크게 위협 당하고 있는 실정이다. 또한 소득격차의 차이로 인해 지난 해 사교육비의 월 평균액은 저소득층과 상류층이 3배나 되어 사회통합의 커다란 저해요인으로 이미 자리하고 있는 실정이다. 83.5%의 국민들이 사교육비의 지출을 매우 부담스럽다고 답하고 있는 것을 보면 사교육비로 인해 국가경쟁력마저 약화되고 있음을 부인할 수 없게 되었다.

e-Learning(인터넷교육)체제로 수능을 대비하겠다고 처음 발표했을 때 모두가 우려했던 것은 우선 전산시스템의 시설 미비였다. 이번에 인터넷회선 속도를 증설하여 사이버학습 체제를 100% 구축하겠다고 한다. 아울러 수준별 보충수업 및 특기적성 프로그램을 확대시행하고 수준별 이동수업을 비롯하여 예체능 수행평가 반영비율의 축소 및 초등저학년 학생을 위한 방과후교실을 운영하겠다고 한다. 그런데, 이러한 계획을 추진하기 위해 약 864억의 예산이 소요되며 이 중 올해 276억 정도가 필요하다고 말한다. 문제는 예산의 확보이다. 모두 자체예산과 특별교부금으로 사업을 추진하는 것으로 되어있는데 가장 중요하다고 볼 수 있는 학교인터넷 회선 속도 증속시설만 해도 이 부분의 예산이 모두 추경으로 잡혀있는 점이 염려된다. 당장 4월 1일부터 EBS교육방송은 실시될 것인데 무려 128개교에서는 접속이 원활하지 못하여 예전처럼 녹화된 자료를 활용할 수밖에 없지 않을까 우려되기 때문이다.

또한 교육여건이 채 마련되지 않은 상황에서 수준별 보충학습을 비롯하여 수준별 이동수업을 확대 실시하는 것은 상당한 무리가 따를 것이라고 본다. 사실 수준별 학습은 사교육비 경감방안이 아니라 교사가 선택해야하는 학습 방법의 하나이다. 교사가 수준이 낮은 학생에게 보다 깊은 애정으로 열의를 가지고 지도하는 것은 당연히 해야 할 책임이라고 생각한다. 교사가 수준별 수업을 하기 위해서는 몇 배의 노력이 요구된다. 그러기에 충분한 지원이 있어야 할 것이며 아울러 단순히 점수에 의한 강제적인 학급편성은 절대 지양해야 할 것이다.

부디 피어나는 봄꽃처럼 사교육을 공교육으로 흡수하여 대다수 학부모의 과다한 부담을 줄이고 학교 교육을 내실화하여 공교육이 신뢰받는 날이 앞당겨지기를 간절히 바란다. 2004

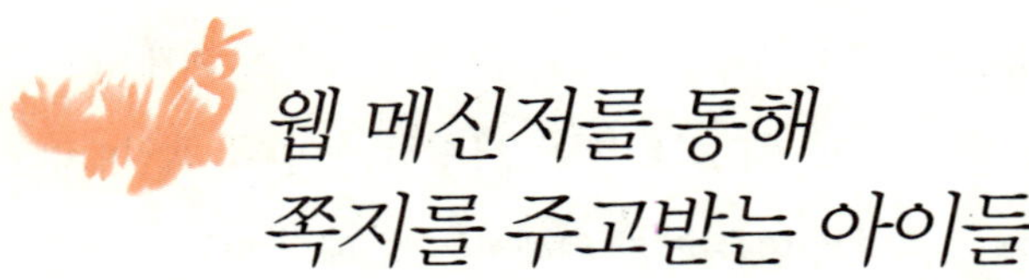

웹 메신저를 통해 쪽지를 주고받는 아이들

며칠 전 대학 졸업과 함께 결혼을 하고 미국으로 이민 간 친구를 만났다. 여고시절 단짝이던 친구를 20여 년만에 다시 만나려하니 설렘으로 가슴까지 두근거렸다. 혹여 너무 많이 변모하여 알아보지 못하지나 않을까 하는 생각마저 들었다. 그러나 그것은 기우였다. 헤어진 날이 바로 엊그제였던 것처럼, 하나도 변하지 않은 예전의 모습 그대로 친구가 문을 열고 들어서는 것이 아닌가!

송宋나라 학자 이방李昉은 그의 저서 『태평어람』에서 "사지상지 온불증화 한불개엽 능사시이불쇠 역이험이익고(士之相知 溫不增華 寒不改葉 能四時而不衰 歷夷險而益固)"라 하여 "사람이 서로 사귐에 있어 따뜻하다하여 꽃을 더 피우지 아니하고 춥다하여 잎 모양을 바꾸지 아니하며, 사시사철 시들지 아니하고 어려움을 겪으면서 더욱 단단해진다."라고 했다. 이는 본래 촉한蜀漢의 유비와 제갈양의 사귐을 이야기한 것이지만, 그 많은 시간이 지난 후에도 그동안의 단절된 시간을 느끼지 못한 채, 어제도 만나서 그러했던 것처럼 이야기를 나누는 친구와 나를 두고 한 말인 듯싶다.

친구는 그 옛날 우리들만한 나이의 딸과 함께 왔다. 열여덟 살 그 애는 내년에 대학을 진학하게 될 고등학생이다. "한국의 학생들은 방학이 없나 봐요. 방학인데도 모두들 학교에 다니고 있어요. 거리에 나가면 제 또래의 학생들을 볼 수가 없어요. 미국에서는 모두들 노는데……."라고 말한다. 방학 중인데도 제 또래를 만날 수 없는 사실이 매우 의아한 모양이다. 사실 고등학생인 우리 아이는 여름방학 내내 평소와 다름없이 아침 7시 30분까지 등교하여 밤 10시가 되어서야 집에 돌아온다. 아이들과 자유롭게 어울릴 시간이 거의 없다는 생각을 하면, 자정이 훨씬 넘어서까지, 인터넷 웹 메신저를 통해 친구들과 쪽지를 주고받는 것을 나무랄 수가 없게 된다.

방학이 끝나고 개학날이 가까워오자 학생들로부터 과제에 대하여 묻는 메일이나 전화가 자주 온다. 안부 한 줄 없이 그저 용건만 담은 메일을 받으면 조금 섭섭한 마음이 들지 않는 것은 아니지만, 그만큼이라도 관심을 가져주는 학생이 고맙다. 전교과로 수행평가가 시행되면서 과제에 대한 학생들의 관심은 크게 높아지고, 과제의 양도 예전에 비해 엄청나게 많아졌다. 큰 아이가 초등학교에 입학했던 그 해 첫 여름에 아이에게 주어진 독후감 숙제를 보고 당황했던 기억이 있다. 독후감이 무엇인지도, 어떻게 쓰는 것인지도 모르는 아이를 위해, 서점에서 글짓기에 대한 책을 고르면서 참 많이 혼란스러웠다. 그런데 학생들이 스스로 해결하기 어려운 과제도 문제이지만 학생들이 혼자서 과제를 해결해 보려는 노력이 부족한 것도 문제라고 본다. 특히 방학과제로 많이 제출되는 현장체험학습 보고서에서는 상당 부분 학부모의 솜씨가 보인다. 해외 어학연수는 꼭 다녀와야만 하고, 한시라도 책을 손에서 놓게 되면 무슨 큰 일이라도 나는 줄 아는 일부 조급한 사고가 새삼 근심스럽다.

우리 학생들이 느긋한 마음으로 방학을 방학답게 보내고, 사이버 공간에서 쪽지가 아닌 서로의 눈빛을 마주하며 사시사철 시들지 아니하는 유비와 제갈양의 우정을 쌓아가고, 그렇게 함으로써 더 많은 것을 배우고 익힐 수 있었으면 좋겠다. 2002

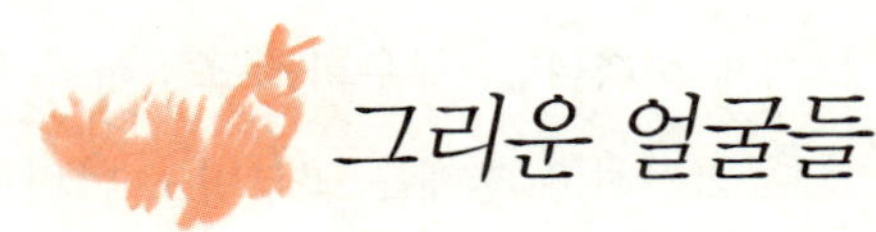

그리운 얼굴들

요 근래 고향을 생각했다. 나야 열 살 되던 해에 전주로 와서 이 나이까지 전주를 떠나본 적이 없기 때문에 누가 뭐래도 전주사람이지만 그래도 가슴 한 구석에는 내가 태어나서 어린 시절을 보냈던 진도를 잊을 수가 없다.

잔잔하고 아름다운 바다위에 이백여 개의 작은 섬으로 이루어진 진도! 이제는 연육교가 있어 섬 아닌 섬이 되었지만 어린 추억과 함께 진도개를 비롯하여 남종화의 본산이며 씻김굿 등 각종 무형문화재와 민속들이 살아있는 바로 그 곳을 나는 누구에게든 말하고 싶어 견딜 수가 없다. 그래서 누가 진도와 사돈의 팔촌이라도 된다고 하면 그렇게 반가울 수 없고 그런 사람을 만난 날이면 공연히 들떠서 종일 서성이게 된다.

진도를 생각하다보니 소식이 뜸한 '보절향우회'가 궁금하다. 전라북도 남원군 보절면은 나의 초임지다. 그렇게도 수줍음 많던 아이들이 어느새 대학을 졸업하고 직장인이 되어 거리에서 만났을 때 새삼 세월을 느끼게 하더니만, 향우회를 조직하고 모교를 위해 장학금을 만들고 회보도 발간하고 후배들 공부방도 마련해주고 있다는 이야기를, 찾아온 제자를 통해 들으니 마치 내 일인 것처럼 그렇게 반가울 수가 없다. 그것은 모두 고향을 사랑하는 마음을 보여주는 귀한 행동이라고 생각한다.

초대 향우회 회장은 개인택시를 하는 기사였다. 동창회나 소위 사회를 위해 봉사한다는 모임을 보면 어느 기업 회장이나 OO사 대표들이 일을 꾸림으로 마치 세나 부를 경쟁하는 것처럼 보이는 경우가 많은데, 산골 마을의 조그마한 향우회에서는 회원들 모두가 나서서 함께 일을 거들면서 제 역할을 다하고 있으니 얼마나 소박하고 예쁜지 생각만 해도 절로 즐겁다. 크게 이름을 걸어놓고 신문이나 방송 타기를 좋아하는 그런 행사들 말고 숨어서 진정성을 실현하는 모임이라 더욱 아름다운 것이다.

고향이 생각나는 이 시간, 그 아름다운 얼굴들을 다시 한번 만나고 싶다. 1989

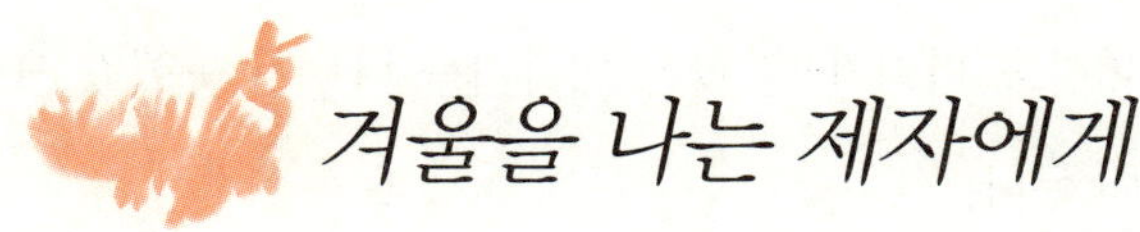

겨울을 나는 제자에게

주연아! 눈이 많이 온다. 책을 보다가 무심코 창문을 열었더니 어둠속에서 내리던 눈송이가 불빛을 보고 방안으로 달려드는구나. 너도 지금 이 눈을 보고 있는지 모르겠구나. 겨울은 역시 매서운 바람과 가끔은 펑펑 쏟아지는 눈이 있어야 제 맛이 나는 모양이다.

방학을 한 것이 엊그제인 것 같은데 어느새 몇 날이 지나버렸구나. 그동안 무엇을 하면서 지냈니? 계획했던 일은 얼마나 이루었는지 궁금하다. 사실 무슨 일이든 계획한 것을 모두 실천하기란 대단히 어려운 일일게다. 그러나 주연아! 인생에서 성공한 많은 사람들 그리고 역사에 남아 우리가 기억하는 인물들은, 자신이 세운 뜻을 중도에서 꺾지 않았고 어려운 난관을 극복하고 끝까지 노력했던 사람들이란다.

목표를 향해서 끊임없이 노력한다는 것이야말로 의미 있는 삶이 될 것이다. 세상에는 이룰 수 없는 일은 없으며 이룰 수 없는 사람만이 있을 뿐이란다. 이런 생각을 하다보니 평소 여유가 없는 생활이었지만 조금이라도 너희와 더 많은 이야기를 나누지 못했었구나 싶어 아쉬운 생각이 든다.

주연아! 공부를 잘하는 것이 인생의 전부는 아닐 것이다. 그러나 적어도 학생의 신분에 있을 때는 공부가 생활의 대부분이므로 지금처럼 할 수 있을 때 조금 더 열심히 공부했으면 좋겠다. 작은 일에도 호기심과 의문을 가지고 탐구하는 너희들의 모습은 정녕 최고의 아름다움이라는 믿음을 나는 갖고 있다. 훗날 오늘의 태만을 후회하지 않도록 부디 부지런히 공부하는 학생이 되어다오.

방학이 끝나고 나면 너도 3학년이 되는구나. 상급학교로의 진학 준비로 올해는 바쁜 한 해가 되겠다. 몸은 고단하겠지만 최고 학년이 된다는 자부심으로 남은 방학 유용하게 보내고 개학하는 날 건강하고 밝은 얼굴로 다시 만나자. 그럼 안녕! 그 안에 한 번 놀러오렴. 1989

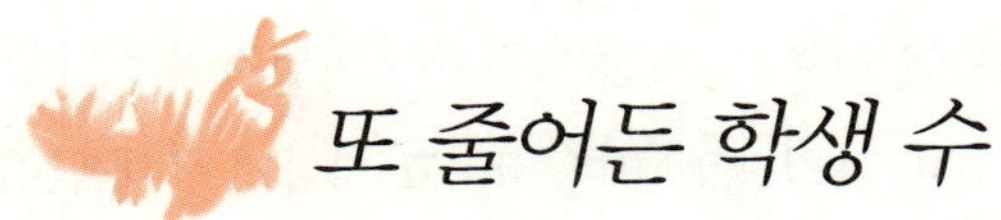

또 줄어든 학생 수

빗방울이 굵어지나 했더니 빙정과 함께 함박눈이 되어 펑펑 쏟아진다. 모처럼 시간을 내 겨우내 덮었던 이불깃을 뜯어내고 두터운 옷들을 정리하면서 봄 맞이 준비를 했는데, 무슨 일이든 너무 서두르지 말라고 핀잔이라도 주는 것 같다.

내일 모레면 각급 학교가 개학을 하고 신입생을 맞이하는데 날씨가 다시 추워지는가 싶어 걱정이 된다. 다행히 일기예보에서 날이 깨면서 해가 나오고 기온도 예년기온을 웃돌겠다고 하니 적이 마음이 놓인다.

내가 근무하는 학교에서도 이번에 백오십 명의 신입생이 입학하게 된다. 5년 전까지만 해도 전체 15학급이었는데 매년 학생이 줄더니 이제는 12학급이다. 그동안 약 2백여 명의 학생이 줄어든 셈이다.

가족계획으로 예전보다 아이를 적게 낳고 자녀교육을 위해서 일찌감치 도시로 전학시킨 데서도 원인을 찾을 수 있겠지만, 그것보다는 더 이상 농촌에서 농사지어먹고는 못살겠다는 생각에서 도시로 도시로들 떠나는 이농離農현상의 결과가 아닌가싶어 마음이 어둡다. 그나마 내 땅에 대한 애착으로 차마 버리고 떠나지 못해 남아있는 농민들 역시 지금 심각하게 흔들리고 있다.

농수산부가 집계한 바에 따르면 87년 말 현재 농가 가구당 연평균 6백53만5천 원의 소득에 부채가 2백39만 원이다.[1] 20년 전만 하더라도 농업국이라고 했던 우리나라가 현재는 식량자급률이 고작 38%이고 앞으로 10년이면 농사지을 사람이 없게 될 것이라고들 한다.

최근 분석에 의하면 전남북 땅의 6.9%를 서울시민이 소유하고 있단다. 아직도 농촌에는 비어있는 집들이 많고, 땅 한 평 갖지 못한 농민들도 많이 있는데, 정부는 도시민의 주택난 해결 방안만을 발표하고 있다. 급격하게 줄어드는 학생 수를 보면서 정녕 농촌과 도시가 더불어 잘 살 수 있는 길은 없는가를 심각하게 고민해 본다. 1989

---

1) 2006년 현재의 통계는 농가부채가 2,700만 원이고, 농가소득은 2,689만 원이다.

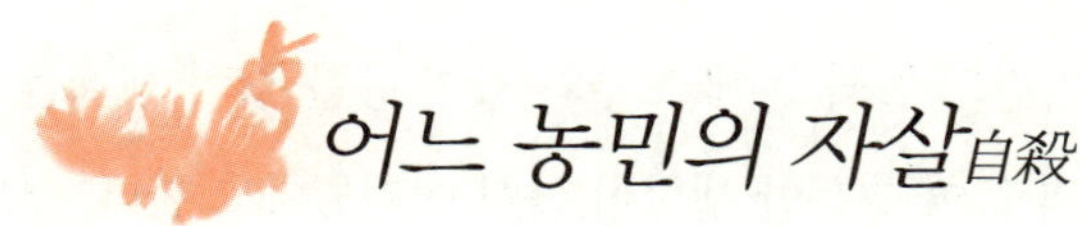

어느 농민의 자살自殺

우리가 살고 있는 지구에서는 연간 약 50만 명이 자살로 자신의 인생을 미리 끝내고 있다. 그중 한국인이 인구 10만 명당 20.6명이라는데, 사망진단서를 근거로 하더라도 우리나라의 자살률은 세계 제 2위라는 통계가 있다.[1)]

자살한다는 것은 객관적인 측면에서 보면 사회 심리적 고립현상에서 오는 것이겠지만 최근 급증하고 있는 성적비관 청소년 자살이나 납중독을 비관하여 자살한 20대 노동자의 경우를 보면서, 우리 사회가 안고 있는 구조적인 문제점들이 얼마나 심각한지를 새삼스럽게 생각하게 된다.

며칠 전에는 어느 일간지 사회면에서 농가부채를 비관한 50대 농민이 자살했다는 충격적인 사건을 보았다. 충북 괴산에 사는 이 모 씨가 영농자금 50만 원을 빌리러 농협에 갔다가, 82년도에 대출해 간 30만 원을 먼저 갚으라는 말을 듣고 이를 비관하여 농약을 마셨다는 것이다. 그는 약간의 밭과 논에 고추와 참깨 등을 심어 생계를 꾸려왔으나 소득이 거의 없어 그동안 생활이 몹시 어려웠다고 한다. 부인과 나이 어린 삼남매를 두고 어떻게 혼자만 척박한 현실로부터 도피하려 했을까 싶은데, 오죽하면 죽을 생각을 했겠는가 하여 가슴이 답답하다.

농민들이 지고 있는 빚은 도대체 얼마나 되는 것일까? 정부에서는 4조원이라고 하고 야당에서는 10조원이라고 하니 농가부채경감대책이라는 정치 현안을 놓고 서로들 논의만 한다고 할 뿐이지 그 규모마저도 제대로 파악되지 않은 모양이다.

어떤 도시 사람에게는 한자리 술값 정도나 될 수 있을 그만한 돈 때문에 몇 년을 두고 발버둥치다가 끝내는 자살하고 만 이번 농민의 죽음은, 빚만 쌓인 적자영농의 우리 농촌에 농업정책 및 경제정책에의 대전환을 요구하는 중대한 함성이 아닌가 싶다. 1989

1) 한국인의 자살률은 2005년 현재 인구 10만 명당 26.1명으로 OECD평균 제 1위를 기록했다.

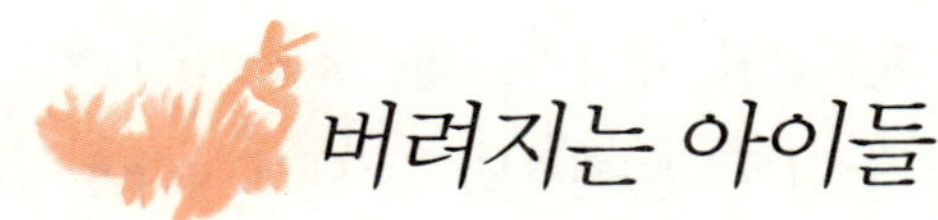

버려지는 아이들

텔레비전에서 미아 찾기 운동을 방영하고 있었다. 열한 살쯤이나 되어 보이는 여자아이에게 사회자가 물었다.

"어떻게 해서 엄마를 잃어버렸나요?"

그러자 아이는 눈동자도 움직이지 않고 또렷하게 대답했다.

"잃어버리지 않았어요."

화면은 즉시 다른 장면으로 바뀌었다. 그 아이는 다음에 무슨 말을 하고자 했을까? 아마 이렇게 말했을 것이 분명하다.

"엄마가 나를 버렸어요."

통계를 보면 기아의 60%가 미혼모의 유기에 의한 것이라고 한다. 아이를 버리는 부모 입장에서 보면 나름대로 기가 막힌 사연이 있겠지만 이렇게 버려진 아이들이 해외에 입양됨으로써 "미국 가정에 입양되는 외국 어린이의 50%가 한국 출신이다. 한국이 아이를 만들고 미국이 이들을 산다."라는 외국 언론들의 비난보도와 함께 아기매매, 고아수출국 제 1위라는 부끄러운 명예를 갖게 된 것이 아니겠는가.

어린이들은 친부모의 품에서 자라야하고 이것이 어려운 형편일 때에도 자기나라에서 양부모를 갖는 것이 바람직하며 이마저도 곤란할 때는 고아원 등 보호시설보다는 외국에서라도 양부모를 찾아야한다고 사회복지 전문가들은 주장한다.

지난 해 이 문제에 대한 여론이 팽배한 이후 '우리의 아이는 우리가 기르자' 라는 구호아래 국내 입양에 대한 관심이 예상외로 높아져 성가정입양원에만도 현재 1백여 가정에서 입양 신청을 했다는 소식을 최근에 들었다. 무엇보다도 우선 해결해야 할 문제는 버려지는 아이를 만들지 않는 것이겠지만 국내입양의 움직임이 있다는 것만이라도 참 다행한 일이 아닐 수 없다.

어찌되었든 해외입양은 국민전체의 부끄러움이고 입양아 자신이나 부모 모두에게 깊은 상처를 주는 것이니만큼 우리 모두가 참된 문화풍토를 가꾸어 버려진 아이들을 거리낌 없이 받아들이는 따뜻한 손길이 필요한 시기다. 1989

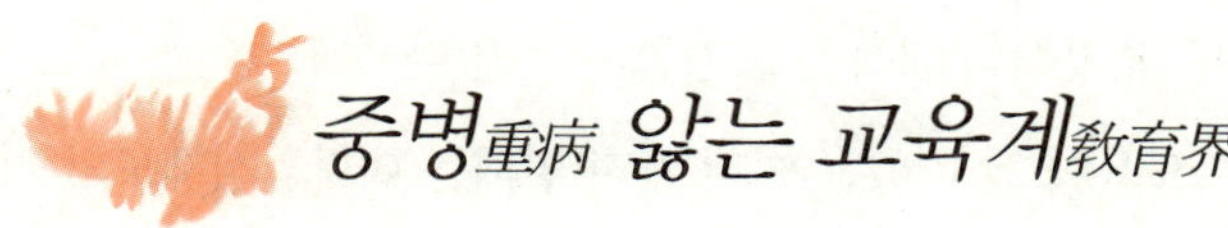

중병重病 앓는 교육계敎育界

언젠가 밤 10시가 다 되어가는 시간에 어느 고등학교 부근에 있게 되었는데 야간자율학습을 마치고 몰려나오는 학생들 중에서 누군가가 "안녕하세요?" 하고 인사를 한다. 고개를 들고 보니 이웃집 아이다. 반갑게 인사를 받으면서 지난 해 그 집 아주머니께서 중학교 3학년인 아들의 뒷바라지를 위해 노심초사하던 것이 기억났다. 겨우 수험생을 편한 고등학교 1학년 학생들이 이렇게 늦은 시각에 하교하는구나 싶어 일순 마음이 무거웠다.

사실 시내에 있는 대부분의 학교는 사시사철 불야성不夜城을 이룬다. 모든 학교에서 그처럼 열심히 교육하고 있는데 어찌하여 청소년 문제는 갈수록 심각해지고 비행사건은 줄어들지 않고 있는 것일까?

오늘날 우리 교육은 중병重病을 앓고 있다고 한다. 어떤 이는 교육은 이미 죽었다고도 말한다. 하지만 교육이 국가 발전의 원동력이라는 기본적인 사실을 굳이 다시 말하지 않더라도, 어떠한 경우라도 학부모로서 내 자식의 교육을 포기할 수는 없다.

교육이 안고 있는 여러 가지 병폐는 대학입시제도와 가장 밀접하게 연계되어 있다. 사회가 고학력 졸업자를 요구하다보니 중학생은 모두들 인문계고등학교로 진학하고자하고, 인문계고등학교에서는 대학입시준비에만 매달리는 것이며 사회가 그러하니 학부모들은 대학에 보내야겠다는 생각으로 행여 내 아이가 다니는 학교에서 입시지도에 소홀할까 안절부절하게 된다. 우리나라 고등학교 교육은 오직 대학진학을 위한 입시준비 학원교육이 되고만 것이다.

나이 스물이 다 되도록 제 옷 하나 제대로 세탁할 수 없는 딸 아이, 끊어진 전선 하나 제대로 이을 줄 모르는 아들이, 표정도 없이 하얗게 질린 얼굴로 무거운 책가방에 보조가방과 도시락 2, 3개씩을 싸들고 새벽에 집을 나서 자정이 넘어서야 돌아오는 모습을 보면서 우리 엄마들은 차라리 저 멍에를 내가 대신 질 수는 없는가 하면서 한없이 안타까워한다. 하다못해 저녁만큼은 가족이 한데 모여 오순도순 이야기하면서 먹고 싶고, 방학이 되면 여행도 하면서 넓은 세상을 깨우치도록 하고 싶고, 많은 독서로 간접경험도 쌓도록 하여 미래사회에서 한 시민으로 반듯하게 살 수 있도록 자녀를 기르고 싶은 것이 부모의 심정일 것이다. 이 땅의 학부모들은 지금 이런저런 생각으로 잠을 설치고 있다.

며칠 전 교육부에서는 대학생 과외를 전면 허용하였다. 80년 망국병이라고 폐지했던 과외금지 조치가 불과 10년도 되지 않아 다시 부활한 것이다. 과외 허용의 옳고 그름은 우선 접어두고, 이처럼 교육정책의 잦은 변화는 사회불안의 기저를 이룰 수 있다는 견지에서 신중하게 접근

해야 할 문제다.

대학을 가는 학생보다 가지 못하고 재수를 하거나 낙심하여 방황하는 학생들이 더 많은 우리 현실에서, 보다 빠른 시일 안에 대학입시제도는 전면적인 개혁이 있어야 한다고 본다. 이 기회에 고등학교 평준화문제 등도 건설적인 방향으로 해결되어야한다는 생각을 해본다.

인간 개개인은 모두가 서로 다른 개성을 가지고 있는 만큼 그가 할 수 있는 능력 역시 천차만별이다. 그럼에도 똑같은 집단에서 같은 교육을 받아야한다는 것은 무리다. 학교에서는 학생의 능력에 맞도록 다양한 교육을 해야 할 것이고 학력으로 사람의 능력을 인정하려드는 사회 전반의 시각도 바뀌어야만 한다. 부디 충분한 시간을 가지고 교육전반에 대해 전 국민의 여론을 수렴하여 적어도 내 손자가 중등교육을 받게 될 때에는 우리 아이들이 제도가 잘못되어 파생되는 교육 때문에 고통 받지 않기를 간절히 바랄 뿐이다. 1989

치솟는 물가

책상을 하나 살까하여 중앙동에 있는 가구점에 갔다. 사무실용으로 쓸 만한 다섯 자 정도의 책상을 찾아 소비자 가격을 보니 약 30만 원에서 이백여만 원까지 엄청나게 차이가 났다. 4년 전에 책상 대용으로 쓰려고 눈여겨보았던 8인용 식탁이 20여만 원으로 꼭 2배가 올랐다.

얼마 전 내가 사는 서민아파트가 평당 백만 원이 넘는다기에 집 가진 사람들은 집값 올라서 좋겠다고 생각했는데, 서울 어딘가는 평당 천만 원이 넘는다는 소식이니 어이가 없다. 옆집 사람은 이번에 주인네가 전세금을 2백만 원이나 올려달라고 해서 하는 수 없이 올려주었는데 시세 좋을 때 팔아야겠다면서 비워달라고 했단다. 대충 계산해도 지난 일년 사이에 20%가 넘게 오른 셈이다.

곁눈질로 스치면서 본 응접세트의 가격을 보니 삼백만 원대이기에 혹시 잘못 본 것이 아닌가하여 가까이 다가가 확인하고자하니 점원 말이 그것은 이태리 수입 천이라고 설명하면서 요즘은 비쌀수록 잘 팔린다고 한다. 고가의 수입품을 선호하는 과소비 풍조의 만연과 의식구조의 문제만을 탓할 것이 아니라 어찌하여 우리가 이 지경에 이르렀는지를 정확하게 분석해 볼 때가 된 것 같다.

이번에 정부는 하반기 경제종합대책을 내놓고 올해 물가는 5%이내로 억제하겠다고 한다. 얼마 전 '한국여성민우회' 주최로 열린 토론회에서는 우리나라 물가상승의 주범은 부동산투기에 있다고 했다. 그럼에도 일부에서는 아직도 노동자의 과도한 임금인상이 원인이라고 몰아붙이고 있으니 국민들만 혼란스럽다.

한국은행 조사통계에 의하면 임금 10% 상승은 물가에 거의 영향이 없다고 한다. 더구나 경제난국을 타개하고 물가상승을 억제한다는 이유로 불쌍한 농민들의 추곡수매가 및 공무원의 봉급인상 억제만을 거론한다면 그것 또한 일시적인 미봉책에 불과하다는 비난을 면치 못할 것이다. 경제난국을 수습하지 못하면 이 땅의 민주화도 결코 꽃 피우지 못할 것이다. 1989

시험, 시험 그리고 또 시험

학기말 고사가 시작되었다. 다소 어리둥절한 몸짓으로 맑은 눈동자를 깜박거리던 내 반 아이들이 중학생이 되어서 벌써 두 번째 치르는 정기 고사다. 시험 일정이 발표되고 나름대로 준비하느라 애쓰는 모습을 바라보면서 문득 내가 이 아이들만 했던 이십 년도 더 지난 날을 생각했다. 그동안 몇 차례나 교육과정이 개편되었고 상당한 시설투자도 했건만, 그때나 지금이나 그다지 변한 것 없는 교실에는 옛날이나 다름없는 방법으로 시험을 치르고 있는 아이들이 있다.

중학교 1학년이라면 벌써 7년째 학교교육을 받고 있는 셈이다. 그럼에도 아직 한글도 깨우치지 못한 아이들이 있는가하면 초등학교 2학년 때부터 배우기 시작한 분수인데도, 분수가 섞인 계산문제 앞에 서면 한 학급의 절반 이상의 학생들이 당황한다. 적은 자녀수에다 학부모들의 열의나 자녀에 대한 관심은 더 커졌을 뿐 아니라 각종 학원 등 배울 수 있는 기회가 많이 열려있음에도 이와 같이 기초가 부실한 아이들이 해마다 늘어가는 까닭은 과연 무엇일까?

작년에 나는 아들을 초등학교에 입학시키고서야 비로소 그동안 점수로 환산해서 내보낸 학생들의 성적에 대해 깊은 반성을 하게 되었다. 무한한 가능성 그 자체인 한 어린학생의 실력을 간단한 시험으로 판단하고 점수로 쉽게 인정해버리는 지금의 평가방법 말고 더 효과적이고 절대적인 방안은 정녕 찾을 수 없는 것일까? 그러나 뾰족한 묘안도 찾지 못한 채, 한 해가 가 버렸고 금년에도 또 다시 같은 시험을 치르도록 하고 있다.

요 며칠동안 초등학생들은 날마다 시험을 보는 모양이다. 어제만 해도 초등학교 2학년인 아들이 12장의 시험지를 채점해 가지고 왔는데, 그중 7장이 그 날 본 시험지였고 5장은 전날 숙제였다. 알고 보니 도내 초등학교 연합 시험평가에 대비하기 위한 예비시험이라고 한다. 앞집 사는 1학년 여자아이가 벌써 시험이 지겹다고 말한다.

그렇지 않아도 극성스러운 부모들 탓에 피아노학원이니 미술학원이니 컴퓨터니 웅변이니 하여 가뜩이나 자유로울 시간이 없는 초등학생들마저, 그것도 나이 열 살도 채 안된 저학년의 아이들마저 시험 속에 파묻혀서 학교생활을 하는 모습을 보면 안쓰럽기도 하고 이 아이들이 이렇게 해도 과연 잘 자랄 수 있을까 지극히 염려가 된다. 초등학교에 입학하면서부터는 ○ · × 아니면 맞는 답 고르기에 익숙해져야하는 아이들, 열두세 과목 시험을 치르고 있는 중학생, 밤늦은 시각에 파리한 얼굴로 하교하는 고등학생들! 그럼에도 내 아이들이나 내가 맡은 학생들에게 "시험점수 나빠도 좋다."라고 담백하게 말할 수도 없으니 내 스스로의 무력을 탓할 수밖에 없다는 말인가. 1993

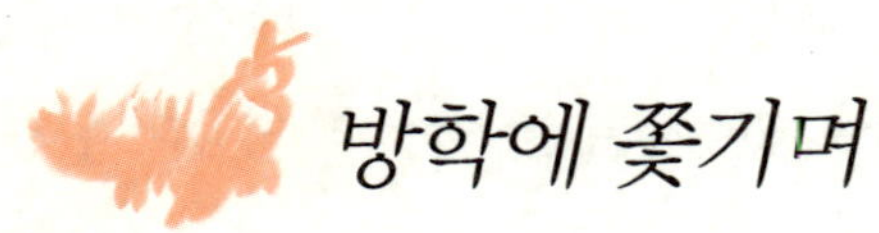

방학에 쫓기며

여름방학은 찌는 듯한 더위로 헉헉거리다가 맞이하는 한바탕 소나기와도 같은 청정함에 반갑고, 겨울방학은 함박눈이 내리는 날에 아무도 지나지 않은 길에 발자국을 남기면서 걸어가는 영상처럼 조용히 다가와서 반갑다.

칠월이 되면 학생들은 방학하는 날이 언제인가를 헤아리고 기대감에 부푼 마음을 짝꿍들과 재잘거림으로 나눈다. 나 역시 아이들과 같은 마음으로 어릴 적이나 지금이나 방학을 기다린다. 며칠 전에 구례화엄사에 갔다가 대웅전 올라가는 계단 옆에서 자란 무화과나무를 보았다. 초등학교 3학년 때 담임선생님 댁 마당에는 두 그루의 무화과나무가 있었다. 새삼스럽게도 어린 날 생각이 났다.

내가 가장 기다렸던 방학은 초등학교 4학년 여름이 아니었나 싶다. 섬에서 태어나 처음으로 가족의 품을 떠나 육지로 전학해 온 나는 학기

내내 섬마을 동무들을 그리워했고 밤이면 한데 어울려 그림자밟기를 하면서 놀던 담임선생님 댁 마당으로 달려가고 싶었다. 드디어 그렇게 기다리던 방학이 되자 이제는 고향에 갈 수 있다는 생각으로 마음이 설레어 잠도 오지 않았다. 집에 갈 때 신으려고 새로 사두었던 구두를 몇 번이고 다시 신어보기도 하고 짐 가방을 확인하는 등 서성대다가 겨우 잠이 들었다.

그 후 부모님과 동생들이 모두 전주로 이사해 왔지만 방학만 되면 나는 여전히 섬으로 달려갔다. 날 기다리는 할아버지와 할머니께서 아직 그곳에서 계셨기 때문이다. 교통편이 원활하게 연결되지 못하던 시절이라 기차를 타고 목포에서 내려, 다시 배를 타고 가야했으니 꼬박 이틀이 걸렸다. 우리들은 아침에 눈을 뜨면 동네로 나가 한데 어울려 종일토록 놀다가 해질녘이 되어서야 어른들 부르는 소리에 집으로 돌아오곤 했다. 그리고 저녁숟가락을 놓자마자 고단함에 떨어져 잠이 들곤 했다.

그렇게 방학을 다 보내고 개학하기 이틀 전쯤 해서 육지로 돌아오곤 했다. 부두에 마중 나와 계시던 할머니께서는 반가움에 눈물을 글썽이셨고 헤어질 때면 며칠 전부터 서운함에 눈물을 훔치곤 하셨다. 떠나기 전날 밤 문득 잠이 깨어 눈을 떠 보니 두 분은 나를 내려다보고 앉아 계셨다. 결코 잊을 수 없는 큰 사랑으로 지금도 내게 남아있다.

비대해진 도시와 대다수 인구의 도시 집중으로 더 이상 돌아갈 수 있는 시골집이 없어져 버린 오늘의 학생들은 방학에 쫓기는 것처럼 보인다. 방학이라고 하지만 보충수업을 받기위해서 짧게는 10여일 길게는 20일 동안 등교해야 되고, 고등학생들은 전원이 밤늦게까지 평소처럼 학교에 등교하고 있다. 초등학생부터 고등학생까지 학원수강과 보충수업, 자율학습 등으로 방학은 이미 방학이 아니다.

우리 교육은 지금 방학마저 학생들에게 돌려주지 못하고 있는 것이다. 마냥 뛰놀면서 싱그러운 자연 속에서 몸과 마음을 자연스럽게 키워가는 진정한 방학은 단지 과거의 기억으로 간직할 수밖에 없는 것일까?

1993

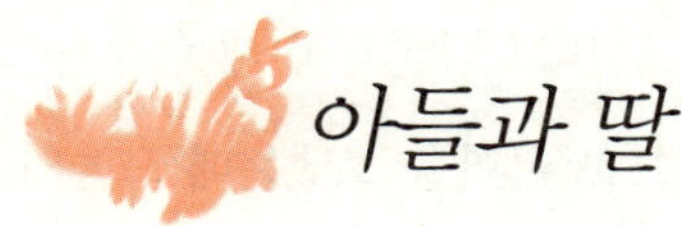

아들과 딸

면담을 마치고 가겠다고 인사까지 한 문자어머니가 머뭇거린다. 더 하실 말씀이 있는가하여 왜 그러시느냐고 물었더니만,

"집에 가면 야네 아버지한테 혼날턴디 그것이 걱정이 되어서요." 라고 하면서 일어섰던 자리에 도로 힘없이 주저앉는 것이 아닌가.

"우리 집은요 아들은 즈네 아부지 몫이고 딸은 제 책임이거든요. 그러니 딸자식 잘못되면 모두가 제 책임이지요." 문자 아래로 초등학교에 다니는 남동생이 있는데 학교에서 성적도 상위권이고 똑똑하다고 한다. 남편은 아들을 귀여워해서 틈만 나면 불러 무릎에 앉혀두고 다독이고 무엇인가를 설명해주고 그런다는 것이다. 농촌이라 아이들과 놀아줄 시간도 변변치 않지만 어찌되었든 딸인 문자에게는 주어본 적이 없는 사랑을 아들에게 쏟고 있는 것이 사실이란다. 그러면서 딸자식은 본래 엄마가 알아서 키우는 것이라고 윽박지르기 일쑤라고 한다. 생각다 못해 문자어머니는 농촌에서 학교를 보내는 것보다 도시가 조금 나을 것이라고 믿고 남편의 반대를 무릅쓰고 딸을 할아버지 할머니가 계시는 이곳으로 유학을 보냈는데 오늘의 상황이 전혀 기대 밖이 되어버렸다는 이야기다.

중학교 3학년이 되어서 이제 고등학교 원서를 쓰려고 학교에 와 보니 그렇게 공을 들인 딸아이의 성적이 형편없어서 익산시내 고등학교는 생각할 수도 없는지라 고심 끝에 근처에 있는 실업학교에 진학하기로 조금 전에 결정한 것이다. 그러니 실망이 오죽하겠는가. 아이의 성적이 오르지 않았던 까닭을 분석하고 이제야 문제점이 많았다는 것을 알았지만 너무 늦었으니 이를 어찌할 것인가. 앞으로 남은 기간동안 공부해서 고등학교에는 일단 합격해야할 것인데 막상 원서를 쓰고 보니 그보다 더 큰 걱정이 집에 돌아가서 남편에게 이러한 사실을 알리고 난 후 소리 들을 일이라고 한다.

어처구니없는 이야기지만 이해할 수 없는 것은 아니었다. 집에서 아이가 다치기라도 하면 "집에 있으면서 애나 볼 것이지 뭐했느냐?"는 식의 대접을 받는 것이 우리네 엄마들 아니던가. 잘한 일은 아빠 덕이요, 잘못한 일은 엄마 탓으로 돌리는 가정이 지금도 많은 것이 사실이다.

듣다못해 옆자리에 앉아 있던 여선생님이 "아니 애가 무슨 물건이에요. 딸은 엄마 것 아들은 아빠 것이게요. 그러시거든 이제라도 아예 바꾸자고 해 보세요. 이제부터는 아들을 자모님 몫으로 하구요. 딸을 아빠 몫으로 하자구하세요."라고 학자모님을 거들어준다.

요즘 주말드라마 〈아들과 딸〉의 시청률이 높다고 한다. 다소 느릿한 속도로 진행되는 극이지만 삼십대 후반과 사십대 여성들은 극중의 딸들이 어쩐지 어린 날의 자신의 모습 같다고들 말한다. 오로지 아들자식 하나만을 위해서 온갖 공을 다 들이면서도 상대적으로 딸은 희생시키고 구박하는 한국의 많은 어머니들과 가끔은 지나치다고 나무라면서도 그러한 행위를 당연하다는 듯이 받아들이고 묵인하고 있는 아버지, 그리고 딸로 태어났다는 이유만으로 대우받지 못하고 오빠나 남동생에게 공부할 수 있는 기회마저도 양보해야했던 이 땅의 많은 여성들의 이야기를 다룬 드라마다.

나는 "문자 어머니, 오늘은 집에 가시어서 소리 좀 지르세요. 마루에 있는 걸레라도 집어 던지면서 일부러 쿵쿵거리면서 문자아버지에게 말하세요. 세상에 그럴 수가 있느냐, 하나밖에 없는 딸자식인데 어쩌면 그리도 관심이 없느냐. 당신이 언제 문자한테 따뜻한 말 한 번 해준 적이 있느냐. 어떻게 학교를 잘 다니고 있는지 물어라도 보았느냐. 오늘 내가 학교에 원서 쓰러 갔는데 얼마나 속상했는지 모르겠다. 세상에 하나뿐인 딸자식한테 조금만 관심을 가져주었더라면 오늘날 이렇게 되지는 않았을 것이다. 다른 집들은 아빠가 딸을 더 예뻐한다는데 우리 집은 거꾸로 되어서 공부 못하는 딸은 내 책임이고 당신은 아들만 신경 쓰더니 이제 어떻게 할 셈이냐? 문자가 시내학교 원서도 못 쓰고 저 멀리 버스타고 다니는 고등학교를 가게 되었으니 나도 더 이상은 못하겠다. 앞으로는 당신이 알아서 책임져라. 이렇게 말씀하시면서 억지 좀 쓰세요."라고 문자어머니를 부추겼다.

처음엔 깜짝 놀라서 의아한 표정을 지었던 문자어머니가 차차로 얼굴 표정을 조금씩 풀기 시작했다. 하지만 어떻게 그럴 수 있겠느냐는 눈빛으로 나를 바라본다. 그러다가 자리에서 일어설 때쯤에는 무언가 중대한 결심을 한 듯 보였다. 교무실 안에 있던 선생들이 힘내라고 격려하면서 배웅을 하자 멋쩍은 듯 웃어보인다. 나는 마치 다짐이라도 받으려는 사람처럼 다시 말했다.

"꼭 그렇게 하세요. 그리고 더 이상 아이들을 나누지 마시구요. 정말 나눌라치면 이번에는 문자어머니께서 아들을 책임지겠다고 말하세요."

교문 밖으로 사라지는 학부모님의 어깨위로 가을이 물들여 놓은 은행잎 하나가 바람에 날리다가 가벼이 앉는다. 우리나라 어머니의 느릿하고 긴 그림자 하나가 오래오래 운동장에 깔리고 있었다. 1992

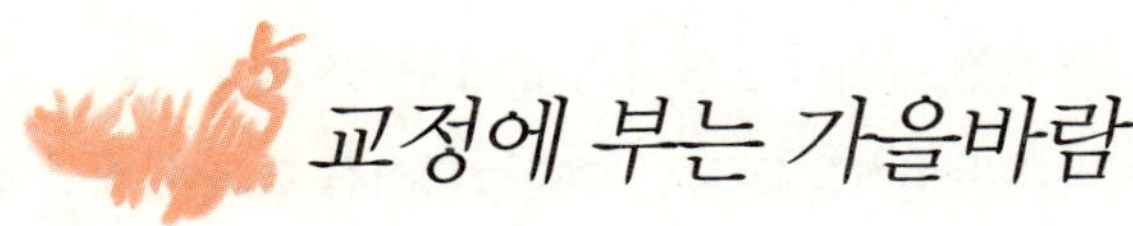

교정에 부는 가을바람

9월이 왔다. 조금씩 그을린 얼굴로 아이들이 학교로 돌아왔다. 조용하던 교정이 갑자기 이슬 먹은 풀잎처럼 생기를 얻고 여기저기에서 들려오는 재잘거림 소리와 함께 새로운 학기가 시작되었다.

매년 시작되는 2학기인데 금년은 전혀 다른 느낌이다. 그것은 그동안 해 왔던 보충수업과 자율학습이 중학교 1,2학년과 고등학교 1,2학년은 폐지한다는 소식이 전해져왔기 때문이다. 학생들의 얼굴이 어느 때보다도 밝고 환했으며 발걸음조차 경쾌해 보인다.

중학교 3학년인 학생부터는 내신 성적에 의해 고등학교를 진학하게 될 것이라는 보도가 있고, 고등학교 3학년생은 지난 20일에 치룬 첫 수학능력시험 결과를 기다리며 진로에 대해 고민해야하는 새 학기다. 입시제도의 개혁으로 인해 진통을 동반하고 시작되는 학기인 것이다. 그러나 그 진통은 한여름 뙤약볕과 열풍으로 인한 짜증스러운 무더위 같은 것이 아니라 조석으로 불기 시작한 서늘한 바람처럼 신선하여 무언가 잘될 것이라는 예감이 들어 다행이다.

이번에 처음 실시된 수학능력시험 결과에 대한 전북도내 각 고등학교의 예비분석이 나왔는데 1백50점 이상의 고득점자가 1천5백53명으로 전국의 2,56%로 낮은 수준이라고 한다. 이미 서울 등지에서는 오래전부터 수학능력시험을 대비하고 있었다고 한다. 많은 학생들이 박물관을 견학하고 연극을 관람하고 미술작품전시장을 찾는다고 들었다. 이 얼마나 아름다운 풍경인가!

이제는 정녕 우리 학생들에게 그동안 학교가 소유하고 있던 시간을 되돌려줄 수 있을 것 같다. 행여 생활지도상 무슨 문제라도 생기지 않을까 하는 노파심이나 지금 준비하지 않으면 대학에 갈 수 없다는 편협한 생각으로 우리의 십대들을 밤늦게까지 학교에만 붙들어 두어서는 안 된다.

입시제도에 문제점이 있다면 어서어서 보완하고 수정해서 조국의 미래를 책임질 우리 학생들이 앞으로는 입시의 굴레 속에 갇혀있게 버려두지 말고, 자유롭게 뛰쳐나와 창조적인 사고와 자율적인 행동으로 스스로를 책임질 수 있는 바람직한 젊은이로 성장할 수 있도록 우리가 도와주어야하겠다. 모처럼 밝아진 어린 학생들의 얼굴이 다시는 그늘지지 않도록 해주어야 할 것이다.

멀리서 들려오는 매미의 긴 울음소리가 여름의 끝자락을 털어내면서 문턱 넘어오는 결실의 계절 가을을 재촉하고 있는 것만 같다. 1993

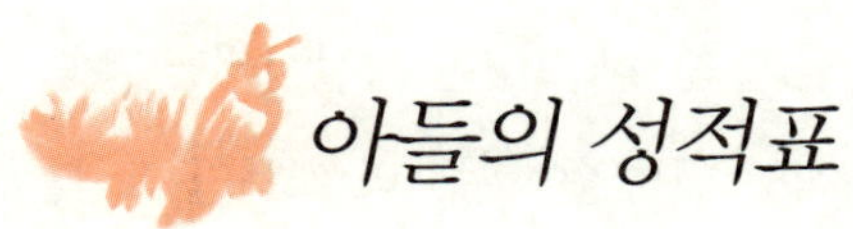

아들의 성적표

십사오 년동안 얼마나 많은 학생들의 성적을 채점하고 이를 수 · 우 · 미 · 양 · 가 오 단계 평어로 환산하여 내보냈는지는 기억할 수조차 없다. 더구나 일년여 가르친 결과를 한두 번의 시험을 통해 성적을 내는 작업에 대해 별스럽게 회의조차 해본 적이 없다. 그런데 큰 애를 초등학교에 넣고 나서야 아이의 실력이 100점 만점으로나 수 · 우 · 미 · 양 · 가로 평가되어 나오는 것에 새로운 관심을 갖게 되었다.

초등학교 1학년, 집 나이로는 보통 8살 정도인 아이의 실력을 20여개 문항에 의해 측정하고는, 2개 이하틀리면 수, 세 개 틀리면 우, 이렇게 평가하는 것에 과연 어느 정도 신뢰도가 있는 것일까?

몇 년 전 홍콩에서 영국인학교를 다니다가 귀국한 조카의 성적표를 보았다. 고등학교 1학년이었는데 그 성적표는 우리나라와 다르게 한 권의 작은 책자였다. 무슨 내용물이 이렇게 많을까 싶어 유심히 살펴보았더니 각 장마다 여러 선생님의 친필 사인이 들어 있었다. 첫 장은 교장선생님 말씀, 다음 장은 교감선생님 말씀 순으로 되어 있었는데 내용은 의례적인 인사말이 아니라 그동안 그 학생을 관찰하고 면담한 결과와 학생 진로에 도움이 될만한 이야기가 쓰여 있었다. 우리나라처럼 학생 수가 많고 보면 시행하기 어려운 일일 수 있겠지만 어찌되었던 그들의 학생 관리는 부러울 정도였다.

그렇게 몇 장을 넘기고 나니 비로소 과목 담당교사의 차례이고 한 과목의 성적이 한 장씩이다. 과목의 특성에 따라 그 자리에는 대체로 가로 세로 칸을 나누어서 표를 만들어 평가하고 있는데, 가로에는 여섯 단계의 능력 평정이 되어있고 세로에는 구술식으로 세부항목이 적혀 있었다. 예를 들어 과학이라면 실험기구 다루는 법, 수업태도, 노트정리 등등으로 십여 항목을 정해 각 항목마다 평가는 단계에 맞게 ○표를 하고 끝에는 종합평정을 하였으며 넓은 칸에 담당교사의 상세한 서술과 조언 등이 긍정적인 내용의 문장으로 기술되어 있었다. 그러다보니 성적표가 자연히 한 권의 소책자가 될 수 밖에.

필기시험은 배우는 과목 모두를 치루는 것이 아니라 몇 개 과목만을 선정한다고 했다. 우리나라 중 · 고등학교 학생들이 열서너 과목씩 시험을 치루는 것에 비해, 결과를 과목마다 점수나 평어로 기록하여 받게 되는 한 장의 얇은 성적표와는 너무도 대조적인 모습이 아닐 수 없었다.

새해 벽두부터 들썩이는 대학입시 부정사건을 보면서 다시금 오늘날 우리 교육의 문제점이 확대되어 다가오고 여기저기에서 들려오는 개탄의 소리와 따가운 시선을 견딜 수가 없다. 이미 우리교육은 망가질 대로 망가졌다고 하는데 망가진 교육, 망가진 아이들을 데리고 정녕 어디서부터 새로 시작하고 뜯어고쳐야 할 것인지 혼란스럽기 짝이 없다.

지난 해 일본 초등학생들의 수업 장면을 보면서 '그래! 바로 저거야.'라고 생각한 일이 있다. 교실에서 걸으면서 어른을 만났을 때나 친구를 만났을 때 반갑게 인사하는 법을 실습하고, 전화기를 두 대 놓고 아이들이 차례로 나와서 전화를 걸거나 받는 연습을 하는데 교사는 그때마다 잘못된 자세를 교정시키거나 잘했다는 칭찬을 해 주었다.

미국에서 비소설분야 베스트셀러에 오른 『적어도 내가 배워야 할 것은 유치원에서 배웠다』라는 책이 생각난다. 나는 적어도 초등학교 저학년까지는 기본생활과 바른 생활에 대한 습관지도 교육만 했으면 한다.

이제 초등학교 2학년이 된 아이가 지난 1년 동안에 받아 온 시험지 묶음이 눈에 띈다. 상당한 부피로 풀이한 문제집도 대여섯 권이나 된다. 문제를 풀다보면 더욱 놀라게 된다. 즐거운 생활에서 탬버린이 나오고 이 악기가 무슨 소리를 내는가를 묻는 문제가 있다. 처음에는 정답을 내지 못하던 아이가 탬버린을 들고 와서 몇 번 쳐보더니만 '칭칭칭' 이라는 답이 맞다 면서 이내 수긍한다. 탬버린 소리가 '칭칭칭' 인 것도 그렇고 아이의 빠른 수긍도 나는 쉽게 이해되지 않는다. 미술에서는 사자그림 하나를 보기로 주고서, 이 그림을 보고 난 후 느낌을 묻는 문제가 있는데 정답은 '무섭다' 였다. 내가 보기에는 그 사자그림이 무섭기는커녕 오히려 우스꽝스럽고 익살스럽기만 했다. 아이가 문제풀이 하는 것을 아직 지겨워한다거나 싫어하지 않으니 다행이지만, 앞으로 이 아이가 대학에 갈 때까지 풀이할 문제들을 생각하면 아찔하다.

학년말이 되어서 내가 맡은 반 학생들의 생활기록부를 정리하다가 이제 처음 받아올 아들의 성적표를 그려본다. 거기에 다른 것은 말고 "바른 자세로 인사를 잘 합니다." 아니면 "똑똑한 목소리로 전화를 잘 받습니다."라고만 쓰여 있었으면 좋겠다. 1993

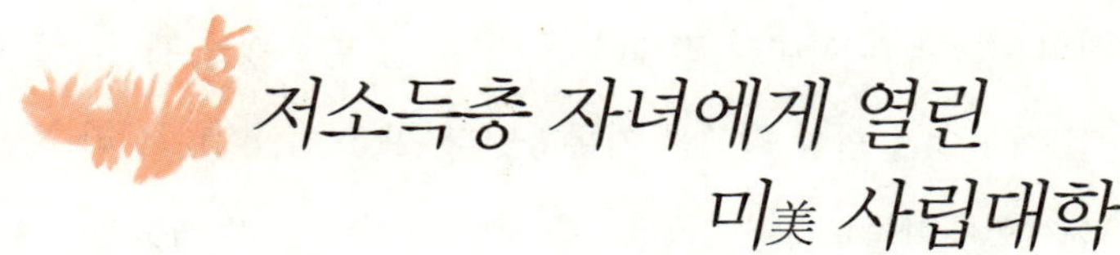

저소득층 자녀에게 열린 미美 사립대학

학교에서 돌아오면 보리를 캐러 다니던 시절이 있었다. 어린 보리 싹과 나물에 굴을 넣고 끓인 된장국의 구수한 맛을 지금도 잊을 수 없다. 지난주까지만 해도 황토 흙 사이로 삐죽삐죽 고개를 내밀어 이제 싹이 돋는가 싶었는데, 오늘 아침 출근길은 초록 잎이 온통 밭을 덮었다. 삼례를 지나 익산 가는 길에 봄날이 온 것이다. 머지않아 물오른 나무에 벚꽃이 피고 바람에 꽃비 내리면 봄은 더 오래 우리 곁에 머물러 보리밭을 누렇게 물들이면서 일렁이게 할 것이다.

우리나라에 널리 알려진 미국의 명문대학들은 대부분이 사립학교다. 서부의 명문 스탠포드 대학은 9월 신학기부터 저소득층 자녀에게 수업료를 받지 않겠다고 한다. 연간소득이 4만 5천 달러(약 4 천오백만원)미만인 가정의 자녀는 전액을 면제해주고, 4만 5천에서 6만 달러 소득 가정의 자녀는 50%를 감액한다는 것이다. 동부 예일대에서 지난해부터 실시하고 있는 것과 같은 수준이다. 하버드가 연소득 4만 달러 이하 가정의 학생에게 학비를 면제하겠다고 처음 발표했을 때 하버드대를 지망한 학생 수는 사상 최고를 기록했었다. 프리스턴이나 브라운 등 다른 유명 사립대학들도 유사한 제도를 시행 중이며, 노스캐롤라이나 주립대학은 3만 7천 달러에서 올해 2만 8천 달러이하 소득 가정의 자녀로 학비 감면 지원 폭을 확대하고 있다. 앞으로 미국에서는 가난한 학생들이 명문대학에 진학하지 못하는 일은 없어질 것 같다.

전북의 주요 사립대학의 경우에는 국민 기초생활보장 수급자(1,2종)를 대상으로 10명에서 70명 정도에게 100만 원 내외의 학비를 보조하고 있다. 이것은 전체 학생대비 0.5% 정도에 불과한 수준이다. 국립대의 2,3배나 되고 비정규직 1년 치 임금과 맞먹는 사립대학의 등록금을 생각하면, 저소득층 자녀에 대한 학비지원 정도는 매우 미미하고 인색하다고 할 수밖에 없다.

우리나라 대학등록금은 올해도 인상되었다. 십여 년 사이에 5배가량이나 인상된 등록금에 비해 대학의 교육환경은 얼마나 좋아졌는지 의심스럽다. 미국 주립대학에서는 학비는 물론이고 기숙사비와 도서구입비까지도 지원하고 있다. 유럽의 경우에는 대부분 대학등록금이 무료이거나 매우 저렴하다. 이것은 정부가 전적으로 재정지원을 하기에 가능한 일이다. 하지만 전국 초중등교육재정 적자액이 6조원이 넘는 우리나라 상황에서 고등교육에 대한 국비지원을 확대하는 것은 무리라고 본다.

우리나라는 사립대학의 비중이 높다. 그러기에 등록금 의존율이 70%가 넘는 사립대학의 재정구조를 변화시켜야 한다고 본다. 재정의 등록금 의존율을 최대한 낮추고 평균 6%도 안 되는 재단전입금을 더욱 늘려서 저소득층 자녀에 대한 학비지원을 확대함으로써 가난한 학생도 사립 대학에 자유롭게 지원할 수 있도록 배려해야 할 것이다. 춘궁기 보릿고개를 기억하면서 그동안 우리나라 대학에서는 어려운 환경의 학생을 위해서 어떠한 몸짓으로 고민하고 노력했는지를 다시 한 번 묻고 싶다.

2006

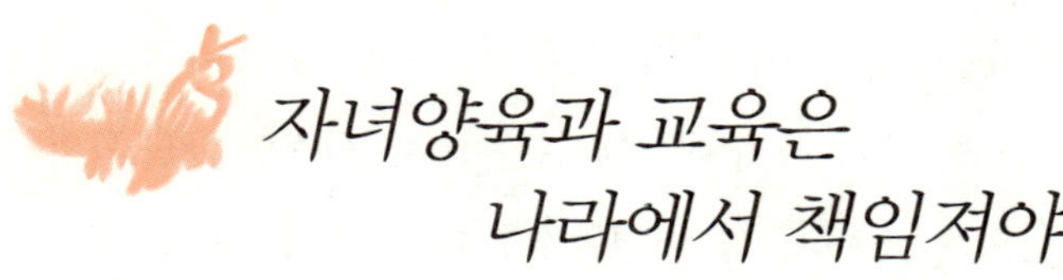

자녀양육과 교육은 나라에서 책임져야

할 수 있다면 오래오래 지리산 자락의 큰 바람을 붙잡아두고 싶다. 80년대 초반에 중학생이던 제자들과 함께 바래봉에 오르면서 벅찬 감동으로 자꾸만 하늘을 바라다본다. 인터넷카페에서 늘 만나고 흩어지기 때문인지 서울과 대구 등지에서 새벽에 출발하여 오랜만에 만났지만 마치 어제 헤어졌던 반 친구들처럼 자연스럽다. 대부분 한두 명의 자녀를 둔 30대 후반의 장정들이다. 방글이의 두 아들이 일행보다도 더 빠르게 앞서 달려간다. 어린아이들의 노는 모습은 바라보는 것만으로도 큰 즐거움이요 행복이다.

최근 통계에 의하면 기혼여성의 35.6%가 자녀가 없어도 된다고 생각하고 있으며 나이가 적을수록 자녀의 필요성에 대해 소극적이라니 참으로 안타까운 일이 아닐 수 없다. 지난 2001년에 1.30이던 우리나라 출산율이 2005년에는 1.08로 낮아져서 홍콩의 0.95 다음으로 세계 최저 수준이 되었다. OECD 평균은 1.6이다.

언제부터 우리 여성들이 아이를 낳지 않으려고 한 것일까. 좁은 국토와 가난한 나라를 일으켜 세우겠다는 일념으로, "딸 아들 구별 말고 둘만 낳아 잘 기르자"고 하다가 "하나만 낳자"던 시절이 엊그제다. 나라의 정책이 이렇듯 30년 앞의 미래조차 제대로 예측하지 못했다니 씁쓸하기만 하다. 그런데 더욱 우려되는 것은 미혼여성 가운데 26.2%가 결혼하지 않겠다는 것이다. 이제는 결혼여부를 물을 때에도 기혼, 미혼 외에도 '비혼' 란을 추가해야 될 모양이다.

이대로 가면 우리나라 총인구는 2020년을 정점으로 급격하게 줄어들어 2050년에는 4천만 명 미만일 것으로 예측되며, 14세 이하 학생인구는 지금의 절반에도 미치지 못하게 된다. 따라서 과밀학급이니 콩나물교실이라는 말은 옛이야기 속으로 사라지고 학급당 학생 수는 15명 이내가 되어 환상적인 교육이 이루어질 것 같다. 미래교육은 이처럼 줄어드는 초중고 학생 수와 함께 고령화된 사회가 어우러지는 새로운 모형을 필요로 한다.

여성의 사회 참여가 늘면서 직장과 가정이라는 이중적 역할부담이 요구된 반면 남성의 역할은 크게 변화하지 못한 당연한 결과가 낮은 출산율로 이어졌다. 지체된 혁명(Delayd Revolution)인 셈이다. 언제쯤이면 이 땅의 모든 여성들이 결혼과 출산으로 인해 갈등하지 않고 일과 가정을 동시에 선택하는데 주저하지 않을 수 있을까 싶다. 아직도 우리나라는 취업 중이던 여성의 61%가 결혼을 전후해서 직장을 그만두고 있으며 이들 중 절반정도나 재취업에 성공하고 있다.

바래봉 산행 길에 줄곧 함께했던 은희는 둘째아이의 출산을 앞두고 퇴

직했는데 그 아이가 초등학생이 된 지금 다시 일을 하고 싶다고 했다. 자녀가 많은 전업주부에 대한 인식전환 또한 필요하다. 현서는 여섯 명의 아이엄마다. 자녀를 갖지 않으려고 하는 오늘날 2030세대를 생각하면 가히 인간문화재라고 할만하니 그에 마땅한 지원도 있어야하지 않겠는가.

가정의 자녀양육과 교육은 나라에서 책임진다는 각오로 일하고자하는 젊은 부부가 안심하고 일할 수 있도록 정부는 저출산 고령화 사회를 대비하여 구체적이고도 실질적인 정책을 마련해야 할 것이다. 2006

항상 봄처럼 새로워라

전쟁으로 인해 폐허가 된 땅위에서 노랗게 피어 난 민들레를 찍은 사진이 기억난다. 미 · 영 연합군의 이라크 침공으로 인해 온 세계가 전쟁의 소용돌이 속으로 말려들고 휘몰아치는 모래 폭풍우처럼 죽어 가는 사람들이 늘어가고 있는데, 인간 세상의 참혹함을 아는지 모르는지 나무들은 앞다투어 꽃망울을 터뜨리고 가지마다에 봄을 매달고 있다.

청나라 문인 옹조翁照는 그의 시 〈매화오좌월(梅花塢坐月)〉에서 매화가 피는 언덕을 노래하고 있는데, "정좌월명중 고음파청냉 격계노학래 답쇄매화영(靜坐月明中 孤吟破清冷 隔溪老鶴來 踏碎梅花瑩, 달 밝은 밤 조용히 앉아, 홀로 읊조리는 소리에 서늘함이 출렁이네. 개울 건너 늙은 학이 찾아 와, 매화꽃 그늘을 밟아 부수네.)"라고 하여, 고요한 가운데 움직임이 있고 청랭한 공기가 출렁이는데 학이 성큼성큼 내딛는 발에 매화 그림자가 부서진다고 표현하는 뛰어남을 보이고 있다.

오늘 정읍시청 담 아래 밥태기꽃 색깔로 홍도화가 줄줄이 피어있는 것을 발견하였다. 마음이 있어야 눈에 보인다는데 그 동안 마음을 어디에 두고 살았는지 어제는 보이지 않던 꽃나무가 오늘은 눈에 들어왔다. 전주에서 금산사 가는 길 휘어지는 곳 어딘가에 붉게 피는 홍도화가 있어 봄이면 가끔씩 바라보며 행복해라 했는데, 이제는 가까운 곳에서 시리도록 볼 수 있으니 새로운 즐거움이 하나 더 생긴 셈이다.

활짝 핀 가지 끝 매화는 바람 불 때마다 바람 따라 꽃잎이 흩날리고, 호~하고 입김을 불어주면 금방이라도 가지 안쪽에서 꽃문을 열어 줄 것만 같다. 지구촌 곳곳에서 총소리 요란하지만 이렇듯 봄은 우리 곁에 오래 전부터 다가와서 머물러 있었던 것이다.

얼마 전에 작고하신 조병화 시인의 〈해마다 봄이 되면〉을 외우면서 다소 산란했던 마음을 추스르고 싶다.

> 해마다 봄이 되면/어린 시절 그분의 말씀/항상 봄처럼 부지런해라 /땅 속에서, 땅 위에서/공중에서/생명을 만드는 쉼없는 작업./지금 내가 어린 벗에게 다시 하는 말이/항상 봄처럼 부지런해라.//해마다 봄이 되면/어린 시절 그분의 말씀/항상 봄처럼 꿈을 지녀라/보이는 곳에서/보이지 않는 곳에서/생명을 생명답게 키우는 꿈./봄은 피어나는 가슴/지금 내가 어린 벗에게 다시 하는 말이/항상 봄처럼 꿈을 지녀라.// 오, 해마다 봄이 되면/어린 시절 그분의 말씀/항상 봄처럼 새로워라/나뭇가지에서, 물 위에서, 둑에서/솟는 대지의 눈./지금 내가 어린 벗에게 다시 하는 말이/항상 봄처럼 새로워라.

2003 

제2장 손톱끝에 봉숭아 꽃물 지기전에

멀리 산등성에 잔설이 보인다. 봄은 멀지 않았지만 아직도 우리 곁에 겨울이 머뭇거리고 있음을 알리는 것만 같다. 새로 가는 학교에 대한 낯설음이 마치 하얗게 산에 앉아 있는 잔설과 같다는 생각이 들었다. 누군가는 새 옷을 입었을 때의 어색함을 줄이려면 그 옷을 오래 전부터 입고 있었다고 생각하는 것이라고 했다. 그러나 사각의 얇은 종이 한 장으로 어제까지 정 나누던 아이들과 전혀 다른 학생들을 지도하게 되었으니 새로운 환경에 적응하기까지 또 얼마만큼의 시간이 소요될지 모르겠다. 저 세상에 발 하나 들여놓고 휘적휘적 걸어가면서 사는 것이 오늘인 것을

내가 선택한 삶의 기쁨

설이 지나고 나니 봄이 멀지 않은 듯 바람 끝이 부드럽다. 창문을 열고 불러들인 바람에게서 흙냄새가 난다. 추위를 피해 거실에 두었던 화분을 베란다로 옮겨 놓으니 제자리를 찾은 듯 이파리마다 생기가 돈다. 여학생의 갈래머리 같은 서양란의 잎들이 시골집 돌담에서 자라던 풀잎과 함께 기지개를 편다. 좁은 화분에서 이런 저런 화초들이 고향땅인 듯 뿌리를 내렸다. 키 작은 것들과 큰 나무들이 소박하게 어울린 모습이 참 편안해 보인다. 햇살이 좀더 길어지면 흙을 뚫고 나올 순들로 우리는 새 식구를 맞게 될 것이다.

교단에서 스승이 사라진지 오래라고들 하지만 그래도 우리 교육은 학생 가르치는 일을 즐거워하고 학생과 더불어 호흡하면서 묵묵히 봉사하는 선생님이 계시기에, 나라의 희망이며 미래가 된다. 2001년 노벨경제학상을 수상한 조지프 스타글리츠 미 컬럼비아대학 교수는 “정부는 공장 짓고 일자리 만드는 역할을 하기보다 과학과 테크놀로지, 교육에 투자하는 것이 훨씬 효과적"이라고 했다.

교사의 교육활동은 그 자체가 곧 커다란 승진이요 명예라고 생각한다. 그럼에도 현행 승진제도의 잘못으로 인해 교육이 멍들었으니 제도를 바꿀 때도 되었다. 한국교육개발원(KEDI)의 자료에 의하면 교원의 59%가 현행 승진제도의 수정과 보완을 요구하고 있으며, 35%가 승진제도의 틀을 새롭게 바꾸어야 한다고 응답하고 있다. 새로 만들어지는 교원정책은 높은 전문성을 지닌 교원들이 긍지를 가지고 오직 가르치는 일에 몰두할 수 있는 환경을 만드는 것이요 능력중심으로 승진제도 및 임용제도를 바꾸는 것이다. 교원 승진체제를 연공서열 중심에서 능력중심으로 전환한다는 말이다. 학생들만 열심히 가르치고 학생들을 위해서 노력하는 사람은 절대 승진할 수 없는 현재의 교육풍토를 개선한다는 것이다. 넓은 들에서 자유롭게 피어있던 승진제도에 대한 다양한 의견들을 좁은 화분에다 옮겨 심는 작업이기도 하다.

새로운 교장 임용제도를 통해 민주적인 리더십을 갖춘 역량 있는 교원이 교장으로 임용될 수 있도록 제도가 마련될 것으로 믿는다. 서로 다른 곳에서 자라던 화초를 화분 안에 가두어 둔 것처럼 한참동안은 좁은 공간과 다져지지 않은 흙으로 인해 답답할지 모른다. 하지만 잠시 몸살을 앓게 되더라도 이내 곳곳하게 하늘을 향해 일어서는 식물처럼 올해는 교원정책에 새로운 꽃대를 세우게 될 것이다.

교사는 교단에 있을 때 가장 행복하다. 승진하여 보다 높은 직위나 직급에 오르는 것은 그가 지닌 뜻을 바르게 펼칠 수 있는 권한을 갖는 것이다. 그것은 명예로운 일이며 그동안 쌓은 경륜을 펼칠 수 있는 기회가 된다. 수단과 방법을 동원하여 얻은 자리인 경우에는 간혹 힘이나 권력으로 잘못 남용될 수 있다.

사람은 태어나 어떤 직위에 있었느냐 하는 것보다 그가 평생 어떠한 생각을 지니고 어떻게 살았느냐가 더욱 중요하다. 어느 위치에 있더라도 당당할 수 있다는 것은 그만큼 자신이 있고 부끄러움이 없다는 것이 아니겠는가. 2006

자랑스러운 대한민국 선생님

최근 교원정책특별위원회에서 본회의 상정을 위해 만들어진 합의안이 부결되고 소속 위원 중 일부가 사퇴의사를 밝히면서 교육정책이 또 다시 표류하는 것이 아닌가하는 우려를 갖게 되었다. 교장승진제도에 대한 교원단체의 견해가 10인10색으로 크게 엇갈리고 교육정책이 교원단체의 집단이기주의에 의해 끌려가고 있다는 비난 중에도 희망을 가질 수 있었던 것은 추구하는 목표가 서로 같다는 것이었다. 한 치의 양보도 없음으로 난항을 겪으면서 어렵게 이룬 합의가 막상 무산되고 보니 일부 특위 위원들의 상심이 매우 컸던 것 같다.

대통령자문 교육혁신위원회에서는 올 상반기에 새로운 교원정책을 만들겠다는 로드맵으로 교원특위를 구성한 바 있다. 다시는 승진에 매달려 학생교육이 소홀히 되는 사례가 없도록 하고, 교단에서 묵묵히 가르치는 일에 전념하신 선생님들이 우대 받을 수 있는 제도를 만들기 위한 전문위원회인 것이다.

산 정상에 오르는 길이 어찌 하나뿐일 수 있겠는가? 그동안 많은 사람들이 발자국을 오솔길이거나 몇몇 사람들의 동행 길이던 좁은 산길도 있다. 내가 가는 이 길이 정상에 이르는 길이라는 확신만 있다면 산에 오르고자 하는 사람들이 스스로 선택할 수 있도록 조용히 안내하는 것이 책임 있는 사람들이 해야 할 몫이며 아름다운 사회로 가는 길이다.

교육인적자원부가 9월부터 전국 51개교에서 교장초빙 · 공모제 시범학교를 운영하며 이중 특성화고 4개교에는 20대 IT 전문가부터 60대 전직 CEO도 교장이 될 수 있는 완전개방형 공모제를 적용할 예정이라고 발표했다. 이러한 교육부의 방침은 현장 교원들에게는 오히려 혁신적이다. 현재 초 · 중등교육법에 의한 교장의 자격기준은 "학식과 덕망이 높은 자로서 대통령령이 정하는 기준에 해당한다고 교육인적자원부 장관의 인정을 받은 자"이다. 사회 각 분야의 인사들로 구성된 교육혁신위원회의 교원정책특위 합의안에는 교장 자격을 10년 이상의 교육경력자로 제한하고 있다.

인터넷 동영상 강의로 국내정상에 있는 (주)메가스터디(megastudy)의 창립 멤버로 연봉 18억을 포기한 괴짜강사의 이야기 『이범, 공부에 반反하다』를 보면, 우리나라의 높은 교육열에 비해 교육정책의 역량이 뒤떨어져있는 현실이 정말 신기할 정도라고 한다. 학원가의 서태지라고 불리는 그는 교육부가 학생들을 실험용 쥐로 취급하고 있다고 강하게 비판하고 있다. 학원 강의를 그만두고 지금은 인터넷무료강의만 하고 있는데 "나의 무료강의는 선행이나 기부행위가 아니라 나의 생활이다"라면서 한국 사교육의 중심인 대치동식 학원 교육에 대한 환상을 깨라고 강변한다.

교육비 때문에 출산을 기피하고, 입시지옥 학교교육으로 자살하는 학생이 늘어가고, 2만여 명의 초 · 중 · 고 학생이 우리나라를 떠나 외국으로 유학 가는 지금의 참담한 교육현실은 반드시 달라져야 한다. 새로운 교장승진 및 교원양성과 연수제도를 기필코 마련하여 교육기획력을 가진 교사에 의해, 자율적인 학교운영으로 지역사회와 함께하는 평생교육이 이루어져야 할 것이다. 나는 자랑스러운 대한민국 선생님이고 싶다.

2006

그 학생이 제일 늦게 하교하고 제일 먼저 등교한 이유

어릴 적 학창시절에는 언니 오빠가 물려준 참고서를 가지고 공부하던 친구들을 참 많이 부러워했다. 육 남매의 맏이인 나는 무엇이든지 새로 구입해야만 했기 때문이었다.

지금은 중학교 1학년까지 의무교육이 실시되므로, 교과서를 모두 무상으로 지급해주고 있는데 예전에는 초등학교에서도 교과서를 돈을 내고 사야했으므로, 급우 중에 헌책을 사는 아이들도 많이 있었다. 나도 중학교에 입학했을 당시 부모님들께서 많이 힘들어하는 것 같아 새 교과서를 주문하지 않고 헌 책방에서 모두 구입했는데, 나중에야 그런 사실을 알게 된 어머니가 두고두고 마음 아파하셨다. 오히려 지나친 근심을 끼쳐드렸다는 생각에 이후에는 그러하지 않았지만, 누군가 한번 쓰고 난 후에 물려받아 읽는 책이 오히려 편안해서 결코 싫지 않았던 것으로 기억된다. 마치 처음 입는 새 옷보다는 입던 옷이 더 편한 것과 같은 느낌이었을까.

문득 며칠 전에 들었던 어느 선생님의 옛날이야기가 생각난다.

아직 중학교 평준화가 시행되기 전 완주군에 있던 어느 초등학교 6학년 교실에서다. 학생들 모두가 전주에 있는 중학교에 합격하기 위하여 열심히 공부를 하고 있었다. 지금이야 책이 흔해서 한 두어 권 버려져 있다 해도 누가 주워가지 않고, 경우에 따라서는 쓰레기장에 그대로 버려지기도 하지만, 당시에는 대부분의 학생들이 마땅한 참고서나 문제집 하나 가질 수 없었던 지독히도 가난한 시절이었다.

어느 날 담임선생님이 부르시더니 "병춘아, 너는 학교에서 남아 공부하다가 맨 나중에 집에 가면서 교실 문을 잠그고 가거라. 그리고 집에 갈 때 선생님 책상에 있는 이 책을 가지고 가서 공부해라. 그 대신 아침에는 맨 먼저 등교해서 이 자리에 꽂아 놓아야한다. 다른 아이들이 오기 전에…."라고 낮은 목소리로 말씀하셨다.

가난했던 이 학생을 위해 담임선생님은 본인이 가지고 있던 전과를 빌려주었던 것이다. 그날부터 학생은 맨 마지막까지 학교에 남아 있었고 밤새워 선생님 책으로 공부하고 다음날 아침이면 누구보다도 일찍 등교하여 그 책을 책꽂이에 꽂아 두었던 것이었다. 물론 영특했던 이 학생은 아주 우수한 성적으로 당시의 명문학교인 전주북중에 합격했고, 그때의 담임선생을 잊지 못하는 것이다.

오늘따라 모두들 가난했던 어린 시절이 유난히도 그립다. 2003

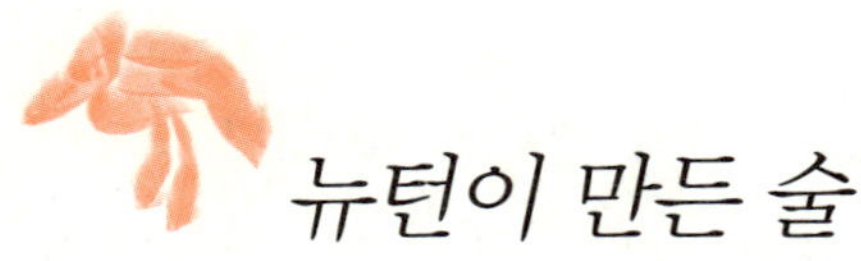

뉴턴이 만든 술

깊은 밤 살구나무에서 살구 떨어지는 소리에 잠을 깨 더 이상 잠을 이루지 못하고 뒤척이는 시인이 있다. 살구나무 단풍은 살구색인 것을 아는지 모르겠다. 향긋한 살구 향이 코끝을 스미는 살구주의 감미로운 맛은 천상의 맛인 듯하다. 그 맛과 향을 잊지 못하여 올해는 몇몇 사람이 꼭 살구 술을 담그기로 약속했다.

살구주가 시인의 술이라면 뉴턴주는 과학자의 술이라고 할 수 있다. 대전 대덕단지에 있는 한국표준연구소 마당에는 한 그루의 사과나무가 있다. 고전물리학의 아버지 뉴턴이 만유인력의 법칙을 발견했던 바로 그 나무다. 영국에서 영양생식법으로 번식시켜 기른 뉴턴의 사과나무는 현재 영국 현지와 미국 그리고 우리나라 이렇게 세 그루뿐이다.

뉴턴은 사과나무에서 사과가 떨어지는 것을 보고서 '사과는 왜 나무에서 떨어지는 것일까?' 를 생각했고 결국 지구가 사과를 끌어당기고 있기 때문이라는 결론을 얻었다. 그러다가 '과연 지구만이 사과를 끌어당기고 있는 것일까?' 에 다시 의문을 가지게 되었고 결국 사과도 지구를 끌어당기고 있다는 것을 알게 되었다. 이것이 유명한 만유인력의 법칙이다.

익산에서 영재교육을 맡고 있을 때의 일이다. 학생들을 인솔하고 한국표준연구소를 방문했는데 연구원 한 분이 장래 우리나라 과학 기술 발전을 책임지게 될 학생들이니 기념으로 뉴턴의 사과를 마음껏 주워가라고 하셨다. 사실 능금이라고 할 수 있는 작은 크기의 사과를 아이들은 한두 개씩 주워들었고 나도 두 개를 갖게 되었다.

집에 돌아와 두 아들에게 일단 뉴턴의 사과를 설명하고는 어떻게 하면 오래오래 기념할 수 있을까를 생각한 끝에 깨끗이 씻어 표면의 물기를 닦은 후 작은 유리병에 담아 술을 부은 후에 밀봉하고는 병 앞에 큰 글씨로 '뉴턴주' 라고 써 붙이기로 했다.

이렇게 담근 술을 이듬해 설에 친정에 가져갔는데, 올해 이 술 한잔씩 마시고 더욱 더 현명해지자며 작은 잔으로 가족들이 나누어 마시게 되었다. 그때 큰 올케가 마침 둘째 아이를 임신 중이었는데 자기는 두 몸이니 한잔 더 마시겠노라고 하면서 한 잔을 더 청하였다. 어찌되었거나 후에 출생한 둘째 아이의 장래가 어느 만큼 뉴턴을 닮아갈지 퍽 궁금하지 않을 수 없다. 2003

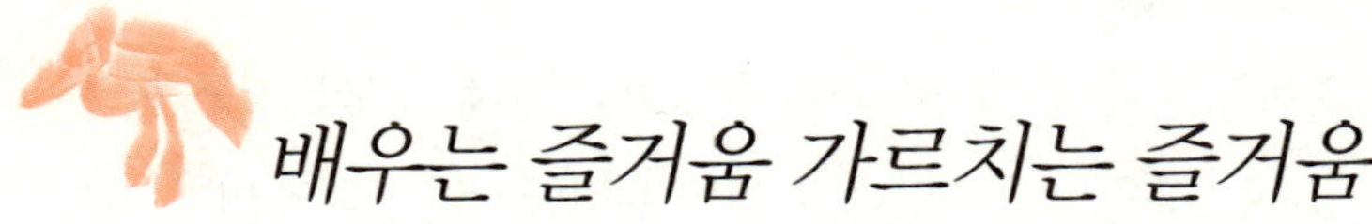

배우는 즐거움 가르치는 즐거움

아침부터 가늘게 조금씩 내리던 비가 오후가 되니 눈발이 되어 마구 쏟아진다. 설이 며칠 남지 않아서인지 마치 고운 떡가루가 양철 미끄럼틀을 타고 내려오는 것만 같다. 예전 같으면 지금쯤 집집마다 커다란 함지박에 하얀 쌀을 물에 불렸다가 조리로 일어 대소쿠리에 건져 담아 설날 아침에 쓸 가래떡을 만들기 위해 방앗간에 맡겼을 것이다.

유리창 밖으로 보이는 눈발이 굵어졌다가 가늘어지기도 하고 잠시 한숨 정도를 쉬어가기도 한다. 산야를 하얗게 덮던 것이 바람에 실려 유리창에 가볍게 부딪친다. 순간 강의를 받고 있는 수강생들의 시선이 책으로부터 우르르 밖으로 옮겨 앉는다. 참 아름다운 풍경이다.

배우는 것과 가르치는 것은 어느 것의 즐거움이 더 큰 것일까?

맹자孟子 진심편盡心篇에 보면, '군자유삼락君子有三樂'이라 하여, "부모구존형제무고 앙불괴어천부부작어인 득천하영재이교육지(父母具存

兄弟無故 仰不愧於天俯不作於人 得天下英才而教育之)"로 군자에게는 세 가지 즐거움이 있으니 첫째는, 양친이 다 살아 계시고 형제가 무고한 것이요 둘째는, 하늘을 우러러 부끄러움이 없고 아래 사람에게 부끄럽지 않은 것이요 셋째는, 천하의 영재를 얻어서 교육하는 것이라고 하였다. 이는 군자의 즐거움이 가르치는 것에 있다는 것인데 요즈음 같으면 가르치는 즐거움보다도 배우는 즐거움이 더 크다는 생각이다.

겨울방학을 맞이하여 오랜만에 전라북도 교육연수원에서 강의를 듣고 있는데, 매 시간마다 몇 번씩 감탄하곤 한다. 군더더기 하나 없어 말하는 내용 그대로를 문장으로 옮긴다 해도 수정할 필요를 느끼지 않을 정도로 정리된 언어와, 간결하면서도 세련된 몸짓, 온화하고 다정하면서도 확신에 가득 찬 표정으로 강사들은 그동안 우리가 모르고 있었던 새로운 사실들을 전해주는데 그 시간이 얼마나 즐거운지……. 배우는 즐거움이 이처럼 대단한 것인 줄을 예전엔 미처 몰랐다.

과거와 다르게 오늘날은 우리 학생들이 많이 변하여 교단에서 가르치기 어려운 것은 사실이지만, 지금 내가 경험하고 있는 배우는 이 즐거움을, 그 아이들을 위해서 가르치는 즐거움으로 되돌려 전하고 싶다. 떡가루처럼 내리던 눈이 커다란 함박눈 되어 펑펑 쏟아지는 것처럼 그렇게 탐스럽게 가꾸어 내고 싶다. 2003

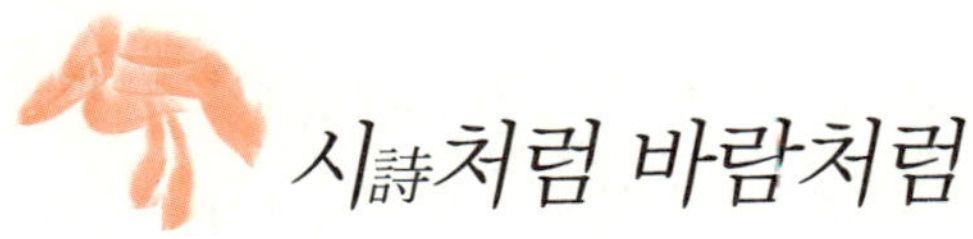

시詩처럼 바람처럼

최근 어느 정치인이 검찰에 대하여 "바람이 불면 풀은 눕습니다. 그러나 바람은 언제까지고 풀을 쓰러뜨려 놓지는 못합니다. 풀은 바람보다 먼저 일어나고 바람보다 먼저 눕습니다. 엄동설한을 이겨낸 나무가 꽃을 피우고 열매를 맺는다는 진실에 위안하면서 정치검찰의 보복적 표적수사로 인해 결코, 두 번 두우륙 당하지는 않겠습니다."하고 자신의 억울함을 호소했다.

중국사기 〈백기열전(白起列傳)〉에 의하면 본래 '두우륙杜郵戮'이라 함은 진나라 소왕 때 무안군이 두우에서 억울하게 죽임을 당했다는 내용에서 비롯된 말로, 백기가 본명인 무안군은 용병이 대단하여 벼슬이 대량조에 이른 진나라 장군이다. 진나라가 중국대륙을 천하 통일하는 과정에서 최대의 전투라고 말하는 장평싸움에서 대승을 거두고 조나라의 포로 45만 명을 모두 산 채로 묻은 장본인이기도 하다. 이후 진나라에게 두려움을 느낀 조나라와 한나라가 소진의 동생 소대를 시켜 진나라 재상인 범수를 찾아가 "백기가 조를 멸하게 되면 천하는 진의 세상이 되고, 백기는 삼공에 봉해져 위세가 하늘을 찌르게 되지만, 당신 범수가 얻게 되는 것은 적다"고 공작을 했다. 결국 진왕은 범수의 말을 들어 싸움을 중지하고 조나라와 화친을 맺도록 함으로써 범수와 백기의 사이는 벌어지게 된다.

그 후에 진나라가 조나라 수도를 다시 공격했을 때 백기는 유리한 상황이 아니라는 이유로 만류했으나 진왕이 이를 듣지 않자 병을 칭하고 출병하지 않았다. 그런데 진나라는 이 싸움에서 대패하고 말았다. 그 소식을 듣고 백기는 "왕이 내 말을 안 듣더니 지금 어떻게 되었는가?"고 했지만 왕은 백기가 출전하지 않은 것에 대해 화를 내고 백기를 일개 병졸로 강등시켜 벽지에 옮겨 살도록 했으며, 결국에는 범수의 "백기가 속으로는 복종하지 않고 뼈있는 말을 했다"는 말에 칼을 내려 자살하도록 명하고 만다. 백기는 죽기 전에 "장평싸움에서 항복한 조나라 병사 수십만 명을 산채로 묻었으니 이것만으로도 나는 죽어 마땅하다"라고 말했다 한다.

이처럼 '두우륙' 이란 당대 군주로부터 억울하게 죽임을 당한다는 뜻이다. 그러기에 국민의 정부에 충성한 대가를 운운한 그가 참여정부로부터 두우륙 당한다고 말한 것이라면 고사를 제대로 알고 말했다고 할 수는 없을 것이다. 그보다도 오히려 시를 읊는 새삼스러운 모습을 보면서, 그가 평소에도 시처럼 바람처럼 그렇게 살았더라면 하는 아쉬움을 가져본다. 2003

정읍 가는 길에 잔설은 남아

새학기가 시작되는 삼월부터는 정읍으로 통근을 하게 되었다. 모교에서 근무한지 어느새 6년이 되어 장기근속자로 학교를 옮기게 된 것이다. 해마다 이맘때면 학교 현장은 학생들은 새 학년으로의 반 편성과 새로 만나게 될 담임선생님에 대한 기대감으로 설레고, 교사들은 새 학년도 업무분장과 인사이동 등으로 다소 어수선하다. 마치 이삿짐이 그저 빈 공간 여기저기에 널브러져 있는 것만 같은 모습이 이 달의 학교 풍경이 아닌가싶다.

33년 전 중학교 평준화가 전주시에 실시되던 첫 해 나는 지금의 전주고등학교 강당에서 마치 주택복권 추첨기와 같은 기기를 오른손으로 두 번 그리고 왼손으로 한 번 돌려서 1번이라는 번호를 받고 전주중앙여중에 배정을 받았다. 지금 전북학생회관이 있는 자리에는 당시 좌우로 전주공고와 서중이 위치하고 있었는데, 길 건너 여상과 한 울타리에 있었던 현재의 중앙중학교 후관에서 중학교 시절을 보냈다. 하얀 칼라에 단발머리 여중생이 그리워 모교에서 근무하기를 원하였고, 삼십여 년 전과 크게 달라진 것이 없는 건물에서 후배들을 가르치게 된 것이다. 원하여 찾아 왔음에도 다시 떠나게 되니 학생들에게 열과 성의를 다하지 못했다는 생각으로 그저 아쉬움만 남는다.

정읍여중을 찾아 국도를 따라 미리 가는 길은 평화스러웠다. 길 좌우에 누릇누릇하게 남아 있는 잡풀들이 한가롭고 편안해 보였으며, 마을에서는 누구보다도 진한 삶을 엮고 있는 사람들이 정겹게 손짓하는 것만 같았다. 오래 전부터 누리고 싶었던 풍경이었다. 달리는 차의 창문을 열었더니 쏟아져 들어오는 바람이 아직 쌀쌀하다. 그러고 보니 멀리 산등성에 잔설이 보인다. 봄은 멀지 않았지만 아직도 우리 곁에 겨울이 머뭇거리고 있음을 알리는 것만 같다.

새로 가는 학교에 대한 낯설음이 마치 하얗게 산에 앉아 있는 잔설과 같다는 생각이 들었다. 누군가는 새 옷을 입었을 때의 어색함을 줄이려면 그 옷을 오래 전부터 입고 있었다고 생각하는 것이라고 했다. 그러나 사각의 얇은 종이 한 장으로 어제까지 정 나누던 아이들과 전혀 다른 학생들을 지도하게 되었으니 새로운 환경에 적응하기까지 또 얼마만큼의 시간이 소요될지 모르겠다.

저 세상에 발 하나 들여놓고 휘적휘적 걸어가면서 사는 것이 오늘인 것을 생각하면, 어차피 이승이라면 오래 살아 온 전주나 새로 가는 정읍 땅이나 낯이 설기는 마찬가지일 것인데, 먼 산에서 불어오는 바람만이 지난겨울이 남기고 가는 정의 고운 끝자락을 전해준다. 2003

후손에게 물려줄 것이 어찌 수려한 자연뿐이랴

창을 넘어 맑고 신선한 공기, 자연의 순수한 냄새가 쏟아지고 있다. 입춘이 지나고 우수가 멀지 않았다는 것을 대지가 사람보다도 먼저 알고 어느새 새로운 일을 도모하고 있다는 느낌이다. 며칠 전부터 상공에 머물러 있던 안개가 가시지를 않는다. 세상 가득 얇은 장막을 드리워 놓고 다음에 보여줄 공연을 준비라도 하고 있는 것일까!

이월은 졸업시즌이다. 거리에 나가면 유치원 졸업식에서부터 중학교, 고등학교, 대학까지 소정의 과정을 마치고 한 학년을 진급하는 졸업생들의 물결이다. 옛날만큼 졸업이라는 의식이 그다지 무겁게 다가오지도 않고 그저 한차례 통과하는 의식 정도로 생각되고 있지만, 그래도 졸업이라고 하면 무언가 알지 못하는 서운함이 있기 마련이다. 그렇건만 졸업장을 받고 떠나가는 학생들이 마치 어제 종례를 받고 집으로 돌아가는 것처럼 그렇게들 가벼이 교문을 빠져나가고 있다. 새로운 희망을 찾아 떠나는 학생들이건만 그 뒷모습을 바라보고 있노라니 조금은 쓸쓸해진다.

불현듯 학창시절 열과 성의를 다해 가르쳐 주시던 은사님들의 모습이 떠오른다. 학교 공부 외에는 달리 방법이 없었던 시절이었던지라, 많은 선생님들이 새벽부터 밤늦게까지 하나라도 더 가르쳐 주고자 노력하셨고, 졸업하여 떠나게 되는 날은 함께 눈물을 흘리면서 헤어짐을 아쉬워했었다.

송나라 문객 범중엄范仲淹은 그의 시 〈서선시문인(書扇示門人)〉에서 "일파청산경색유 전인전지후인수 후인수득휴환희 환유수인재후두(一派青山景色幽 前人田地後人收 後人收得休歡喜 還有收人在後頭, 푸른 산 그윽이 아름다운 경색은 조상이 후손에게 물려주신 것이니 후손들아 얻었다 기뻐만 하지 말라 다시 그것을 거두어갈 사람이 뒤에 있나니)"라고 읊고 있다. 사실 후손에게 물려줄 것이 어찌 아름답고 수려한 자연 뿐이겠는가? 오늘 졸업하여 새로운 세상을 꿈꾸며 떠나는 저 학생들 모두도 후손들에게 이어져야할 인적자원이 아니던가!

지금 우리 학생들은 분명 예전의 어른들과는 다른 방식으로 행동해 올 것이다. 그러기에 나는 오래오래 기다리기로 했다. 작은 일 하나에라도 정성을 다하여 결코 서두르지 말자고, 쉽게 진단하지 말자고 다짐하면서 두 팔을 크게 벌리고 심호흡을 해 본다. 어느새 안개가 걷히고 푸른 하늘이 방긋 웃고 있다. 2003

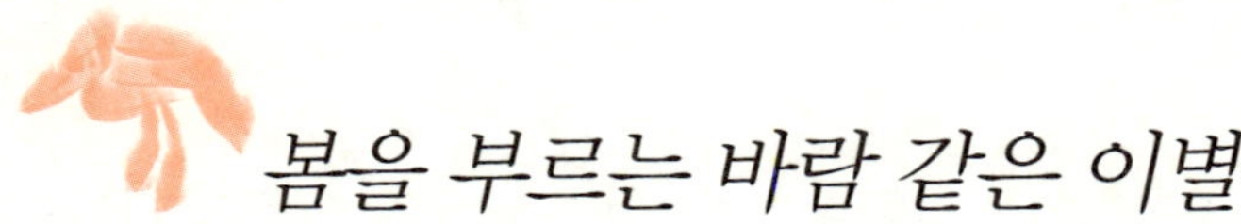

봄을 부르는 바람 같은 이별

남쪽에서 불어오는 동백꽃 소식에 꽃피는 봄이 가까이 왔음을 느낀다. 춥고 지루했던 겨울이 결코 가지 않을 듯 하더니 머무르고 싶어도 계절의 흐름은 거스를 수 없는 것! 창 밖으로 드는 햇살조차 한결 부드럽다. 삼월이 되면 새 학기가 시작되고 우리 아이들은 새로운 교정으로 돌아가게 될 것이다. 옛날 같지는 않지만 그래도 졸업식장에서 석별의 노래를 함께 부르노라면 가슴이 애잔해진다. 만나고 헤어짐은 운명일지 모르는데 이별을 생각하면 슬픔이 남는다.

어떤 사람과는 만남도 헤어짐도 깨닫지 못한 채 그저 길가에서 스치듯 지나기도 하고, 어떤 사람과는 잠시 만났다 헤어지더라도 절로 눈물이 솟을 만큼 깊은 정을 나누게 된다. 사람과 사람의 만남이라면 잠깐이라도 봄을 부르는 부드러운 바람처럼 그렇게 헤어짐의 아쉬움을 나눌 수 있어야 할 것이다. 행여 불편했던 관계로 하여 이제라도 얼굴보지 않게 됨을 다행이라 여긴다면 얼마나 불행한 일인가! 살면서 그런 사람은 되지 말아야 할 것이며 그런 사람 또한 만들지 말아야 할 것이지만 어찌 나의 의지대로 인간관계를 다 이룰 수가 있으랴 싶다.

당나라 진자앙陳子昻의 시 〈춘야별우인(春夜別友人)〉을 보면 "은촉토청연 금준대기연 이당사금슬 별로요산천 명월은고수 장하몰효천 수수낙양도 차회재하년(銀燭吐靑煙 金樽對綺筵 離堂思琴瑟 別路繞山川 明月隱高樹 長河沒曉天 悠悠洛陽道 此會在何年)"이라 하여 "은촛대에 촛불 하늘거리고 황금술통 넘치는 술로 잔치 벌이네. 이별의 아쉬움을 금슬가락에 싣고 산 넘고 물 건너 님 떠나시네. 밝은 달 나뭇가지 끝에 걸리고 은하수 새벽 하늘 속으로 사라지네. 낙양 머나먼 길 이제 가시면 다시 만날 날은 그 언제인가."라고 읊고 있다. 먼 길 떠나는 친구와의 이별이 아쉬워 밤새워 벌인 송별연과, 새벽녘 달이 지고 은하수가 사라질 때까지 시간의 흐름으로 아쉬움의 농도를 표현한 것이다.

억겁의 세월 속에 한 인간으로 사는 날은 겨우 일백 년도 되지 못하는 것을. 계곡의 얼음장 밑으로 맑은 물 흐르듯이 차곡차곡 쌓아 둔 미움이 있었다면 다 버리고, 이제 헤어지면 언제 다시 만날 것인지 싶은 간절한 마음이 더 아름다운 만남으로 이어질 수 있는 그러한 이별이기를 바란다. 2002

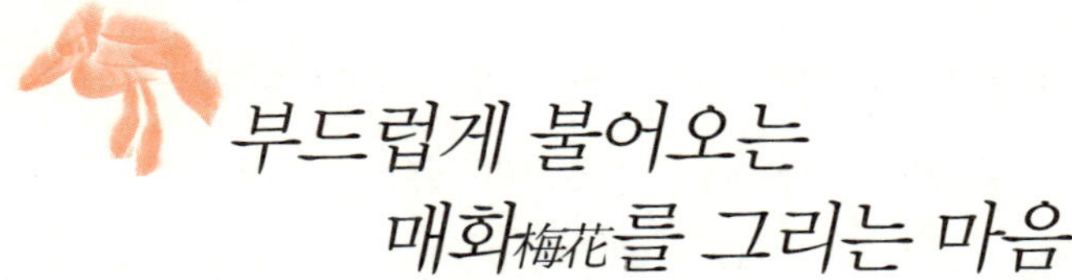

부드럽게 불어오는 매화梅花를 그리는 마음

배운다는 것은 정녕 즐겁고 행복한 일이다. 지난 겨울동안 오랜 추위로 얼어있던 대지에 부드러운 바람을 동반한 비가 내리면 그 아래 깊은 땅속에서 기다리고 있던 초록의 풀잎들이 실눈을 뜨고 고개를 내밀어 봄을 재촉하듯이, 정해진 두 세 시간 동안의 분량을 오래 계획하고 준비하여 유연하게 전개하는 강의를 들으면 잠자고 있던 내면의 또 다른 영혼의 울림소리를 듣는 것 같아서 좋다. 얼마 전 나는 전북교육연수원에서 직무연수를 받으면서, 좋은 강의는 마치 한 폭의 그림을 보는 것과 같다는 생각을 하게 되었다.

청淸나라 화훼화가花卉畵家인 운수평惲壽平은 그가 그린 매화그림(梅花圖)의 여백에 쓴 시에서 "설잔하처멱춘광 점견남지방초당 미허춘풍도도리 선교철간시한향 (雪殘何處覓春光 漸見南枝放草堂 未許春風到桃李 先教鐵幹試寒香)"이라 하여 "눈이 아직 남았는데 어느 곳에 가 봄을 찾을까, 초당 남쪽 가지에서 꽃이 벙근다. 봄바람에 복사꽃 오얏꽃 피우기 전에, 무쇠같은 가지에서 향이 먼저 번지는구나."라고 했다. 여기에서 철간鐵幹은 매화나무 가지가 무쇠처럼 보인다는 것인데, 예로부터 문인들은 그들의 작품에서 매화나무를 철간 동피銅皮 빙화氷花 설예雪蕊라고도 불렀던 것이다.

눈 속에서 눈이 다 녹기도 전에 피어나서 봄을 알리는 매화에 대한 옛 선인들의 표현이 매화 향처럼 그렇게 은은하게 전해오는 것처럼, 겨우 십여 일 동안의 어울림이었지만 헤어지는 순간에는 마냥 아쉬움에 뒤돌아보며 다시 인사를 나누고, 부드러운 말로 당신의 그 웃음으로 더러는 진지함으로 진정 재미있는 시간이었다고 섭섭해 하는 사람들의 맑은 심성이 잠시나마 사람에게서 거두었던 마음을 일으켜 세운다.

우연히 알게 된 초등학교 동창은 내게 어릴 적 그 모습이 남아있다고 하면서 먼발치서 맴돌던 초등학교 시절을 회상하는데, 졸업한지 삼십 년이 훌쩍 넘은 세월이 전혀 실감나지 않았다. 그 옛날 열 살 남짓했던 시절에 경험한, 어쩌면 지극히 사소한 일들이 전혀 지워지지 않은 채 고스란히 우리들의 기억 속에 남아 있었던 것이다.

부드럽게 불어오는 봄의 바람처럼 아름다운 언어와 몸짓으로 오늘과 다시 만나고 싶다. 그것은 곧 내일을 위하여 새로운 사실을 배우는 길이 될 것이다. 2002

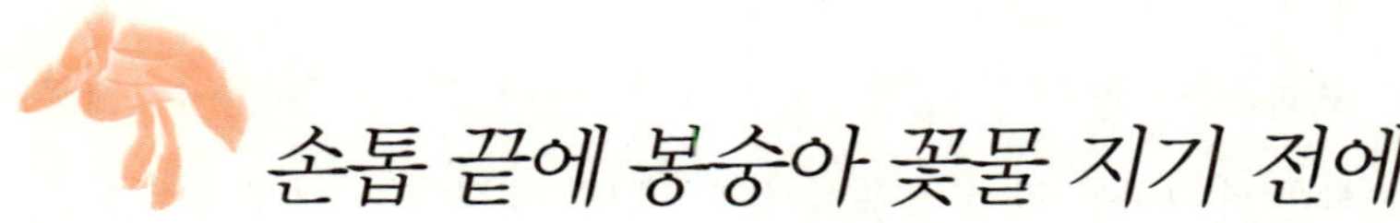

손톱 끝에 봉숭아 꽃물 지기 전에

단말머리 어린 손녀딸을 위해 할아버지의 구박에도 "더 먹어라 더 먹어라." 하면서 밥을 푹푹 퍼 담아 주던 할머니의 투박한 손이 그립다. 어느새 내가 그 당시 할머니의 나이가 다 되었음을 깨달은 것은 아주 최근의 일이다.

댓돌위에 놓인 할머니의 하얀 고무신은 많이 닳아서 뒤꿈치가 하나도 없어 보였다. 적어도 이웃 동네 마실가는 길까지는 할머니와 늘 동행하던 낡은 신이다. 마을을 감고 흐르는 냇가에 나가 나무방망이로 탕탕 두들겨서 구정물 빼낸 빨래를 머리에 이고 돌아오실 때면 고무신에 담긴 물이 끼룩끼룩하며 기러기 울음소리를 냈다.

열 살 어린 나이에 전주로 전학해 와 남도의 일자형 가옥과 다르게 디귿자로 지어진 기와집 마당에 들어서니 모든 것이 그저 새로웠다. 댓돌위에는 발도 크고 오래 신어 옆으로 방만하게 벌어진 진도할머니의 것과 다르게 외할머니의 옥색고무신이 인형신발처럼 작고 고운 모습으로 놓여 있었다.

흐르는 냇물에 흔들어가며 하던 빨래와 달리 장독대 옆 작두 물을 퍼 올려 닦던 새 고무신처럼 내 유년은 점차 도시 속으로 그렇게 물들어 갔다.

무엇 때문이었는지는 기억나지 않지만 밤늦게 돌아 온 내게 외할머니가 말씀하셨다. 뜨개질이나 하고 집안 살림 잘 하다가 좋은 곳으로 시집가기를 원하였지만 네 엄마가 오목대에서 만난 남자와 어느 날 갑자기 결혼하더니만 평생을 고생하는 것을 보고 내가 너무 옥죄어 키운 죄 값이라고 생각하여 너를 구속하진 않는다만…….

> 우리가 저문 여름 뜨락에/ 엷은 꽃잎으로 만났다가/ 네가 내 살 속에 내가 네 꽃잎 속에/ 서로 붉게 몸을 섞었다는 이유만으로/ 열에 열손가락 핏물이 들어/.……./사랑아 너는 이리 오래 지워지지 않는 것이냐…….
>
> – 도종환 시 〈봉숭아〉 중에서–

외할머니의 가슴에는 손톱에 든 봉숭아의 꽃물처럼 진한 어머니의 아픈 일생이 담겨 있었던 것이다. 붉게 물들어서 피멍이 진 채 돌아가시는 날까지 지워지지 않았을 것이라고 생각하니 좀 더 편하게 해 드리지 못한 것이 못내 죄스럽기만 하다.

내 어머니를 생각하면서 여성의 전화에 문을 두드린다. 80년대 이 땅에 여성운동이 기지개를 펴고 새봄처럼 일어나던 날을 기억하면서 손톱 끝에 봉숭아꽃물 지기 전에 그리운 임들과 다시 만나고 싶다. 2006

실상사 목탱화를 보러 가던 날

무엇인가를 기다린다는 것은 얼마나 행복한 일인가. 실상사 목탱화를 보러가야겠다는 생각을 한 이후로 다소의 설렘과 기대감으로 날을 기다리고 있었다. 그것은 산안개 피어오르는 지리산 자락을 바라보는 것만큼의 떨림이었다.

금년부터 고등학교 입학시험에 반영하게 된 내신 성적 환산으로 인하여 다른 해보다 일찍 치르게 된 중간고사가 있던 어느 날, 기다리던 목탱화와의 만남을 위해 무작정 길을 나섰다. 가을을 재촉하는 비가 오락가락하여, 내내 회색 빛 하늘과 함께 동행한 하루였다.

실상사는 남원시 산내면 입석리의 지리산 평지에 있는 사찰인데, 불교조계종 제17교구의 본사인 금산사의 말사다. 통일신라시대 9세기 초 증각대사 홍척이 세운 사찰인 바 처음에는 지실사로 불려지다가 고려초부터 실상사로 불리운 구산선문의 으뜸인 절로 널리 알려져 있다. 이곳에는 국보인 백장암 삼층석탑을 비롯하여 10여 점의 중요한 보물이 있다. 경내에 있는 석등 앞에는 길이 1m 정도로 4층의 경사가 큰 석재가 놓여 있는데, 이것은 석등에 점화할 때 오르는 돌계단으로 다른 곳에서는 찾아보기 어려운 형식이다. 스님 말씀에 의하면 부처님을 향하는 조심스러운 마음에서 급한 경사를 이룬 것이라 한다. 한편 실상사 뒤곁에 있는 홍척의 제자인 편운의 부도는 상면에 구름무늬가 돌려있고 상대석은 거의 반구형에 가까운 표면에 소판 여덟 엽의 연꽃으로 앙련을 삼고 우각마다 귀꽃이 표현된 아름다운 부도인데, 후백제 견훤의 연호를 알려주는 유일한 자료이기도 하다.

이 부도에는 정개正開 10년에 세웠다고 적혀 있는데, '정개正開' 라는 연호는 역사책에 보이지 않을 뿐 아니라 중국 역대 왕조에도 동일한 연호는 보이지 않는단다. 바로 후백제의 연호인 것이다. 견훤이 전주에 도읍을 정하고 국호를 '백제' 라고 선포한 것이 900년이므로, 견훤이 백제를 부활시키고 백제왕임을 선포한 지 1년 후에 연호를 반포했다고 이해할 수 있다. '정개' 는 후백제가 자주국임을 선언한 것으로, 바르게 시작하고 바르게 열며 바르게 편다는 의미가 담겨있어 후백제의 장대한 이상과 포부가 서려있는 연호로 보인다. 요 근래 견훤을 그의 능에 새겨진 '후백제왕 진훤릉' 과 같이 진훤으로 부르는 것을 보면서 너무 오랫동안 제대로 평가받지 못한 후백제의 역사를 다시금 생각하게 된다.

전주를 출발하여 얼마 달리지 않아서 제법 빗줄기가 굵어졌다. 차창에 떨어지는 빗방울을 보니, 이대로라면 약수암까지 오르지 못하는 것은 아닌지 은근히 걱정이 된다. 게다가 급한 마음과 함께 점심에 먹은 다슬기 수제비탕까지 가슴을 답답하게 하는지라 멀미가 일고 자꾸만 식은땀이 났다. '맑은 정신으로 목탱화와 만날 수 있어야 할 텐데….' 싶어 휴게실에서 차를 멈추었다. 가까워진 지리산을 바라보니 형언할 수 없는 영산의 웅장함에 절로 숨이 멎는 듯하다.

학장 스님이신 연관 스님께선 기다리고 계셨던 듯 가볍게 자리를 옮겨 앉으며 우중을 달려온 내방객을 맞으신다. 늘 마주 앉아 이런 저런 이야기를 나누었던 것처럼 이야기하는데, 열어 둔 한쪽 방문 밖으로 물이 고인 흙 마당과 비를 맞아 더욱 생기가 있어 보이는 풀들 그리고 불을 피운 방바닥의 따스함 모두가 옛집에 온 듯 마음을 편안하게 했다. 약수암의 탱화를 보기 위해서 왔노라고 말씀드리자 먼저 일어나면서 우의를 걸치고 신발 끈을 조인다.

오리가 넘는 약수암까지 가는 동안은 다행히 비가 내리지 않아 우산을 받지 않아도 되었다. 학장스님은 유난히도 들꽃을 좋아하는 분이셨다. 스님께서는 "저 꽃 이름이 까치수염이요."라고 하거나 "흔히들 들국화라고 하는데 이것은 구절초이고 저것은 쑥부쟁이요."라고 일일이 풀꽃들의 이름을 알려 주신다. "저것이 황순원의 소나기에서 소년하고 소녀가 우산으로 쓴 금마타리인데 글쎄 저것이 우산이 되었을까요?"라고 묻기도 하신다. 그러고 보니 키가 큰 그 꽃을 우산으로 쓰기에는 너무 어울리지 않아 보였다. 그러면 왜 작가는 우산으로 쓰기에 적당한 다른 꽃 말고 하필 금마타리를 지목하여 썼을까. 그런 저런 이야기를 하면서 약수암에 오르니 산길을 그저 한달음에 달려온 것만 같았다.

약수암 보광전에 안치되어 있는 목탱화는 그림으로 보았던 것보다도 훨씬 경이로웠다. 본존불을 중심으로 위로 여섯 보살과 좌우로 각 두 존자를 조각하였는데 자세히 보니 위로 여섯, 중앙에 둘의 작은 보살이 또 있으며 긴 부채 속에 새겨진 보살까지 합하면 작은 불상이 아홉, 큰 불상이 본존불을 포함하여 모두 열 하나였다. 본존불은 연화좌우에 결가부한 좌상으로 판면에서 약간 두드러져 있으며 무릎 밑으로 옷 무늬를 길게 늘어뜨리고 있었다. 배후에는 연꽃을 삼중으로 돌린 거신광배가 있고 탱화의 하부에는 명문이 남아있어 이것이 1782년 정조 6년에 제작된 것임을 알려주었다.

이처럼 명문이 남아있는 탱화로는 이곳 약수암의 목탱화가 유일하다는 스님의 말씀이다. 탱화속의 부처님을 올려다보면서 금빛으로 반사하는 방석에 앉고 보니 불교에 대하여 생소한, 이 중생을 향한 여러 분의 부처님 음성이 사방에서 울려 퍼지는 듯하였다. 잠시 눈을 감았다. 그런데 알 수 없는 소리에 눈을 뜨고 보니 이곳 보광전은 천정에까지 온통 탱화로 이어져 있었다. 마치 탱화 속에 채색된 거대한 새들이 천장을 울리면서 힘차게 날갯짓하는 소리가 들리는 듯하였다.

약수암 스님께서 거처하는 넓은 방에서, 차를 마시면서 탱화 속 부처의 음성과 큰 새들의 날갯짓 소리에 떨리던 가슴을 조금씩 쓸어 내렸다. 마음 같아서는 몇 날이라도 이곳에 머물면서 알 수 없는 엄청난 음성들과 다시 만나고 싶었지만 기약할 수 없는 훗날을 그리면서 아쉬운 발걸음을 돌릴 수밖에 없었다.

실상사를 나와 우리 일행은 하늘아래 첫 동네라는 심원마을로 갔다. 이미 그 곳은 동네도 마을도 오래 전 어디론가 사라진 채 음식점과 민박촌만이 남아있었다. 그러나 하늘과 가장 가깝게 살고 있는 사람들은 집집마다 다소 느린 발걸음으로 천상에서처럼 음식을 만들고 정성을 다하여 상을 차려 내온다. 물소리와 바람소리가 어우러져 마치 하늘을 가르는 것 같은 심원마을의 저녁은 이내 깊은 밤으로 이어지고 금세 밖이 어두워졌다. 마당에서 놀던 강아지 한 마리가 스님 곁으로 다가와 자꾸만 재롱을 부린다. 스님이 머리를 쓰다듬으며 귀여워하자 아주머니는 얼른 "스님, 절에서 키우실래요?" 하면서 종이상자를 가져온다. 이렇게 짧은 순간에 우리와 또 다른 인연을 맺게 된 강아지에게는 선청이라는 이름이 주어졌다. 선청은 신라왕자 교각이 중국에 들어갈 때 데리고 갔던 삽살개의 이름이란다. 착할 선善, 들을 청聽하여 모든 것을 잘 들으라는 뜻을 가진 이름이다.

밤이 깊어 가는 실상사에 선청이를 내려주고 돌아오는데, 하루 한나절이 이토록 길게도 엮여질 수 있다는 사실에 새삼 시간의 탄성력이 고맙기만했다. 빗길을 달려와 두근거리는 가슴으로 마주한 약수암 목탱화와의 만남은, 금세기 마지막 가을이 노래한 내 영혼의 한 울림으로 남을 것이다. 2000

갑신년 새해의 꿈

새해가 시작되자마자 한 달 동안에 양력설과 음력설을 모두 지내고 보니 올해가 유난히도 빨리 가고 있는 느낌이다. 아파트 베란다에서 바라다 보이는 기린봉에는 벌써 여러 날 동안 하얗게 눈이 쌓여 있고, 도로를 내려다보니 빠르게 달리는 자동차에 길 양옆으로 밀려간 눈들이 얼다가 녹다가 하면서 정월의 한낮을 보내고 있다. 그동안 대기 오염 탓인지 춥다 춥다 하면서도 그 추위가 뼛속까지 스미지는 않았는데 대한을 지나면서부터는 비로소 한겨울임을 실감하고 있다.

살을 에이는 듯한 바람으로 거리를 걷고 있는 사람들의 종종거리는 발걸음에서, 명쾌한 해답도 없이 늘 분주하고 산만하기만 한 오늘날 우리 사회의 안타까운 모습을 보는 듯하다. 문득, 추위에도 아랑곳하지 않고 한나절 내내 빙판에서 놀다가 뛰어 들어가서 따뜻한 아랫목으로 파고들던 어릴 적 생각이 난다. 그럴 때마다 어머니께서는 꽁꽁 얼어 얼음장같이 차가운 손을 당신의 가슴에 넣어 녹여주곤 하셨는데…….

시골집 겨울은, 눈에 덮인 마을과 함께 세상마저 그대로 정지되어 사람들은 문밖출입마저 삼가고, 그저 어서 빨리 봄이 오기만을 기다리면서 겨울을 그렇게 보내곤 했었다. 그때나 지금이나 흐르는 시간은 같을 것인데 오늘날 우리들에게는 겨울마저도 결코 한가롭지가 않다. 그렇지만 초저녁 서쪽하늘에 뜬 눈썹 같은 초승달이 조금씩 도톰해지는 모습을 바라보고 있노라면 겨울날 시린 바람이 주는 고독한 즐거움도 있다.

청나라 시인 황경인黃景仁은 그의 시 〈겨울밤(冬夜)〉에서 '공당야심냉욕소정중상 소상난소월 유취반명광(空堂夜深冷 欲掃庭中霜 掃霜難掃月 留取伴明光, 텅 빈집이 밤이 되니 더욱 썰렁하여 뜰에 내린 서리나 쓸어보려하니 서리는 쓸겠는데 달빛은 쓸어 내기 어려워 그대로 달빛과 어우러지도록 남겨두었네)"이라고 했다.

참으로 아름다운 풍경이다. 자연과 벗하며 자연 속에 나를 맡기고 자연처럼 그렇게 흐르도록 자신을 내어놓은 선인들의 지혜와 풍류가 한 편의 시속에 녹아있음을 알게 된다. 언제쯤이면 나도 그렇게 만사에 자연스러워질 수 있을지 모르겠다.

조선 세종대왕 때 명재상이자 음악가인 청백리 맹사성(孟思誠, 1360~1438)의 이야기가 생각난다. 27세의 젊은 나이로 문과에 장원급제하여 춘추관검열이 된데 이어 전의시승, 기거랑, 우헌납 등의 벼슬을 차례로 역임하였으며, 박연과 함께 조선 초기 음악을 정리하기도 한 고불古佛은 청빈한 분이셨다. 비 오는 날이면 맹 정승의 집에서는 여기 저기 빗물 새는 소리가 요란했다고 한다. 정승 부부는 빗물이 떨어지는 곳에 그릇 갖다 놓기 바빴는데, 어느 날 이러한 모습을 우연히 보게 된 손님의 "대감께서 어찌 이처럼 비가 새는 초라한 집에서 살고 계시느냐." 는 말에 그는 "허허, 그런 말씀 마시오. 이런 집조차 갖지 못한 백성이 얼마나 많은데……. 그런 사람들 생각을 하면 나라의 벼슬아치로서 나는 한없이 부끄럽소. 나야 그들에 비하면 아주 호강하고 있는 것이오." 라고 말했다.

오늘날 우리 곁에는 어찌하여 맹 정승 같은 관리가 보이지 않는 것일까? 남보다 조금 빠르게 승진하여 높은 자리에 있는 것이나, 남보다 더 많은 부를 가지는 것이 진정 가치 있는 삶인지를 다시금 돌아볼 일이다.

이제 우리는 가치 있고 중요한 것이 무엇인지를 바르게 깨달아야 할 때가 되었다. 세상에 태어나 무엇이 되었느냐 어떤 직위에 있었느냐 그리고 무엇을 얼마만큼 가졌느냐 하는 것이 대단한 것이 아니고, 가장 중한 것은 오늘 우리가 어떠한 마음가짐으로 어떻게 살고 있느냐 하는 것임을 결코 잊어서는 안 될 것이다.

정월이 가기 전에 친구여! 우리들도 갑신년 새해의 꿈을 다시 엮기로 하자. 하얗게 내린 눈처럼 맑고 투명한 마음으로 겨울밤의 찬 달빛을 담아 올 한 해 우리들의 작은 꿈들을 이 겨울처럼 다소 차갑게 보존하자꾸나. 2004

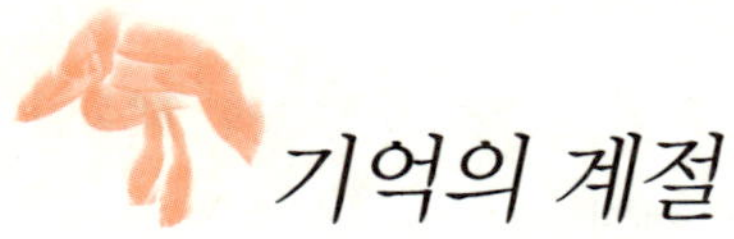

기억의 계절

일요일 오후, 전화벨 소리에 깜짝 놀란다. "좋은 날인데 뭐하고 있어?" 친구의 경쾌한 목소리가 수화기를 통해 레몬 향기처럼 배어나온다. 오랜만에 친구와 시내 한복판 아스팔트길을 걷는 것도 괜찮겠다싶어 아직 걷지 않은 커튼을 바라보며 비로소 잠을 깬다. 친구와 약속 장소를 정한 후 수화기를 놓고 창가로 갔다. 방안 가득 아늑함을 주던 커튼이 오늘따라 무겁게 느껴진다.

창을 열고 밖을 내다보니 거리가 산뜻하다. 비가 온 것일까? 한차례 바람이 몰려온다. 비와 함께 부는 바람인데도 훈훈하기까지 하다. 봄바람인가 하여 창을 열어 바람을 불러들인다. 겨울의 끝자락을 털어내고자 창문을 활짝 열었다.

입춘을 지나면서부터 몇 차례 비가 올적마다 봄이 성큼성큼 다가오는 것 같다. 가슴이 설레었던 것은 비가 오고 바람 불어도 더 이상 그 바람이 차갑지 않고 빗방울이 스산하게 느껴지지 않았기 때문이리라. 어찌 하여 봄은 우리에게 이처럼 알 수 없는 설렘과 가슴 두근거림을 가져다 주는 것일까. '봄의 교향악이 울려 퍼지는 청라 언덕위에 백합 필 적에….' 바람을 타고 소녀들의 맑고 고운 목소리가 울려 퍼지는듯하다.

봄은 변성기를 아직 넘기지 않은 소녀의 목소리와도 같은 계절이다. 상큼한 쑥 향과 풋풋한 냉이, 달래 내음이 주부의 시장바구니에서 살아나고, 부드럽게 물결쳐 흐르는 고운 꽃블라우스와 하얀 종아리를 가진 여인들이 눈부신 날이다. 고향을 잊은 사람에게 고향을 생각나게 하고 부모 곁을 떠나와 하숙하는 학생들에게는 어머니의 포근한 품을 미치도록 그리게 하는 계절이 봄이다.

> 연분홍 치마에 봄바람이 휘날리더라/오늘도 옷고름 씹어가며/산제비 넘나들던 성황당 길에/꽃이 피면 같이 웃고/꽃이 지면 같이 울던/알뜰한 그 맹세에 봄날은 간다.//새파란 풀잎이 물에 떠서 흘러가더라/오늘도 꽃편지 내던지며/청노새 짤랑대는 역마차길에/별이 뜨면 서로 웃고 별이 지면 서로 울던/실없는 그 기약에 봄날은 간다.//열아홉 시절은 황혼 속에 슬퍼지더라/오늘도 앙가슴 두드리며/뜬구름 흘러가는 신작로 길에/새가 날면 따라 웃고 새가 울면 따라 울던/얄궂은 그 노래에 봄날은 간다.
>
> – 손로원 작사 박시춘 곡 〈봄날은 간다〉 전문–

라디오에서 흘러나오는 선율에 몸이 나른해지며 긴장이 풀린다.

"애야! 꽃샘바람에 감기 걸릴라. 옷 단단히 입고 나가렴."

졸업식 날 선물로 받은 비둘기 색 실크블라우스 차림으로 나서는 딸에게 어머니는 걱정스레 타이르신다. 그러면서도 계절이 바뀔 때마다 노상 감기약을 먹으면서도 플레어스커트 자락에 바람을 일으켜가며 대문을 나서는 딸을 바라보면서 노여움은 커녕 빙그레 웃으신다. 어머니에게도 노랑저고리에 초록치마를 몇 번이고 새로 여미면서 단장하던 이십여 년 전의 봄날이 남아있기 때문이다.

일요일 오후의 거리는 온통 사람들의 물결이었다. 봄은 도시의 거리에서도 연두 빛으로 다양한 형태와 모양과 색깔을 품어내고 있다. 사람들은 깊은 호흡을 통해 묵은 겨울의 찌꺼기를 뱉어내고 새봄의 파릇파릇한 향기를 마음껏 들이마시는 것처럼 보인다.

봄은 정녕 기억의 계절이다. 아름다웠던 기억은 아름다워서 기억하고 가슴 저미던 슬픔은 잔잔한 파도처럼 여과되어 오히려 아름답게 기억된다. 알 듯 모를 듯 유리창가로 하얀 김처럼 서리며 피어오르는 아지랑이마냥 그렇게 과거를 포장하기 좋은 계절이다. 그러기로 더욱 살랑대는 봄바람이다.

체육시간을 마친 어린 학생들이 붉게 상기된 뺨으로 시작종이 울린 한참 후에야 손끝에 물방울을 튕기며 유유히 교실에 들어서도 예쁘게 보이는 것은 정녕 봄이 가까이 왔음을 느끼기 때문이다. 겨울동안 굳게 닫혀있던 유리창을 활짝 열어젖히고 창끝까지 다가와 머물고 있는 따스한 볕발을 교실안으로 들어서게 하면 나도 모르는 좋은 일이 일어날 것만 같아서 하늘을 올려다본다. 점점 푸르러 제 빛을 찾아가는 하늘과 퍼져가는 흰 구름이 그저 반갑다. 1983

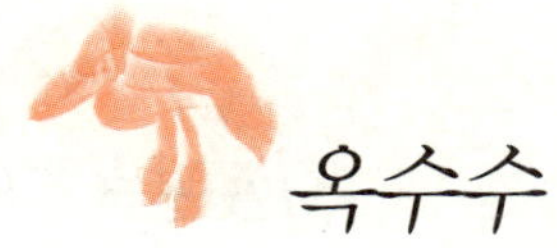

옥수수

여름의 노란빛이다. 중앙동 거리마다 적당히 여문 병아리 빛 옥수수를 보면서 마음은 고향집 뒤안길을 서성인다. 시골에서보다도 빠르게 도시의 골목에서 맛볼 수 있는 옥수수는 볼품없고 왜소한 몰골로 대광주리 가득 담겨져 있던 고향집 옥수수와 다른 선남선녀들이다. 그래서일까? 이젠 옥수수에게서도 문명의 냄새가 난다. 그들은 풀밭에서 자랐음에도 흙냄새 말고 시멘트 냄새가 섞여있는 것처럼 보인다.

기찻길 옆 오막살이가 아닌 고속도로변 국적 불명의 양옥을 연상하는 것이 훨씬 현실적인 것처럼, 우리 아이들에게는 막 쪄낸 옥수수보다 알루미늄 호일로 싸서 구워낸 것이나 아스팔트 길 모퉁이 투명 플라스틱 통 속에서 톡 톡 튀어 오르는 팝콘을 생각하는 것이 더 현실적이다.

아직은 고향의 숨결과 두 줄 하모니카의 기억으로 재생되고 있으나 한 알의 옥수수마저도 시장 광주리 속에서나 토종의 맛으로 몸짓하고 있으니 오~ 노란빛 여름이여! 그대, 고향의 숨결로 영원하여라. 1983

진도를 다녀와서

그것은 12년만의 귀향이었다. 출발하면서부터 자욱한 안개와 함께 내리던 이슬비가 남원을 지나 곡성으로 접어들면서부터는 제법 굵어져 지금이 정녕 겨울인가 싶을 정도로 변덕을 부린다. 고속도로를 타지 않고 일부러 국도를 택해 좌우경관을 구경하고자 했었는데 애초의 계획을 수정하여 거의 앞만 보고 달릴 수밖에 없게 되었다. 그렇게 광주를 지나 해남에 들어서니 깜깜해진다. 어둠속에 묻혀 진도대교를 건너면서 바다를 볼 수 없다는 아쉬움을 달래면서 곧장 차를 달려 진도읍에 들어서니 저녁 8시다.

사실 남편이 진도에나 다녀올까 할 때에는 농담인줄 알았는데 막상 떠나고 보니 이렇게 쉬운 길을 지난 십여 년 동안 그리워만했던 것이 후회가 되었다. 옛날 기억만으로 잠잘 곳이라도 있을까 염려했던 것은 순전한 기우였다.

진도호텔 8층에 방을 잡고 누우니 이곳이 과연 내가 어릴 적 조개 잡던 개옹가의 추억이 숨어있는 섬인가 싶다. 어린 날에 살던 집 바로 앞 식당을 찾아서 늦은 아침을 먹는데 밖이 소란하다. 설마 하면서도 옛날처럼 밤에만 하는 극장의 영화 선전을 하는 것은 아닐까 하고 나가보았다.

거리에서는 두 대의 작은 트럭에 스피커를 달고 현수막을 길게 붙인 차가 서서히 미끄러지면서 농민의 단결을 호소하고 있었다. 그러고 보니 벽에는 여기저기 '3대 바보'라 하여 수세 내는 사람, 농조에 협조하는 사람, 농조폐지를 반대하는 사람이라고 써 있다. '못내 못내 절대 못내 수세 못내 절대 못내' 현수막에 써 있는 구호다. 문구마저도 남도가락이다. 남도의 가락을 따라 삼별초가 목숨을 걸고 항쟁했던 용장산성을 지나 다시 육지로 길을 돌렸다.

순창을 지나 임실에 접어드니, 그 날로 6일째라는 고추 농민들의 시위가 이어진다. 읍을 벗어날 때까지 도열해있는 경운기의 행렬이 계속되었다. 12년 만에 짧게 다녀온 귀향길은 남도와 북도가 온통 농민의 처절한 목소리와 부르짖음으로 가득한 광장이었다. 1989

봄바람

파마를 하기로 했다. 엷게 깔린 안개위로 부서지는 따사로운 봄의 햇살을 받으면서 아무래도 차림새만은 아직 겨울을 벗지 못한 채 머뭇거리고 있는 것 같아 우선 머리라도 좀 만져서 새로운 계절을 준비하고 싶었다. 마침 아는 사람이 미장원을 새로 개업한다고 하기에 몇 년 만에 내가 사는 동네를 벗어나 시내 미장원에서 한가로운 오후를 즐기기로 작정했다.

"분위기 좀 바꾸어 보세요."

다소 느린듯하면서도 허스키한 목소리로 미용사가 내게 머리 자를 것을 권한다. 하기야 이제는 찬물에 담가도 손이 시리지 않고, 도심 거리에는 성급한 여인들의 마직 의상으로 술렁이는데, 멀찌감치 서서 바라만 볼 것이 아니라 짧게 자른 머리로 경쾌하게 그들과 함께 걷고 싶다는 충동에 그러라고 응답하고 말았다.

미용사의 손놀림은 내가 상상한 발걸음 이상으로 가볍게 움직이고 있었다. 이제 로트를 말아야겠는데 무슨 파마의 종류가 그리도 많은지 올림픽 파마, 실크터치, 파라솔, 스트레이트, 부메랑, 이분의 일, Z파마 등. 이름은 물론이거니와 내용 역시 알 수가 없어 알아서 하라고 했더니 파라솔이 자연스러우니 그것으로 하자고 한다. 이어 내 머리위에는 노랑색, 분홍색 고리들이 하나 둘씩 걸리기 시작했다. 이때 어느 모녀가 문을 밀고 들어선다.

"애가 그 뭐라더라. 스트레이튼가 하는 걸로 파마해 달라는데."

상당한 졸림 끝에 항복하고 말았다고 한다. 고등학교 2학년인 학생은 당장의 머리도 참 단정하고 예뻤다. 그럼에도 교칙을 위반하더라도 파마를 하고야 말겠다는 것이다. 함께 온 친구는 한 움큼의 머리를 색 고무줄로 소위 말꼬리처럼 높게 묶고 있었다. 그러고 보니 아까부터 의자에 앉아있는 여중생의 커트머리는 하늘을 향해 한 올 한 올이 서 있다. 언젠가 일본잡지에서 본 적이 있는 머리형이다.

글쎄 저 학생도 나처럼 이 좋은 봄날에 머리라도 새롭게 하고 싶다는 가벼운 충동이 일었던 것일까? 갑자기 아직 떠나지 않은 찬바람 한 줄기가 가슴을 스치고 지나간다. 1989

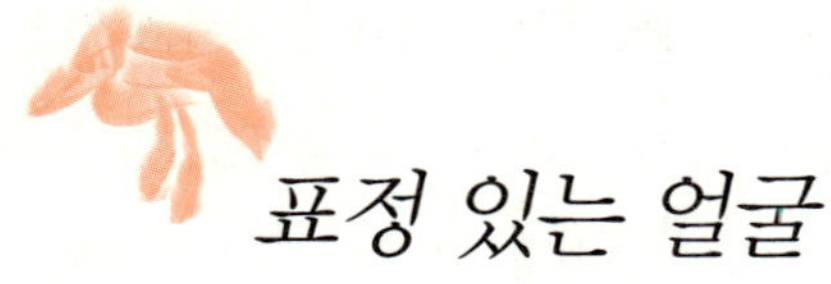

표정 있는 얼굴

오늘은 다른 사람의 사는 모습을 엿보고 싶다. 보통은 나와 무관한 사람이라는 생각에서 얼굴 한 번 똑바로 쳐다보지 않고 살고 있지만, 날이 궂어 잔비라도 추적추적 내린다거나 마음이 울적할 때면 남들이 사는 모습을 기웃거리고 싶고 그때야 비로소 가까이 있는 사람들의 표정도 바라다보게 된다.

머리맡에서 울리는 시계 종소리를 들으면서 눈을 뜨고 잠시 이것 저것을 핸드백에 챙겨 넣은 뒤 집을 나와 버스정류장까지 걷는다. 어제 아침에도 그제 아침에도 그곳에서 그 시간에 보았던 몇몇 사람들의 낯익은 얼굴이 보인다. 저들은 지금 무슨 생각을 하고 있을까? 꼭 다문 입술에 표정 없는 메마른 얼굴들. 아침 공기가 이처럼 신선한데 하루를 여는 좋은 시간인데 사람들은 표정도 없이 버스에 오르고 그저 창밖을 바라다본다. 표정처럼 하루를 그렇게 무심히 살고 있는 것 같다. 무표정한 얼굴들은 거리 어느 곳에서도 만날 수 있다. 그러한 만남이 나는 조금 두렵다.

현재 발굴된 자료에 의하면 45억 년 지구의 역사 중에서 인류의 역사는 최고 이백만 년 전까지 거슬러 올라간다고 한다. 그 중에서 우리 인간이 문명을 갖기 시작한 것은 만 년도 되지 않으며, 한 인간은 태어나서 백 년도 채 살지 못한다.

세상사람 누구에게나 이미 살아버린 날보다는 앞으로 살아야 할 날들이 더 소중하고 값진 것이 되었으면 좋겠다. 그러기에 오늘 훔쳐본 남들의 메마른 얼굴에서도 그들 자신만이 가질 수 있는 표정을 찾고 싶은 것이다.

독일을 방문한 어느 여행자는 독일 사람들의 시선이 너무 강렬해서 싸우러드는 줄 알았다고 한다. 상대방의 눈을 바라보면서 말하는 습관이 가급적이면 시선을 피하는 우리와 너무도 달랐던 까닭이리라.

성난 표정이라도 좋다. 이제 우리도 표정을 갖기로 하자. 무표정으로 무기력하게 살 것이 아니라 보다 적극적으로 싱싱한 새 봄의 향기가 나의 온 몸에서 나도록 윤나는 다양한 표정을 갖기로 하자. 1989

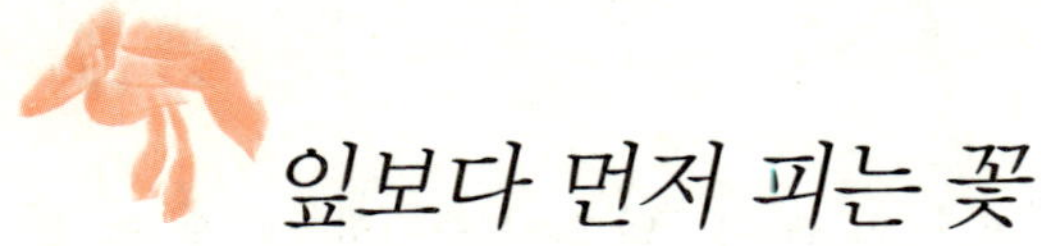

잎보다 먼저 피는 꽃

꽃이 진다. 백목련이 지면서 피기 시작했던 자목련마저도 지고 있다. 전군도로의 벚꽃은 이미 오래전 이야기고 복숭아꽃마저 지고 말더니 연분홍빛 봄날이 서둘러 여름을 불렀는지 오늘은 낮 기온이 29℃까지 올랐다.

"목련은 싫어, 왠지 자연의 섭리를 역행하는 것 같아서."

한 친구는 예전에 그렇게 말했었다. 잎보다 꽃이 먼저 피는 백목련을 두고 한 말이다. 그 애 말대로 잎보다 꽃이 먼저 피는 식물은 자연의 섭리에 역행하는 것일까? 좌우를 둘러보니 세상에는 목련 말고도 그러한 꽃이 많이 있다. 서민의 꽃 개나리, 앞산 뒷산 진달래, 일본 꽃으로 잘못 알았던 벚꽃, 나의 살던 고향의 복숭아꽃, 살구꽃, 입에 물고 싶은 배꽃 그리고 자두 꽃 사과 꽃 등 제법 수효를 셀만하다.

얼마 전까지만 해도 꽃분홍의 진달래가 서 있던 자리에 이젠 진분홍의 개진달래가 피었다. '진달래는 먹는 꽃 먹을수록 배고픈 꽃' 이라고 애잔함을 노래했던 시가 생각난다. 어찌하여 잎보다 꽃이 먼저 피는 그들에게서는 서러운 냄새가 나는 것일까!

겨울 자락이 아직 이 거리 저 거리에 남아있는 시기에 꽃으로 피어서, 많은 사람들에게 봄이 멀지 않았다는 희망을 갖게 하고 비로소 따스한 봄볕으로 대지가 데워져 농민들이 한 해의 농사를 시작하면 슬그머니 자취를 감추어 그제야 잎을 내는 것이 그네들이다. 그들이 다른 꽃에 앞서 찬바람을 맞고 스러지기에 향기 그윽한 라일락의 개화가 뒤를 이을 수 있었던 것이리라.

이때가 되어야 일부 사람들은 자연이 제자리를 찾았다고 한다. 잎이 나고 꽃이 피는 식물들만이 진정한 지구상의 꽃으로 여기는 모양이다. 하지만 거칠고 매서운 눈보라가 있었기에 아지랑이 피어나는 봄볕이 있고 따갑게 내리쬐는 여름볕이 있었기에 풍요로운 결실의 계절 가을이 있는 것이 아닌가.

이제 눈부신 오월의 문턱에 서서 우리 잠시 걸음을 멈추고 눈물겨운 겨울 꽃눈의 아픔을 기억하고 그 상처를 어루만져 줄 시간을 내야겠다.

1989

물푸레나무

죽은 줄로만 알았던 물푸레나무가 잎을 내었다. 삼년 전에 처음 집에 들여 올적에 무성한 이파리가 좋아서 거울 옆에 두고 보며 즐겼는데 아무래도 몸체에 비해 화분이 너무 작고 흙도 좋지 않아 다음해에는 분갈이를 해야겠다고 마음먹었던 것이 그만 때를 놓치고 말았다. 다행히 지난해에도 무성한 잎으로 다시 한번 우리 가족의 더위를 식혀 주었다.

'내년 봄에는 꼭 분갈이를 해야지.' 하고 벼르고 있었는데, 겨울을 지나고 난 화분은 상태가 좋지 않았다. 어린 아들이 아무 때나 잎을 따고 가지를 흔들기도 하여 아이의 손을 피해 이리저리 옮겨 놓다 보니 아무래도 나무가 몸살이 났던 모양이다. 행여 분갈이를 하면 정말 죽어버리지나 않을까 싶어 손도 대지 못하고 걱정만 하다가 봄을 맞고 말았다.

금년에는 싹을 틔우지 못할 것 같다는 생각이 들었지만, 희미하게 남아있는 미련 때문에 물주기는 멈추지 않았다. 그저 살아나기만을 기도 하면서 상태를 살필 뿐이었다.

5월이 되었다. 늦게 피는 나무들도 잎을 냈는데 물푸레만은 여전히 소식이 없다. 알만한 사람에게 상태를 말했더니 가망이 없을 것 같다는 슬픈 소식만 전해준다. 하는 수 없이 포기해야겠다 생각하고 오늘은 화분을 치우려고 베란다에 나갔다. 헌데 가지에 연두빛 새잎이 돋아있지 않는가!

죽은 줄로만 알았던 물푸레가 다시 소생한 것이다. 고개를 들어 저녁 어스름이 밀려오는 도시를 바라보면서, 회색의 거리에서 자주 느끼던 절망을 이제는 벗기로 했다. 희미한 생명이나마 붙들고 싸우는 물푸레 나무에게 그치지 않고 물을 주던 마음으로 다소 늦어지더라도 우리가 사는 거리의 여기저기에서도 언젠가는 초록의 잎을 볼 수 있을 것이라는 희망을 갖기로 했다. 1989

외할머니의 옥비녀

비가 온 뒤라서인지 아침 햇살이 유난스럽게 환하다. 일요일 아침의 시내버스 안은 새벽시장에 야채를 내고 돌아가는 아주머니들과, 아들과 함께 낚시를 떠나는 남자들로 다소 붐비고 있었다. 늘쩍지근하게 몸이 풀어지면서 의자에 앉은 자세를 조금이라도 편하게 바꾸게 되는 것은 시골 아낙의 격의 없는 목소리 때문이다. 눈을 감고 있는데 뒤편에서 들리는 사사로운 이야기에 절로 긴장이 풀어진다.

버스가 조금 오래 정차하는 것 같아서 감았던 눈을 뜨고 승강구 쪽을 바라보니 곱게 차려입은 할머니 한 분이 차에 오르신다. 연보라 빛 한복에 받쳐 입은 하얀 뜨개 조끼가 산뜻해 보인다. 칠순은 넘었을 것 같다. 노인이 버스에 오르자 주변마저 밝아지는 듯하다. 버스 안은 잠시 조용해졌다. 단정하게 쪽 지은 머리와 하얀 고무신에서 본디 깔끔할 것 같은 성격과 그 댁 며느리의 정성이 절로 배어나고 있었다. 뒷머리에 지른 옥비녀가 햇빛을 받아 반짝인다. 일순 뭉클하니 돌아가신 외할머니의 얼굴이 그 자리에 그려졌다.

열 살 때 전주에 온 후로 결혼할 때까지 줄곧 외할머니의 사랑 안에서 살았다. 어느 날이던가 큰 맘 먹고 남부시장까지 걸어가서 길고도 조각이 잘 된 옥비녀를 하나 샀다. 그 비녀가 무대에서 춤 출 때나 쓰는 것인 줄을 알지 못하고 그저 짧고 색이 바랜 볼품없는 비녀보다는 이처럼 근사한 비녀를 할머니께서 지르신다면 더욱 멋있을 것이라는 생각 때문이었다. 당연히 내가 산 옥비녀는 반닫이 속에서 오래오래 잠들었고 이야기를 들은 어머니께선 금비녀를 만들어 드렸지만 어린 마음에 한번도 제 역할을 하지 못한 나의 옥비녀가 그저 애처롭기만 했다.

할머니께선 고혈압으로 세 번이나 쓰러진 후론 더 이상 추스를 수 없어 긴 머리를 커트머리로 하셨다. 지성으로 들이던 검은 물 염색도 하지 못하고, 하얗게 희어지고 숱마저 없어진 짧은 머리로 저 세상길을 가시고 만 것이다.

소박한 시골 아낙의 풍성한 주변 얘기와 정갈한 노인의 자태를 보면 외할머니의 모습이 아프게 되살아나면서 이제는 누구에게든 내가 할머니께 받았던 그 사랑을 다소나마 되돌려 주어야하지 않겠느냐는 자성의 눈을 뜬다.

1989

역사歷史의 배움터

지난 8월 마니산 가는 길에 인천시립박물관에 들렀다. 송도가 바라보이는 언덕에 현대식으로 잘 지어진 외형하며 주위를 에워 싼 굽은 소나무들과 넓고 큼직한 나무의자 등에서 항구도시의 분위기가 또 다르게 느껴졌다. 입장권을 끊으려 매표소에 갔더니 어른이 30원이다. 잘못 본 것이 아닌가하여 다시 확인했다. 그리고는 30원이 주는 의미를 생각해 보았다.

인천시는 얼마 되지 않는 유물들을 참으로 잘 배치해 두고 있었다. 지역에서 출토된 것이 많지 않기 때문에 부족한 부분을 채우기 위해서 선사시대부터 삼국시대로 이어지는 우리나라의 역사유물을 다른 지역의 것을 복제하여 시대별로 분류 설명하고 있었다. 전시실 하나에는 서화만을 모아 놓았는데 초등학생쯤 되어 보이는 몇몇 아이들이 그 앞에 노트를 얹고 열심히 기록하는 모습이 보기에 참 좋았다. 벽에는 누구라도 잘 알아 볼 수 있도록 커다란 글씨로 설명을 넉넉하게 써서 붙여 두었으며 사진에 담아둔 인천시의 변천사는 그 고장의 발달과정을 이해하는데 부족함이 없었다.

경기전 한 귀퉁이의 더부살이를 청산하고 전주박물관이 새집을 지어 이사한지 어느새 한 달이다. 자라는 세대에게 잃어버린 왕국을 되찾게 하고 내 나라 조상들의 슬기로운 자취를 더듬어 조국의 미래에 이바지하기 위해서는 진즉에 했어야 할 일이었다. 이제라도 우리 고장에 박물관이 생겨 그 옛날 찬란했던 마한과 백제의 유물들이 오랜 잠에서 깨어나 기지개를 펴고 활발한 모습으로 그 자태를 자랑할 수 있게 된 것은 참으로 반가운 일이다.

인형들의 의상이나 띠뱃놀이의 장구채 위치, 제상에 놓인 제물 등 어느 것 하나라도 틀려서는 안된다. 어찌하여 잘못된 점이 발견되면 서둘러 고쳐 놓고 부족한 점은 꾸준히 가다듬고 보완해야할 것이다. 이 땅에 살고 있는 사람들 또한 더 많은 관심을 갖고 그동안 외면당함으로 설움받던 유적 발굴에 투자해야 할 것이다. 하루빨리 서역과의 고대사 연결까지도 이루어져서 우리 박물관이 역사의 배움터로 영원히 남아있기를 바란다. 1990

범죄犯罪와의 전쟁

우리는 지금 전쟁 중이다. 지난달 대통령께서 '범죄와의 전쟁' 을 선포한 이후 경찰은 비상체제하에 있고 국민들은 그 결과를 주시하고 있다.

어느 사이에 사회는 흉악범과 폭력배들이 때와 장소를 가리지 않고 날뛰어 선량한 시민을 극도로 불안하게 만들었다. 죄 없는 어린이를 유괴하는가하면 끔찍하게 살해하고 있으니 "자나 깨나 아이 조심 노는 아이도 다시보자" 라는 말이 유행되었고 조직 폭력단의 칼부림과 살인 사건, 대낮 강도와 부녀자 폭행 등 그 사례는 이루 말할 수 없을 정도다.

그러기에 전쟁이라 할 만하다 하면서도 왠지 개운하지 않은 심경은 무엇 때문일까? 전쟁이라는 말은 단어 그 자체만으로도 우리에게 큰 공포를 불러일으킨다. 사전에 보면 전쟁은 무력으로 국가간에 싸우는 일이라고 풀이되어 있다. 중동이 지금 전쟁 중이고 이에 대해 일본은 자위대를 파병하겠다고 나서서 세계를 긴장시키고 있다. 이처럼 전쟁은 이미 우리와 가까운 곳에 있다. 더구나 오랜 세월 군대 용어에 익숙해진 국민에게는 별 저항 없이 이 단어가 받아들여질 것이다.

하지만 나로서는 전쟁이라는 표현은 역시 지나치다는 생각을 버릴 수 없다. 그것은 범죄를 저지른 사람 역시 이 나라 국민임에 틀림없기에 폭력이나 범죄와의 전쟁은 어찌 보면 정부가 국민을 상대로 전쟁 중이라는 인상을 줄 수 있고 지난번 남북총리회담 때 북측 기자들이 말한 것과 같이 그러한 오해도 받을 수 있다는 생각 때문이다. 더군다나 최근 부산에서 검거에 나선 폭력단의 두목은 국가 및 지역의 안전과 질서유지에 공이 크다고 시경국장과 박 모 의원으로부터 감사패도 받은 사람이라고 한다. 이와 같은 사실이 바로 국민을 혼란스럽게 만들고 있으며 정부에 대한 신뢰를 희석시키고 있는 것이다.

정부에 대한 신뢰를 회복한다는 것은, 어쩌면 경찰을 무장시키는 일보다 더 시급한 일일지 모른다. 아무튼 이 기회에 우리사회에서 범죄가 모두 사라져 하루빨리 선량한 서민들이 범죄 없는 사회에서 살 수 있게 되기를 간절히 기다려 본다. 1990

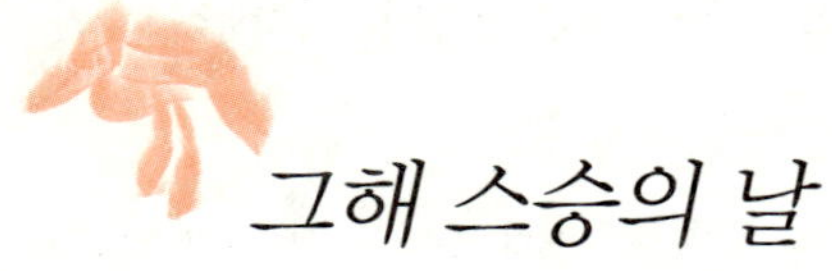

그해 스승의 날

오늘 아침에야 오월 어느 날 그 하루 무덥던 날 뚝뚝 떨어져버린 모란 옆에서 벙글어진 작약을 보았다. 이미 하얀 풀씨로 날아서 멀리멀리 세상 구경 가버린 민들레 옆에는 또 하나의 어린 민들레가 싹이 터 꽃봉오리를 맺고 있었다. 햇살만 좋다면 어느 때라도 피어날 것 같은 예감에 노란 민들레의 지고한 삶이 가슴에 뜨겁게 닿아 새삼 민들레처럼 훨훨 날아 세상 여러 곳에가 있을 아이들의 얼굴이 떠오른다.

졸업하고 떠나 간 아이들로부터 가끔씩 날아오는 편지에는 지난날의 잔잔한 즐거움이 담겨 있다. 함께 전해 오는 친구 이야기가 우울할 때는 행여 그동안 나의 정성이 부족했던 것은 아니었는가 싶어 내내 불안하기까지 하다.

오늘은 작년에 졸업한 미선이의 편지를 읽다가 오래전 시골학교에서 담임을 했던 상문이 생각을 했다. 한 학년이 세 학급이라 남녀합반으로 편성했던 그해 학생들과 어우러진 즐거운 일도 많았지만 무엇보다 오래도록 가슴 한구석에서 지워지지 않는 일이다. 상문이는 우리 반 15번 학생이었다. 당시만 해도 학기 초 학생이해자료 카드에 부모의 월수입을 적었다. 그런데 월수 15만 원이라고 적어 낸 학생이 있었다. 농촌지역이라 특별하게 고정된 수입이 없는 가정이 대부분인지라 부모의 월수입란은 비워진 채 제출하는 것이 보통이었다. 그러기에 15만 원이라는 액수가 오히려 눈에 띄었다. 학생을 불러 이야기해보니 어머니가 시내버스를 타고 멀지 않은 곳에 있는 공장에서 일한다고 했다. 꾀죄죄한 옷차림에 배시시 웃는 상문이의 표정이 참으로 천진했다.

그해 스승의 날이었다. 막 교실을 나오려는데 상문이가 따라 나오면서 나를 부른다. 뒤돌아보았더니 쑥스러운 듯 웃으면서 무얼 내민다. 그것은 200원짜리 살색 스타킹이었다. 그것을 들고 얼마나 만지작거렸는지 포장지도 없는 비닐껍질은 손수건처럼 구겨져 있었다. 결코 잊을 수 없는 선물로 지금 생각해도 가슴이 뭉클하다. 그날 오후에는 운동장에서 사제경기가 있었다. 각반에서는 15일이라고 하여 15번 학생이 뽑혀 나와 담임선생과 등을 맞대고 풍선 터뜨리기를 하게 되었다. 나와 등을 마주하고 풍선을 터뜨리면서 상문이의 얼굴이 기쁨으로 발개지고 환하게 빛이 났다.

올해도 스승의 날은 있었다. 그러나 스승의 날 아침 학교 가는 발걸음은 무겁기만 했다. 새 정부 출범과 함께 연일 터져 나온 교육계의 비리, 부정 입학 등의 시비가 죄 없는 일선의 작은 학교에까지 번지어 일체의 행사를 절제하고 조용히 보내기로 결정하였다. 교무실의 분위기는 위축되고 경직되어서 그저 쓸쓸하기만 했다. 결국 그동안 묵묵히 교단에서 오직 교육을 위해 헌신한 대부분의 선생님들에게는 크게 누가 된 날이었다.

하지만 나는 졸업한 학생의 편지를 읽으면서 새로운 꿈을 꾸고 있다. 스승의 날이 있는 5월에 한국교육에 희망을 찾는 것이다. 아직도 이 땅에는 다정한 사연으로 학창시절을 그리워하고 수줍은 얼굴로 판타롱 스타킹을 건네는 고운 마음이 남아있다고 믿기 때문이다. 1993

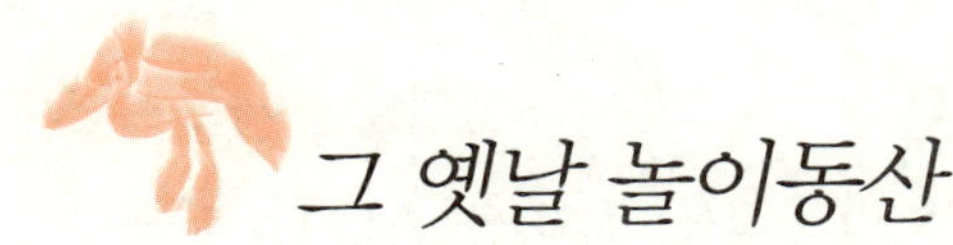

그 옛날 놀이동산

설악산에 올라 멀리 속초시를 내려다보니 짙푸른 가을 하늘이 영랑호에 닿아있다. 정녕 파랑의 농담이 어우러진 저 색깔이 우리나라 하늘빛이려니 싶다. 좀더 자세히 들여다보니 하늘빛에도 경계가 있고 느낌이 다르다. 하늘이려니 싶었던 그 곳은 모두가 하늘이 아니요 하늘 아래로는 바다였으니 어쩌면 그렇게도 감쪽같이 하늘로만 보였는지 모르겠다. 대청봉에서 바라보며 하늘인가 싶던 그 푸른 감청의 바다를 끼고 달려온 수학여행길이다.

학생들의 놀이문화는 예전과 많이 달랐다. 관광버스 안에서 돌아가며 노래를 부르거나 좁은 통로에 나와 춤을 추는 것이 보통이었는데 이번 여행길에서는 한번도 그렇게 노는 모습을 볼 수 없었다. 그저 최근 인기 있는 가수의 노래만을 계속해서 듣고 있을 뿐이다. 간간히 따라 부르기도 하지만 대부분은 감상하는 정도다. 숙소에서도 그랬다. 산불예방 때문에 불을 피우지 못한 캠프파이어는 텔레비전에서 보여주는 젊은이들의 쇼처럼 그렇게 진행되었다. 까르르 함께 웃고 두세 명씩 아니면 대여섯 명의 그룹으로 춤을 추거나 노래를 부르는 것이 한 편의 영상 그대로다. 불과 수년전만해도 아이들은 그저 일어서서 춤추며 놀기를 원했다. 소풍을 가도, 여행을 가도 그랬다. 그 모습이 발랄하기보다는 너무 흐트러지는지라 그저 안타깝고 걱정스럽기까지 했는데 변화된 오늘의 모습을 보니 참 다행이구나 싶다. 달라진 학생들의 놀이문화를 보면서, 우리나라 청소년들은 걱정하지 않아도 무엇이든 잘 해낼 수 있을 것이라는 생각에 안심이 되었다.

어린 아이들이 놀이를 시작한 것이 보통 서너 살 때부터일 것인데, 내 기억 속에서 놀고 있는 나를 발견하는 것은 대여섯 살 무렵부터다. 밤이면 숨바꼭질을 하거나 그림자밟기를 했다. 왜 낮에 놀았던 기억이 확실하지 않은지 모르겠지만 어쩌면 대부분의 아이들이 학교에 다녀와서도 논과 밭에 심부름 나가거나 냇가에서 빨래를 하거나 산에 나무를 가는 등 집안일을 도와야 했기에 낮에 모여서 놀기가 어려웠던 것 같다. 그때는 어른들도 아이들도 밤이면 많이 놀았는데, 저녁을 먹고 나면 으레 동네 꼬마들이 다리목에 모여들었고 어른들도 밤마실을 나갔다.

방학이 되어 학교를 오래 가지 않게 되면 언니들과 함께 연극을 꾸미기도 했다. 우리끼리 만들었던 것으로 기억나는 것은 심청전이다. 5학년이던 인숙이 언니가 연출을 맡고 내 친구 경애가 심봉사를, 나는 심청이가 되어 마당에 큰 보자기로 막을 치고 공연을 했다. 그때 처음으로 심봉사가 심청을 부르면서 섧게 우는 소리를 들었던 것 같다. 지금도 심청전을 듣거나 볼 때마다 그 당시 어설프기 짝이 없던 동네 마당극이 생각나 절로 웃음이 난다.

도시로 전학해 온 뒤로는 밤에 노는 일이 없어졌다. 학교가 끝난 후 아이들끼리 모여서 고무줄놀이나 막자치기, 댕깡, 핀치기, 잣치기 등을 하고 놀았다. 농촌 아이들처럼 집안일을 거드는 동무들이 많지 않았기 때문에 우리들은 낮에도 놀 수 있었다. 남자애들은 제기차기, 잣치기, 칼싸움, 총싸움 등을 했던 것 같다. 놀다보면 남다른 솜씨를 가진 애들이 많았다. 그런 애들은 옷핀 하나에 가득 실 핀을 매달아 몇 개씩 겉옷에 훈장처럼 달고 다니거나 두툼하게 감은 검정 고무줄을 책가방 한쪽에 넣어서 불룩한 배를 내보이곤 했다.

나는 본래 그런 솜씨가 없어 핀치기도 잘못했고 고무줄놀이를 하다가도 곧잘 죽기 일쑤였다. 잘하는 아이들은 정말 대단했는데 예전 생각을 하다보니 이름은 기억나지 않지만 갸름한 얼굴에 가무잡잡하고 볼 아래 주근깨가 있던 핀치기 잘하던 내 짝이 떠오른다. 지금은 어느 하늘 아래서 무슨 일을 하면서 살고 있는지 참 궁금하다.

올해 열한 살이 된 우리 집 둘째아이는 요즘 한창 팽이놀이에 팔려있다. 동네 또래 애들과 어울려 아파트 입구나 주차장 한 쪽에서 쇠로 만든 팽이를 돌리면서 노는 모습을 보고 있노라면, 빙판위에서 남자애들이 돌리던 나무 팽이 생각이 난다. 아이는 미니카 경주도 즐긴다. 또래 아이들과 함께 우르르 몰려와서는 게임기 앞에 앉아 부지런히 게임을 하기도 한다.

대부분의 요즘 아이들은 몇 종류의 학원 수강 등으로 밖에서 놀 시간도 부족하고 혹 시간이 있다고 해도 집안에서 비디오를 보거나 게임을 하는 것이 놀이인 듯하다. 내가 어릴 적에는 모두들 그저 밖에서만 놀았다. 땅에 앉아 흙을 가지고 노는 일이 많았던 것 같다. 땅바닥에 낙서를 하거나 둘러 앉아 땅 따먹기를 했다. 둥근 원을 그리고 자기의 뼘만큼 집을 지은 후 핀이나 작은 막자를 손가락으로 튕겨 영토를 넓혀가는 땅 따먹기로 흙속에서 놀던 우리들의 손은 온통 흙투성이요 손톱사이에는 늘 검은 때가 끼어있기 마련이었다.

이처럼 놀이가 많이 달라졌지만 예나 지금이나 변함없는 것은 만화 보는 일이 아닌가싶다. 물론 수십 년 동안 주인공의 모습이나 주제, 형식, 내용 등이 많이 변화되어 요즘 아이들의 취향과는 엄청난 차이가 있기는 하지만 만화를 즐겨 본다는 사실만은 크게 변하지 않은 것 같다.

세월 따라 아이들의 놀이문화는 끊임없이 변화되고 있다. 그리고 어른들은 그 중 일부에 대해서는 크게 우려하고 걱정한다. 하지만 너무 나무라거나 지나친 걱정은 하지 않았으면 좋겠다. 동네어른들의 염려하는 소리를 듣던 과거의 우리가 자라서 오늘날의 어른이 되었다. 옛날 사진 속에서의 우리들은 모두가 대단히 촌스럽고 모든 것이 어리숙한 어린아이들이었다. 1997

전학해 오는 학생을 보며

매월 마지막 주가 되면 전학을 가고 오는 학생들로 며칠동안 어수선하다. 학생들의 대부분은 어떤 사유로든 주거지가 바뀌고 전 가족이 이주한 까닭에 부득이 학교를 옮기는 것이지만, 드물게는 학교에서 생활지도상의 부적응이 있어서 환경을 바꿔줌으로써 교정된 행동 변화를 얻고자 전학이라는 형식을 취하게 되므로 모두가 반갑다고 할 수만은 없는 것이 사실이다.

우리가 흔히 저지르게 되는 실수는 편견이나 그릇된 선입견으로 인한 경우가 많다. 자라는 과정에서 얼마든지 인성 변화가 있는 것이라서 행여라도 학생을 잘못 판단할까 한 마디의 말도 조심하게 된다. 그럼에도 전에 다니던 학교에서 보내오는 생활기록부에 기재된 성적이나 출결사항 등에 의해 학생을 우선 판단하게 된다. 일단은 결석이 없으면 안심이다. 거기에다 성적이 상위급이면 더 이상 걱정하지 않아도 된다. 그러나 사고결석이 많거나 병결일지라도 결석 일수가 많고 성적마저 하위권이면 전입생을 받는 학급의 담임교사는 새로운 근심 하나를 더하게 되는 셈이다.

어제는 경상남도교육청에서 전화가 왔다. 우리 학교에서 보낸 학생이 그곳의 모 여중으로 배정되었는데 정작 학생이 오지 않고 있으니 빨리 보내달라는 것이었다. 이미 서류는 우편으로 발송되어 전출이 완료된 상황이라 난감한 일이었다. 그동안의 연고를 찾아 몇 군데 전화를 하고 치러야 할 문제들을 설명하고 하다보니 서너 시간이 훌쩍 지나버렸다. 그나마 연락이 되고 보니 전화기가 그렇게 고마울 수 없다. 하기야 며칠씩 소요하던 공문서가 이제는 팩시밀리를 이용하면 바로 전송 처리되고 있으니 발 빠른 시대에 우리가 살고 있는 셈이고 그에 못지않게 학생들의 문제는 다양하고 복잡해진 것만 같다.

경상도까지 전학을 간 학생은 부모에게 버려져 어느 절에 맡겨졌는데, 우리 학교를 다니기는 하였으나 학교생활이 정상적으로 이루어지지 않자 먼 친척을 찾아 보내진 경우였기 때문에 행여 도중에 잘못되면 어쩔까 몹시 걱정이 되었다. 말썽을 부리고 염려되는 학생을 맡을 때마다 '그래 누구라도 이 아이를 책임져야한다면, 상처투성이 어린 마음에 나의 작은 손이라도 조금이나마 도움이 된다면 내가 해보자.' 라고 스스로에게 다짐하지만 사실 힘에 겨워 한계를 느낀 적이 한 두 번이 아니다. 그때마다 상황을 피할 수만 있다면 피해가는 것이 더 좋다는 유혹을 받곤 했던 것이 사실이다.

오늘도 내 반으로 전입해 오는 학생을 처음 만나면서 먼저 아이의 몸차림이 단정한가를 살펴보고 생활기록부에 눈길을 주면서도 스스로에게는 연신 다독거린다. 부디 이 아이를 성급하게 판단하려 들지 말자고.

1993

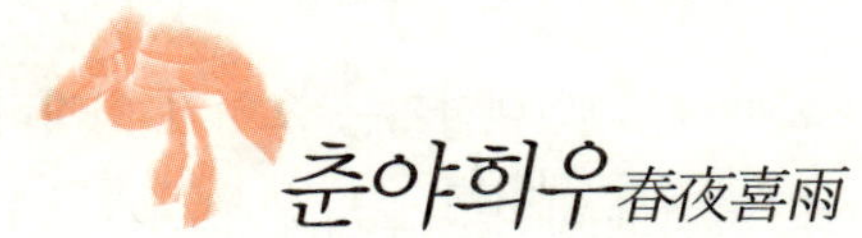

춘야희우春夜喜雨

잠시 바라다보지 못한 사이에 매화가 꽃눈을 열었다. 지붕을 타고서 기는 듯 휘어진 가지에서는 붉은 빛을 연하게 돋우면서 홍매화가 활짝 피었다. 드문드문 꼭 다문 봉오리들마저 오히려 더 귀엽고 앙증스러워 절로 웃음이 난다. 마치 실눈을 뜨고서 이미 환하게 봄이 열린 세상을 엿보고 있다는 생각이 들어서이다.

구불구불 시골 가는 길에는 여기저기 하얗게 핀 꽃이 행여 배꽃일까 돌아보게 할 정도로 날이 풀렸다. 눈길을 주지 않아도 어느새 턱밑까지 다가 온 아지랑이 자락이 하늘하늘 날리는 여인의 치맛자락인 듯하다.

자연처럼 그렇게 모든 일이 자연스러울 수 있다면 참 좋겠다. 벌겋게 상기된 얼굴로 악을 쓰고 멱살을 잡고 욕을 해대면서 치고받고 하는 모습을 인간답다고 할 수는 없을 터인데, 우리는 그러한 모습을 너무도 자주 본다. 난장판이 된 의회와 날마다 수천수만의 인파가 모인 광화문 거리는 대한민국의 슬픔이다. 식민 통치를 벗어나 해방 이후 혼란스러웠을 때나 80년대까지는 오히려 어지러운 정국이 당연하다고 생각되었다. 하지만 아직도 우리에게는 성숙한 정치문화가 먼 나라의 이야기라는 말인지……. 개탄스러울 뿐이다.

요즈음 많이 듣는 단어 중에는 '여론'이 있다. 여론이라는 용어를 최초로 사용한 사람은 프랑스 혁명 직전 재무장관으로 있던 J · 네케르였다. 실제의 여론형성은 밑에서 위로 축차수렴逐次收斂해 가는 개인적인 토의를 통해서가 아니라, 몇 개의 중심으로부터 방사되는 주도적 의견이 개별의 성원을 조직화하여 그 동조를 얻어내는 형식으로 진행되는 경우가 많다.

여론의 사전적 의미는, 사회성원 전원에 관계되는 일에 대해서 사회적으로 제시되는 각종 의견 중에서 대다수의 지지를 받고 있다고 인정되는 의견으로, 여기에서 의견이란 각종 사회적 문제나 정책에 대한 개개인의 견해나 의향을 언어적으로 표현한 것이라 하겠는데, 어쩌면 여론이라는 것이 하룻밤 새 눈에 뜨이게 피어나는 매화의 꽃잎과도 같다는 생각이 든다. 그러기에 바르게 보고 바르게 들을 수 있어야 할 터인데……. 제대로 보고 듣고 있는 것인지 의심할 수밖에 없으니 이를 어쩌나! 메조소프라노의 부드러움이나 바리톤의 안정된 목소리로 봄의 가곡을 편안하게 들을 수 있는 좋은 날처럼, 그렇게 우리나라 정치문화도 아름다워질 때가 되었다고 생각했는데……. 즐겁게 할 수 있는 날이 왔다고 생각했는데……. 봄은 왔으나 아직 우리에게는 봄이 오지 않았다.

중국 당나라 시인 두보(杜甫/712~770)는 그의 시 〈춘야희우(春夜喜雨)〉에서, "호우지시절 당춘내발생 수풍잠입야 윤물세무성 야경운구흑

강선화독명 효간홍습처 화중금관성(好雨知時節 當春乃發生 隨風潛入夜 潤物細無聲 野經雲俱黑 江船火獨明 曉看紅濕處 花重錦官城, 좋은 비는 그 내릴 때를 알고 있나니, 봄이 되면 내려 만물을 소생하게 하는구나. 비는 바람 따라 살며시 밤에 내려, 소리 없이 사물을 모두 적시네. 들길도 구름도 모두가 캄캄한 밤, 강 위에 떠 있는 고기잡이 배 불빛만이 밝게 빛나는구나. 날 밝으면 붉게 젖어 보이는 곳은, 아마도 비에 젖은 금관성의 꽃이리.)"이라고 봄밤에 소리 없이 내린 단비를 읊고 있다.

두보는 주로 안사의 난 때 고통 받는 백성들의 모습을 작품으로 남겼다. 그러기에 그의 시에는 가난하고 힘없는 사람들의 기쁨과 슬픔이 사실적으로 묘사되어 있다. 이 시는 전란이나 기근의 좌절을 보내고 난 후 그의 말년에 비교적 평안한 시절을 보내던 청뚜에서 지은 작품이다. 봄을 맞아 만물이 소생함을 통하여 서정을 나타냈으며, 어두운 현실적 감정 그리고 내일의 밝은 희망을 대조적 이미지로써 표현하고 있다. 전쟁 중에도 계절의 질서는 잊지 않고 찾아와 반갑고 기쁜 시인의 심정과 함께, 좋은 시절의 비는 만물을 생성하게 할 뿐 아니라, 고단한 자신의 심정마저 달래 주고 있음을 알 수 있다.

오늘밤에는 우리에게도 소리 없이 호우好雨가 내려 만물을 새롭게 태어나게 해 주었으면 좋겠다. 이제나 저제나 하면서 일기예보가 전한 비를 기다리는데 오는 비라면 부디 호우이기를 바란다. 2004

초록의 탱자나무 속에 알알이 박힌 노란 탱자의 계절

참 좋은 계절이다. 연한 구름에 가려있던 햇살이 점차 넓게 퍼지면서 누렇게 익은 나락이 고개를 숙인 논 위로 하얀 그림자를 드리운다. 세상이 점차 밝아오는 황홀함에 오래도록 창에서 눈을 떼지 못한다. 정읍 가는 길가에 난 키 작은 코스모스가 바람을 따라 연신 고갯짓을 한다.

규모가 그리 크지 않은 사과나무 과수원의 울타리에 노랗게 익은 탱자들이 옹기종기 모여 긴 행렬을 이루고 있다. 요 근래 좀처럼 볼 수 없는 탱자나무 생울타리다. 온통 녹색이던 탱자가시 끝에도 단풍이 든 것인지 모두들 고깔을 쓰고 있다. 긴 여름날의 모진 풍파를 다 이기고 난 것처럼 억세고 단단해 보인다. 지난 봄에는 동그랗게 몽우리졌다가 어느 날이던가 하나둘씩 얇은 입술의 꽃망울을 터뜨려 초록의 하늘에 흰 별들이 은하수 되어 내려앉은 듯하더니, 여름 땡볕에 그을려 많이 두터워진 녹색의 잎은 탱자 빛 물이 들어 더욱 야물어지고 윤기마저 흐른다.

초록 속에 알알이 박힌 노란 탱자와 함께 탱자나무 너머로 이제 다 익어 붉은 제 살색을 내는 사과의 달콤하면서도 향긋함이 바람을 타고 차창을 넘어 들어 온다. 향기 있는 이 가을 속에 내가 있음을 새삼 깊이 느끼게 하는 즐거운 날이다.

지금은 모두 주차장으로 변해 그 흔적을 찾을 수 없지만, 전북대학병원 본관 오른편에는 몇 년 전까지만 해도 탱자나무 울타리가 있었다. 해마다 가을이면 유난히도 크고 밝은 노랑색 탱자가 많이 열렸다. 고운 달빛아래 모습을 드러내는 탱자를 바라보는 재미가 얼마나 큰지 경험해 보지 않은 사람은 모를 것이다. 그렇게 탐스럽고 예쁜 탱자를 다시 볼 수 없게 되어 한동안 아쉬웠는데 올해서야 이렇게 정읍 가는 길에서 탱자나무를 보게 되니 반가운 옛 친구를 다시 만난 것만 같다.

귤화위지橘化爲枳라는 말이 있다. "강남의 귤이 회수를 건너면 강북의 탱자가 된다."라는 고사인데 남귤북지南橘北枳라고도 한다.

중국 춘추시대 말 제齊나라에는 안영晏嬰이라는 명재상이 있었다. 그가 어느 해 이웃에 있는 초楚나라에 사신으로 가게 되었는데, 평소에 그의 명성을 들은 바 있어 한 번 만나보고 싶었던 초나라의 영왕靈王이 안영의 재간을 시험해 보고자 이렇게 말문을 열었다. "제나라에는 그렇게도 사람이 없소? 어찌 경과 같은 사람을 사신으로 보낼 수 있소?"라고 그것은 안영의 너무 작은 키를 빗대어 한 말이었다. 그러나 안영은 태연하게 대꾸하기를 "저희 나라에서는 사신을 보낼 때 상대방 나라에 맞도록 사람을 골라 보내는 관례가 있습니다. 작은 나라에는 작은 사람을 큰 나라에는 큰 사람을 보내는데 신은 그 중 가장 작은 편이라서 특별히 뽑히어 초나라에 오게 되었습니다." 라고 대답하였다.

그때 마침 포리가 죄인을 끌고 왔다. "여봐라! 그 죄인은 어느 나라 사람이냐?" "예, 제齊나라 사람이온데, 절도죄를 범했습니다." 라는 대답에 초왕楚王은 안영에게 다시 물었다. "제나라 사람은 원래 도둑질을 잘 하오?" 라고. 안영은 초연한 태도로 이에 답하였다. "강남에 귤이 있는데 그것을 강북에 옮겨 심으면 탱자가 되고 마는 것은 토질 때문입니다. 제나라 사람이 제나라에 있을 때는 도둑질이 무엇인지도 모르고 자랐는데 그가 초나라에 와서 도둑질한 것을 보면, 초나라의 풍토가 어떠한지를 알겠습니다."라고. 초왕은 안영의 기지와 태연함에 놀라 크게 사과하고 잔치를 벌여 안영을 환대하는 한편 다시는 제나라를 넘볼 생각을 하지 못했다고 한다. 하지만,『안자춘추(晏子春秋)』에 전해오는 이 이야기는 마치 귤과 탱자의 우열관계를 말하는 것 같아 조금은 씁쓸하다.

예로부터 탱자는 약용으로도 많이 쓰였다. 최근 우리나라 어느 의학연구소에서는 피하지방뿐만 아니라 내장의 지방 감소에도 탁월한 효과가 있는 리피노를 개발했는데 리피노는 한방물질인 탱자가 주원료라고 한다. 한방에서는 충분히 익지 않은 푸른 탱자 열매를 지실枳實이라 부르는데 두세 조각으로 잘라 습진을 다스리는 데 이용했으며, 탱자의 껍질을 말려 위장약이나 지사제로 사용했다. 민간요법으로 목안에 종창이 생겼을 때에 잎을 삶아 마시기도 한다. 탱자 열매는 먹어서 몸에 해롭지는 않지만 입안에 침이 고일만큼 너무 시어서 먹기가 어렵다. 또한 탱자나무 꽃에는 정유가 많아 화장품을 비롯한 각종 향료를 만드는데 이용되며 감귤나무를 접붙이는 데에 대목으로 쓰이며 추어탕을 끓일 때에 넣어서 비린내를 없애기도 한다.

용머리고개를 막 넘어섰는데 이마 위로 초승달이 하늘에 걸려있다. 유난히도 길고 가느다란 눈썹달이다. 아침나절에 동쪽하늘에 떠서 낮 동안 내내 하늘을 횡단하여 이제 지고 있는 달을 바라보노라니 문득 노랗게 잘 익은 탱자 생각이 난다. 언제부터인가 쉽게 구하여 먹을 수 있는, 감귤이나 오렌지에 밀려 가을빛 탱자를 잊고 있었다는 생각이다. 그러기에, 우리의 작은 눈 속에 비춰진 모습만으로 이미 자연 속에 담겨 오래전부터 자연이 되어 있는 탱자나무에게서 잃어버린 고향을 느끼는 것은 당연한 일이 아닐까 싶다. 2003

제3장 북치는 남편 노래하는 아내

우편으로 보내 온 편지는 잘 버리지 않고 모아두는 편이다. 그런데 메일의 경우는 폴더를 만들어 관리하기도 하지만 용량의 한계도 있고 하다보니 삭제하고 휴지통도 자주 비우게 된다. 가끔은 내용이 좋아 간직하고 싶어서 남겨둔 메일이라도, 후에 열어 보면 옛 편지를 만났을 때처럼 그렇게 감동적이지는 않다. 인터넷 메일은 날마다 새로운 형태로 발전하고 편지지에 쓰인 편지는 그저 옛 모습 그대로일 뿐인데도 감동과 진한 애정은 누렇게 바랜 편지에서 더 느끼게 되는 것이 참 이상한 일이다. 그것은 다양하게 개발하여 시판되고 있는 청량음료보다는 한 잔의 생수에게로 손이 가는 것과 같은 것일지도 모른다.

노오란 장미로 덩굴 올리고

노오란 장미를 덩굴로 올린 집에서 사는 사람에게는 어떤 향기가 날까? 길을 걷다가 우두커니 서서 유월의 햇살을 받아 반짝이는 장미를 바라본다. 대문을 열고 나올 누군가를 기다리는 것처럼…….

어릴 적에는 붉은 장미꽃을 좋아했다. 그러다가 어느 날 산호 빛 장미가 안개꽃 속에 숨어 있는 모습에 황홀했고, 눈물을 흘리면서 하얀 장미를 사곤 했는데, 우연히 마주친 낮은 양옥집의 담을 타고 핀 노오란 장미꽃이 이토록 내 가슴을 설레게 할 줄은 미처 몰랐다.

장미薔薇는 본래 담에 기대어 자라는 식물이니 덩굴장미를 말한다고 할 수 있다. 정원수로 이용되는 덩굴장미와 나무장미는 우리가 흔히 보는 장미꽃으로 주로 여름에 피는데, 품종에 따라서는 봄과 가을에 두 번 피기도 하고, 사계절 연중 꽃피는 장미도 있다. 가시가 있고 벌레가 많이 끌어 재배에 어려움은 많지만 15,000여 종이나 되는 장미는 그 아름다움과 향기로 역시 꽃 중의 꽃이다.

꽃집에서 쉽게 구할 수 있는 화려하고 다양한 장미꽃도 그렇지만, 산등성이에 하얗게 핀 찔레와 천상의 빛 해당화 그리고 돌가시나무는 신선해서 오히려 좋다. 그런데 머지않아 푸른색 장미를 만날 수 있다고 하니, 마치 만화 속의 주인공처럼 꿈을 꾸고 있는 느낌이다.

대체로 산성 토양에서 자란 꽃은 붉은 빛을 띠고, 알칼리성 토양에서 자란 것은 파란색을 띤다. 파란색 장미꽃은 유전인자의 변형으로 꽃피우게 될 것인데, 생명공학자들에 의해 다른 종류의 꽃에서 파란색 효소의 합성을 이끌어내는 청색 유전인자인 블루진(blue gene)을 분리시켜 장미 유전인자에 이식함으로써 배양한 것이다. 이렇게 유전자를 바꾸는 기술이 발전하기 전에는 색소를 딴 물감을 주로 이용했었다. 그러니까 하얀색의 장미, 국화, 카네이션 등을 잘라서 색소를 탄 물에 꽂아두어 줄기에 있는 물관을 통해 꽃이 색소를 빨아들임으로써 새로운 색깔의 꽃으로 만들었던 것이다. '얻을 수 없는 것' 이나 '불가능한 것' 이라는 파란 장미의 꽃말도 바뀌어야 할 것 같다.

이제 푸른색 장미꽃도 우리에게 왔는데 청포를 입은 손님을 기다리면서 하얀 모시수건을 마련해 두는 일은 언제까지나 계속해야 하는 것일까! 2003

대청마루를 지나 마당을 울리던 바둑알 소리

돌아가신 할아버지께선 바둑을 즐기셨다. 댓돌 위에 낯 설은 털신이 놓여 있는 날이면 건너 마을에 사시는 흰머리 영감님이 바둑을 두기 위해 마루를 지나 마당을 울리곤 했다. 천지는 초저녁부터 잠이 들어 고요한데 휘영청 밝은 달빛으로 마당을 환하게 비추는 정월! 바둑알 소리만이 때로는 가늘고 짧게 가끔은 느리면서도 둔탁하게 멀리까지 퍼져 나가 깊어 가는 겨울밤의 사연을 전하곤 했던 것이다.

행정구역상으로 '조금리' 로 구분된 할아버지 댁은 아랫마을에 있었는데 오일마다 장이 서면 마당이 곧 장터가 되곤 했다. 나무로 된 엿판을 이고 장에 나온 여인네들이 다릿목에 줄지어 앉으면 양말장수 옆으로 포목전이 열리고, 물감이나 잿물을 팔던 가게와 국밥 집도 문을 열었으며, 마을을 휘돌아 조금 내려가면 누런 황소가 줄줄이 매인 우牛시장도 있었다.

학교를 들어가기 전까지 할아버지 댁에서 자랐던 나는, 초등학생이 된 후에도 방과 후면 책가방을 내 던져놓고 한달음에 아랫마을로 달리곤 했다. 놀다가도 다음날 등교를 위해서 저녁이면 돌아가야 했는데, 오후 한나절이 어쩌면 그리도 짧던지 어른들의 몇 차례 채근이 있고서야 발길을 돌리곤 했다. 어느 날인가는 노는데 팔리어 너무 늦어졌던 것 같다. 어스름한 시각까지 돌아오지 않는 나를 찾으러 아랫마을에 오신 아버지에게 혼이 날까 두려워 광으로 숨어들었다가 그만 잠이 들고 만 적이 있었다. 광에는 커다란 드럼통에 쌀을 담아 보관하고 있었는데, 그 사이에 구부리고 앉아 잠이 든 나를 쉽게 찾지 못하여 온 집안이 발칵 뒤집혔던 기억이 있다. 아무튼 무엇이 그토록 어린 나를 할아버지 댁으로 끌어 당겼는지 모를 일이다.

"자장자장 우리 아가, 잘도 잔다. 우리 아가, 금동이야 짖지 마라, 우리 아기 잠을 깬다. 은동이야 짖지 마라, 우리 아기 잠잔단다." 할머니 등에 얼굴을 묻고서 듣던 노랫소리가 바람을 타고 지금도 아련히 들려오는 듯하다. 두 분이 이승을 떠난 지도 어느새 수십 년이 되었다. 그런데 얼마 전에야 당시 두 분의 나이가 50대였다는 사실을 생각하게 되었다. 할머니는 손녀딸이 낳은 아이를 등에 업어보고 싶다고 생전에 몇 번이고 말씀하셨는데…….

학교 기숙사에서 모처럼 집에 돌아 온 아들과 남편이 바둑을 두면서 도란도란 나누는 이야기 소리가 들린다. 바둑판 위에서 경쾌하게 울리는 바둑알 소리를 들으면서 한동안 잊고 있었던 할아버지의 모습이 정월 대보름달처럼 환하게 떠오른다. 2003

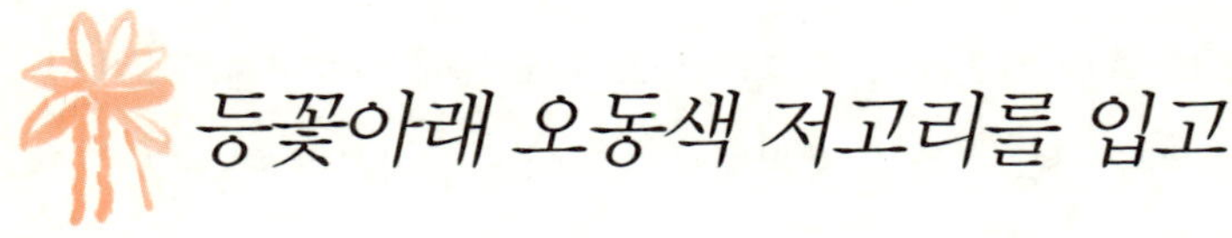

등꽃아래 오동색 저고리를 입고

어릴 적 이층에 올라 창문을 열면 보라 빛 등나무가 손에 잡혔다. 한번은 살금살금 걸어 나가 등꽃 한 송이를 따려다가 크게 야단맞은 적이 있다. 그래서일까. 가끔 이층 창문을 열고 만져본 등꽃의 부드러움과 향기를 아직도 나는 기억하고 있다.

외할머니는 한복을 즐겨 입으셨다. 쪽진 머리를 짧게 자른 후에도 외출할 때면 꼭 한복을 꺼내 입고 그 위에 두루마기나 고운 빛깔의 앙고라 스웨터를 걸쳐 입으셨다. 돌아가시기 직전에는 옥색 치마저고리를 많이 입으신 것도 같은데 내 기억 속에 남아있는 외할머니의 저고리는 지금도 오동색이다.

처음 할머니께서 '오동색' 이라고 했을 때에는 그 색이 고동색 정도 되는 줄로만 알았다. 크레파스로 나무 등걸을 칠할 적에나 쓰는 고동색이 뭐 그리 고운 색일까 싶었고 어느 날인가 연보라 빛 저고리를 손질하면서 오동색 저고리라고 말씀하실 때에도 조금 의아스러웠다. 연보라 빛이 오동색인 줄을 확실히 알게 된 것은 훨씬 훗날 오동 꽃을 보고 난 후였다.

"봉황은 비죽실이면 불식하고 비오동이면 불서(非竹實 不食 非梧桐 不棲, 봉황은 대나무 열매가 아니면 먹지 않고 오동나무가 아니면 깃들지 않는다)"라고 했다. 중국 황제시대黃帝時代에 수컷 봉鳳과 암컷 황凰이 사이좋게 동원東園의 오동나무에 살면서 예천醴川을 마시고 대나무 열매를 먹으면서 살았다는 이야기가 오동색의 신비로움을 한결 더해주는 듯하다.

백제무왕 5년인 604년에 서암瑞巖이 창건했다고 전하는 완주군 위봉사圍鳳寺에도 신라 말 최용각崔龍角이 말을 타고 전국 산천을 유람할 때 등나무 덩굴을 잡고 겨우 산꼭대기에 오르니 봉산鳳山남쪽 어느 풀숲에서 상서로운 빛이 비치고 있었는데 그곳에 세 마리의 봉황이 날고 있어 그 자리에 지은 절이라는 이야기가 전해온다.

휘어지는 산등성이에는 오동색 등꽃이 열을 지어 피어나 오월의 햇살에 반사되어 가히 환상적이다. 오동나무와 등꽃의 송이처럼 연보라 빛 사랑이 주저리주저리 머무는 계절이 되었다. 이들은 모두 같은 빛깔인데도 옛 사람들은 왜 '등색' 이라고 부르지 않고, '오동색' 이라고 불렀는지 이제야 조금 이해할 수 있을 것 같다. 외할머니가 누워 계신 봉천 마을 뒷산에도 지금쯤 오동 꽃이 한창이겠지! 2003

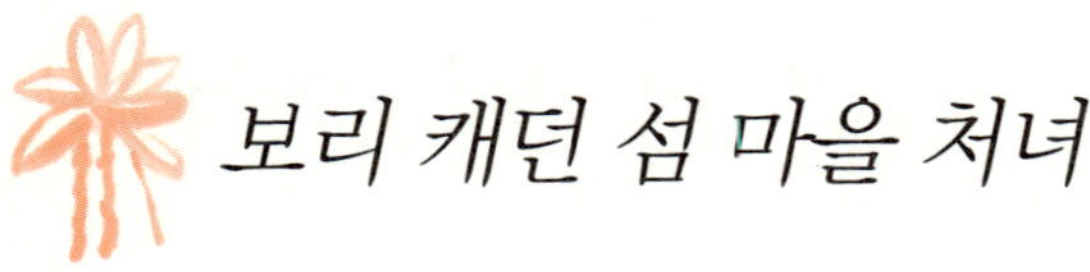

보리 캐던 섬 마을 처녀

아파트 베란다에 서서 멀리 기린봉에서 쏟아지듯 달려오는 빛을 바라본다. 유리문을 통해 드는 볕은 참 따스하여 어느새 겨울이 다 가고 봄이 곁에 가까이 온 것 같다. 불과 얼마 전만해도 이월이면 동네 어른 아이들 할 것 없이 밭에 나가 줄줄이 서서 보리밭을 밟았는데……. 문득 새파랗게 자라 올라오는 보리밭이 그리워진다.

날이 풀리면 나물이나 쑥을 캐는 처녀들이 산과 들에 꽃처럼 앉아 있었다. 그보다 조금 이른 날 남도 땅 섬 마을에는 보리를 캐는 처녀들이 있었다. 어릴 적 기억 중에서 가장 잊을 수 없는 것은 아직 남은 겨울바람에 곱은 손을 후후 불어가며 동네 언니들을 따라 보리를 캐러 갔던 일이다. 몇 살이나 되었을까? 아무튼 학교 들어가기 전인 것은 분명한데 "네가 가서는 캘 수도 없을 뿐 아니라 오히려 방해만 된다."라는 언니들의 설득에도 아랑곳하지 않고 기어이 종종 걸음으로 따라 나섰다.

밭에 심은 보리가 한 십여 센티미터 정도 자랐을 때 그 싹을 베어서 굴을 넣고 끓인 된장국은 그 맛이 일품이다. 각종 봄나물들은 살짝 데쳐서 된장에 버무려 무쳐먹거나 나물하고 보리 잎을 섞어 국을 끓이는데 목포에서는 홍어탕에 미나리가 아닌 초록의 보리 잎을 넣기도 한다.

한 서너 달만 지나면 누렇게 익어 타작하면 곡식이 되는 것을 어린 싹을 베어내 버리니 이만저만 손실이 아닐 수 없다. 그래서 밭주인들에게는 가을에 논에 오는 새들을 쫓듯이 봄이 되면 보리 캐는 처녀들을 쫓는 것이 일이다. 주인 눈에 띄지 않으려다 보니 더 크게 한 움큼 가득 떠내어 바위 뒤에 숨어 다듬는데 그 몸놀림이 얼마나 재빠른지 모른다. 그러나 이내 들키고 말았으니 이를 어쩌랴! 순식간에 언니들은 줄행랑쳐 버리고, 어린 나는 울면서 뒤를 따라 도망하느라 신발마저 잃어버리고 말았다.

지금에 와 생각하면, 보리 캐던 처녀들이 붙잡혀 어떻게든 곤혹을 치렀다는 이야기는 한번도 들어본 일이 없으니, 그저 심하게 밭을 훼손하지 말라는 경고 정도가 아니었던가 싶다. 당시에는 모두들 보리된장국을 먹었고 그러기에 그만큼 넉넉하게 보리를 파종했던 것 같다. 그러한 넉넉함과 자연스러움을 이제는 어디에서 다시 찾을 수 있을지…….

유리창에 부딪혀 부서지는 햇살 속에는 어린 날 바구니에 담았던 보리 잎이 들어있다. 보리와도 같은 연두 빛 그리움이 밀려온다. 2003

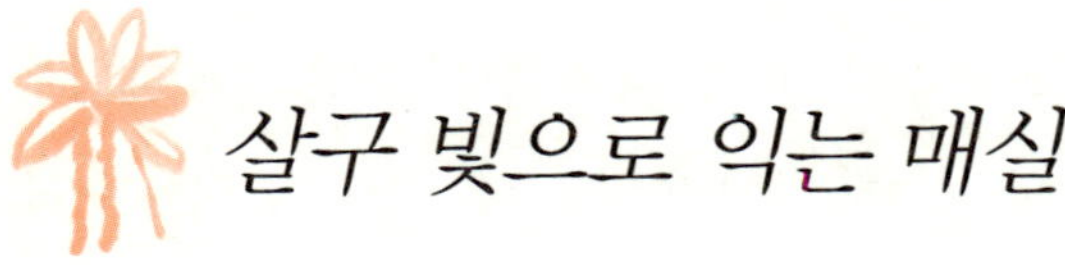

살구 빛으로 익는 매실

매실나무에서 매실이 살구처럼 익어가고 있다. 매실이 저렇게 살구 빛으로 익는 줄은 예전에 미처 알지 못했다. 그 동안 시장에 나오는 청매실만 보아 온 탓으로, 노랗게 익은 황매실이 초록의 잎 사이에 숨어있는 것이 퍽 새롭고 신기하여 매실나무 그늘에서 떠나지 못하고 맴돌고 있다.

중국 매실은 '행매杏梅'라 하고, 백제의 왕인 박사가 천자문과 함께 전한 것으로 알려진 일본의 매실은 '산매酸梅'라고 한다. 우리나라에서 가장 널리 알려진 청매는 껍질이 파랗고 과육이 단단한 상태로 신맛이 가장 강할 때이다. 노랗게 익은 것은 황매라 부르는데 향기가 매우 좋은 반면 과육이 물러 흠이 나기 쉽다. 청매를 증기에 쪄서 말린 것을 금매라 하여 금매로 술을 담그면 빛깔도 좋고 맛도 뛰어나다고 한다. 그 외에 빛깔이 까마귀처럼 검다고 해서 붙여진 오매가 있는데 오매는 청매를 따서 껍질을 벗기고 나무나 풀 말린 것을 태운 연기에 그을려 만든 것으로 각종 해독작용이 있을 뿐 아니라 갈증방지 등에 탁월한 효과가 있다. 한편 백매는 옅은 소금물에 청매를 하루 밤 절인 다음 햇볕에 말린 것이다. 효능은 오매와 비슷하지만 오매보다 만들기 쉽고 먹기에도 좋다. 특히 구연산의 함량이 다른 과실에 비해 월등히 높은 매실은 매실청, 매실 식초, 매실잼, 매실 장아찌, 매실주 등 다양하게 가공되어 사랑 받고 있는데 일본에는 매실을 원료로 한 식품만도 50여 종이나 있다고 한다.

매실나무는 아직 겨울의 잔상이 남아 있을 때 누구보다도 먼저 향기로운 꽃을 피워 세상에 봄이 오고 있음을, 희망이 움트고 있음을 전하는가 하면 꽃이 진 후에도 열매를 맺어 건강과 즐거움을 주고 있으니 이만큼 사람에게 유별나게 이로움을 주는 것이 또 있는가싶다.

매실나무 위에 올라가 긴 장대로 가지를 두드린다. 노랗게 익은 매실이 툭툭 떨어진다. 생전 처음 황매실청도 담가보고 황매실주도 담글 생각이다. 황매실은 청매실과 다르게 어떠한 맛을 품고 있을지 궁금하다.

2003

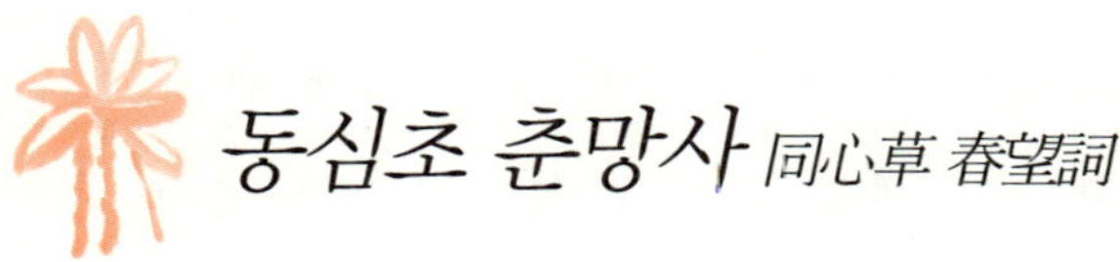

동심초 춘망사 同心草 春望詞

며칠 전에 제주도에 다녀왔다. 한잔의 차를 다 마시기도 전에 비행기가 공항에 도착한다는 기장의 안내방송이 들린다. 제주의 하늘은 맑고 푸르러 육지의 4월 초쯤 되어 보인다. 비취빛으로 반짝이는 바다와 동네 산처럼 편안하게 다가오는 한라산, 그리고 다정한 하루방과 활짝 핀 유채 꽃! 볼에 와 부딪히는 바람마저 노란빛으로 정겹다.

한림공원에 들르니 여러 화분에서 피어 난 매화의 향기와 산수유, 그리고 분홍빛 얇은 꽃잎의 브겐빌레아 글라블라가 넝쿨져 온통 봄밭이다. 지난해 금산사 가는 길에서 보았던 홍매가 가느다란 가지 휘휘 늘어뜨린 채 붉게 피어 화분 위에 살짝 올라앉아 있는가 하면 지리산 산동 마을의 산수유가 가지 끝에서 앙증스럽게 밝고 환한 노란빛으로 피어 있다.

산굼부리를 내려오는데 그제야 겨울바람이 달려온다. 차가운 바람이 반가운 것을 보니 마음은 여전히 전주全州에 있기 때문 아니냐면서 누군가 〈동심초〉를 부르기 시작한다.

〈동심초〉의 노랫말은 본래 중국 당나라 때 문인 설도薛濤의 시 〈춘망사(春望詞)〉를, 김소월 시인의 스승인 김억이 번역한 것이다. 설도의 원문은 "풍화일장로 가기유묘묘 불결동심인 공결동심초(風花日將老 佳期猶渺渺 不結同心人 空結同心草)"이다. 여기에서 결동심초結同心草는 풀잎을 동심결의 형태로 묶는 것이다. 사랑하는 사람의 마음을 영원히 하나로 묶는다는 것인데 중국 송나라 때부터 있었던 신혼의식에서의 매듭을 짓는 관례다. "꽃잎은 하염없이 바람에 지고/ 만날 날은 아득타 기약이 없네 /무어라 맘과 맘은 맺지 못하고/ 한갖되이 풀잎만 맺으랴는고/ 한갖되이 풀잎만 맺으랴는고."

풀잎으로 엮는 마음의 매듭에서는 분명 싱그러운 풀냄새가 날 것이다. 사람과 사람과의 언약이라면 어느 순간에라도 아름다운 풀잎매듭인 결동심초처럼 그렇게 묶일 수 있어야 하는 것이 아닐까?

아직 한라산 정상에는 잔설이 남아 있지만 예쁘게 피어 난 한라공원의 꽃처럼 올 봄에는 온 누리가 환하게 아름다움과 향기로만 가득했으면 좋겠다. 2004

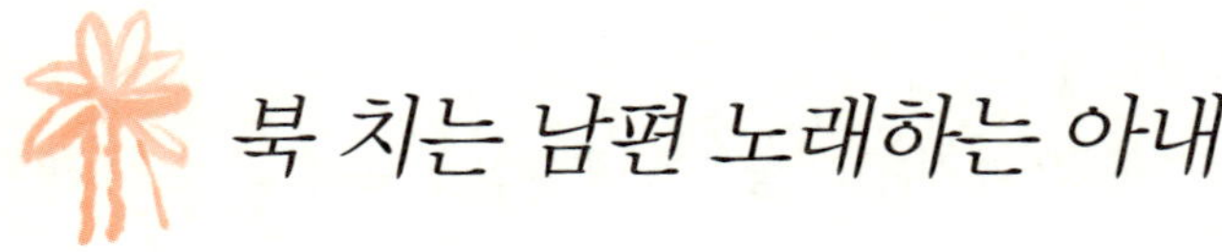

북 치는 남편 노래하는 아내

남편과 함께 한 자리에서 나는 곧장 불려나간다. 점차 흥이 오를 무렵 “자! 우리 안사람 새타령을 한번 들어 봅시다.”라는 주문에 꼼짝없이 불려 나가는 것이다. 능숙한 장구의 굿거리장단에 맞추어 부르는 우리 부부의 노래는 시작할 때와는 다르게 부를수록 흥이 나고 재미가 있어 절로 어깨가 들썩여진다. 어릴 적부터 장구를 가지고 놀았다는 그이의 열채 다루는 솜씨는 가히 신들의 놀이판에 잠시 머물러 있는 것만 같다.

이렇게 불려 나갔던 일 중에 가장 잊을 수 없는 기억은 시아버님 앞에서 노래를 불렀던 일이다. 생각하면 가슴이 저며 오는 일이기도 하다. 아버님께서는 1993년 삼월에 돌아가셨으니까 그때가 아마 가시기 직전의 명절이었던 것 같다. 모처럼 온 가족이 다 모여 이런저런 이야기를 나누던 중이었는데 그이가 북과 장구를 내 오더니 당시 초등학생이던 지원이와 대원이에게 “어디 너희들 소리 한번 해 보아라.”하지 않는가? 그이는 가끔 아들 형제를 앞에 앉히고는 ‘흥보가’ 한 소절을 따라 부르게 하곤 했는데 아직 어린 자식들이 우리 가락에 무슨 특별한 흥미가 있는 것도 아니고, 그렇다고 크게 소질이 있었던 것도 아니던 터다. 큰 아이가 "제비 몰러 나간다."라고 소리치면서 우르르 제 방으로 뛰어 들어가 버리면 작은 아이도 따라 냅다 도망치곤 하는 것이 당시의 우리 집 풍경이었다. 그런 아이들에게 갑자기 소리를 하라하니 제대로 되었을 리가 없다. 그러자 그이의 북채가 이내 나에게로 향하였다. "어디 자네 한번 해보게나."하는 것이었다.

무척이나 깔끔하고 매사 분명하던 시아버님이 뇌 한쪽에 물이 고이기 시작하면서 점차 신체적 기능이 퇴화하고 기력마저 잃어 일체의 거동이 불편하시던 때였다. 가족들은 거실 바닥에 내려앉아 있었고, 아버님은 반듯하게 앉는 것조차 불편하여 반절은 엎드린 듯한 자세로 우리의 모습을 지켜보고 계셨다. 이미 언변도 어눌해져서 말씀을 느릿느릿 겨우 몇 마디만 작은 소리로 하실 정도였다. 둘째 며느리인 나를 쳐다보더니 고개를 끄덕끄덕 하시는 것이 아닌가! 아버님의 그 눈길을 따라 나는 자리에서 일어섰고 〈새타령〉과 〈성주풀이〉를 연이어 불렀다. 우리를 보면서 아버님은 소리도 나지 않는 손뼉을 연이어 치면서 좋아하셨다. 그 이후로는 시아버님과 함께 할 수 있는 명절이 내게는 다시 오지 않았다.

오늘 우리는 특별한 일이 없지만 그냥 행복하다. 겨울을 벗어나려는 햇살이 어찌나 환하던지 베란다 화초 잎들마저 유난히 눈에 부시다. 내게 세상을 바르게 볼 수 있는 눈을 열어 준 남편과 그리고 어떻게 살아야 하는지에 대하여 답을 주는 두 아들의 어깨를 토닥이면서 모처럼 길고 긴 겨울날의 기지개를 켠다. 2003

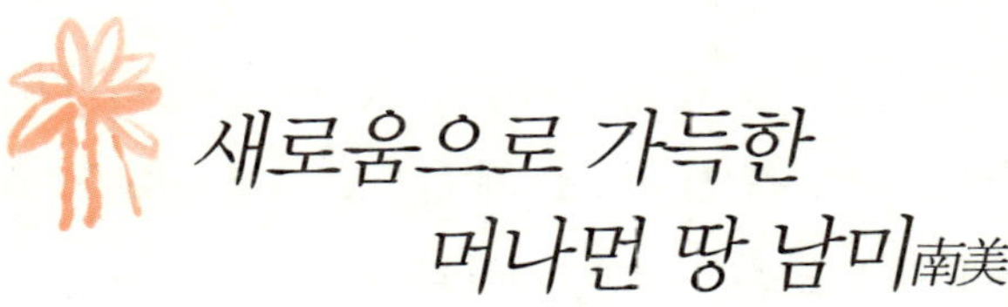

새로움으로 가득한 머나먼 땅 남미南美

사람들은 모두 잠들어 있었다. 한국문인협회 여름 심포지엄을 위해 2001년 팔월 한국을 떠난 우리 일행은 모두 25명이다. 김포공항에서 잠깐 수인사를 나누기는 하였으나 아직은 서먹서먹한데다 기내 좌석도 몇 군데로 나뉘어 앉았으니 얼굴도 익히지 못한 채 벌써 몇 시간을 날아온 셈이다. 그새 잠이 들었던 모양이다. 까칠해진 얼굴에 미네랄워터를 뿌리니 조금 나아 보인다. 어느 외국인 남자가 여성 전용이라 쓰인 문을 밀고 들어간다. 예전에 대만에서 출발하는 외국 비행기를 탄 적이 있었는데 나 역시 남의 나라 비행기를 탔을 때 저처럼 실수할 수 있을 것이라는 생각에 공연히 어깨가 움츠러든다. 여행은 이제부터 시작이다.

비행기는 어느새 태평양 상공의 날짜선을 넘고 있었다. 13,000㎞상공에서 915㎞/h의 속력으로 달리고 있다는 내용이 멀티비전 화면에 뜬다. 나는 56G라고 쓰인 자리에 비좁게 앉아서 잠시 생각했다. 시간을 바꿀 것인지 아니면 그냥 둘 것인지……. K061편으로 인천공항을 출발한 것이 8월 10일 오후 7시 15분이었다. 지금 시각은 새벽 3시 15분전이다. 비행기 창으로 새어든 빛이 눈에 부시다. 5시가 되니 승무원들이 아침 식사를 준비하느라 분주하다. 주유를 위해 잠시 들르는 미국 현지 시간으로는 점심인 셈이다.

커피의 나라 브라질

우리 일행이 브라질의 상파울루 국제공항에 도착한 것은 8월 11일 오전 8시 14분이었다. 꼬박 25시간을 날아 온 셈이다. 그 동안 기내에서 네 번의 식사를 했다. 승무원들은 아침과 저녁이라고 말했다. 경기도 용인이 고향이라는 교민이 운영하는 식당에서 점심을 먹는데 불고기와 된장국 그리고 김치 맛이 그만이다. 된장도 현지에서 담근다고 한다. 잎이 넓은 꽃상추처럼 풍성한 식탁이 겨우 하루 만에 그립던 고향에의 향수를 달래준다. 풍부한 농산물 덕분에 한때는 한달 생활비가 5만 원 정도밖에 들지 않았다는 현지인의 말이 실감난다.

우리에게는 구한말 이민의 아픔으로 알려진 브라질이다. 처음 조선 사람들이 이민을 와서 이곳 사람들이 식사 후에 까만 물을 마시는 것을 보고는 우리나라 숭늉과 같은 것 인줄 알고 대접에 담아 꿀꺽꿀꺽 마셨다고 한다. 그런데 잠시 후 세상이 빙글빙글 돌면서 머리가 아프고 눈앞이 혼미하면서 가슴까지 두근거려 야단이 났다는 이민 초기의 이야기가 생각난다. 커피를 좋아하는 나도 조금 많이 마신 날은 두통이 오고 약간 몽롱하여 둥둥 떠다니는 느낌을 받기도 하는데 하물며 당시 조선 사람들은 어떠했을지 가히 짐작이 된다. 브라질에 있는 5만여 우리 교민들은 98%

가 여성 의류업에 종사하고 있다. 1500년 4월 22일에 발견된 남미 절반의 땅 브라질 여성의류 브랜드 모두를 우리 교민들이 가지고 있다고 한다. 남미에 대해 새롭게 알게 되는 사실들로 나의 놀라움이 시작되었다.

브라질에서는 여성이 임신한 사실을 매우 자랑스럽게 여긴다. 상파울루까지 오는 도중에 잠깐 내린 LA공항에서 우리는 배를 드러내놓은 젊은 여성과 만나게 되었다. 까만 피부를 한 그녀가 남미의 여성이라는 것은 누구든지 금방 알 수 있었는데 바지 위에 짧은 셔츠를 입어 임신 오개월은 더 되어 보이는 배를 그대로 공기 중에 노출시키고 있었다. 낡은 청바지 사이로 무릎이 드러나거나 배꼽이 드러난 티를 입은 젊은 여성은 우리나라 도시의 거리에서도 쉽게 만날 수 있으나 임신한 여성이 볼록한 배를 그대로 드러낸 모습은 처음 보았다. 브라질 여성들은 임신하면 배가 드러나게 옷을 입고서 자주 배를 어루만진다고 한다. 브라질 식 태교인 셈이다. 상파울루 박물관에는 웃통을 벗은 남자들이 많이 있었는데 날씨 탓인지는 모르겠지만 이곳 사람들은 본래 웃옷 벗는 것을 좋아하는 모양이다.

브라질 전통요리는 육류의 여러 부위를 꼬챙이에 꿰어 구어서 익힌 슈바스코다. 저녁식사를 위해 들른 식당에서는 마침 결혼식을 마친 브라질 한인 교회 교민들이 피로연을 열고 있었다. 브라질에서는 하루 일과를 마치고 밤에 결혼식을 한다. 곱게 한복을 입은 신부를 비롯하여 우리나라 말을 하는 사람들과 한 공간에 있으니 잠시나마 외국에 와 있다는 생각을 잊을 수 있었다. 서빙하는 종업원에게 '예스' 라고 할 때마다 한 조각씩 떼어주고 가는 각종 훈제고기는 약간 짭짤하긴 하였으나 맛이 좋았다. 다양한 야채샐러드를 곁들인 슈바스코는 지금도 생각나는 매우 훌륭한 요리였다. 결국 남미의 첫 기착지 브라질의 상파울루에서 우리는 풍성하고 맛있는 음식기행을 한 셈이다.

중세유럽식 건물과 현대식 빌딩이 함께 한 주말의 상파울루는 한산했다. 더구나 어려운 경제 여건으로 절전과 절약을 하는 까닭에 거리는 어두웠고 오래 손보지 않아 시멘트 빛 그대로의 벽면은 온통 낙서투성이다. 알아볼 수 없는 상형문자와도 같은 낙서들이 빌딩 벽에 가득하다. 경찰의 경범죄 단속에도 별 수 없단다. 누가 어떻게 저 높은 곳까지 올라가서 낙서를 했는지 오히려 감탄스러웠다. 차라리 건물에 채색을 하여 낙서를 현대적인 감각의 예술작품으로 드러내는 것이 더 좋을 것이라는 생각을 했다. 도무지 거리의 풍경으로는 이곳이 세계 3대도시의 하나라는 사실을 실감할 수 없었는데 잠깐 들른 상파울루에서 가장 큰 백화점만은 화려함과 생동감이 남아 있었다. 너무도 대조적인 풍경에 쓸쓸함을 달래고자 한국으로 전화를 했더니 이른 새벽이다. 12시간의 시차를 아직도 인지하지 못한 것이다.

브라질은 커피의 나라다. 우리와 달리 농업 이민에 성공한 일본인들은 농산물이 풍성한 브라질에서 과일과 야채의 50%를, 브라질 커피의 70%를 소유하고 있다. 브라질에서 가장 맛이 좋은 커피는 이과수커피인데 이과수의 커피가 브라질커피의 60%를 차지하고 있으며 그 주인이 일본인들이다.

우리 일행은 이과수로 이동했다. 이과수는 '이' 가 강이라는 말이고 '과수' 가 크다는 뜻으로 '큰 강' 이라는 인디언 말이다. 1522년에 포루투칼의 식민지로부터 독립한 브라질에는 현재 전 국토의 12% 넓이의 땅에 35만여 명의 인디언들이 남아 있는데 이곳을 들어가려면 따로 비자가 필요 할 만큼 독립되어 있다. 가이드에 의하면 이곳 인디언들의 언어 속에는 우리나라와 같은 말들이 많이 있단다. 예를 들어 '이쁘다'는 우리말처럼, 인디언들은 '이뻐라' 라고 한다는 것이다. 남미 원주민들 역시 엉덩이에 몽골반점이 있는 몽골계로 한국인과 같은 혈통임을 다시 한번 확인하는 순간이었다.

이과수에 도착한 우리는 콘티넨탈 호텔에 여장을 푼 뒤 커다란 앵무새들이 사는 집으로 갔다. 산 속에 높게 그물망을 친 후에 몇 개의 구역으로 나누어 종류별로 새들을 키우고 있었는데, 자연을 그대로 이용한 방법이 퍽 돋보이는 곳이었다. 나비들의 집도 있었다. 가느다란 망 안에서 살고 있는 나비를 보면서, 매년 오월이면 나비 축제가 열리는 전라남도 함평을 생각했다. 우리도 이처럼 자연에서 새와 곤충들이 산림과 더불어 서식하도록 자리를 마련해 주고 아울러 관광자원으로 활용할 수 있는 그러한 방법을 개발해야 할 것이다.

우리나라에서도 쉽게 볼 수 있는 식물들이 남미에서는 키가 크고 잎이 넓은 거인의 모습으로 자라고 있었다. 모든 것이 기후 때문이라고 생각하면서도 혹시 내가 『걸리버 여행기』 속에 들어 와 있는 것은 아닌지 모르겠다는 착각이 들었다. 앵무새도 어찌나 큰지 오색찬란한 화려함이 없었다면 독수리인줄 알았을 것이다. 사실 그처럼 큰 앵무새는 처음 보았다. 길 바로 옆 나무 가지 위에 천연스레 앉아 관광객들과 눈을 마주치는 그들은, 이미 새가 아니라 그저 인간과 더불어 지구상에 살고 있는 한 종족처럼 느껴졌으며 그 앞에 서 있노라니, 나 역시 생물의 한 종류일 뿐이라는 생각이 들었다.

다음날 오전에 우리 일행은 세계에서 가장 큰 수력발전소가 있는 '이

따이뿌(Itaipu)댐'을 찾았다. 댐으로 가는 길에 브라질 국경수비대의 모습을 버스의 창 밖으로 볼 수 있었는데 전쟁이 없는 편안한 나라의 군인 모습이 바로 저러하구나 싶어 분단된 조국의 현실이 더욱 가슴을 아프게 했다.

196m 높이에 가로의 길이가 8㎞인 이따이뿌댐은 빠라나강 상류 14㎞ 지점에 위치하고 있는데 인공호수의 길이가 200㎞에 이르는 세계 최대의 단일 수력발전소이다. 1975년에 시작하여 돌과 시멘트를 얼음과 혼합한, 16년에 걸친 공사였다고 한다. 댐 위로 버스를 타고 돌아볼 수 있도록 되어 있는데 한 중앙이 브라질과 파라과이 두 나라의 국경이다. '이따이뿌'는 노래하는 돌이라는 뜻이며 70만kW 용량 18개의 터빈에서 1,260만kW의 전기를 생산하고 있다. 이곳의 10년간 발전량이면 지구는 한 달 동안의 전력을 공급받게 된다고 한다. 브라질은 이 댐 공사로 인해 막대한 외채 부담을 안게 되었으며 현재 5%를 지원하고 있는 전력을 2035년 이후에는 파라과이에 50% 인계하도록 계약되어 있는데, 이 댐이 무너지면 아르헨티나가 물에 잠겨 없어지게 된다는 정치 · 경제적인 여러 사실들보다 나의 흥미를 끈 것은 이곳의 홍보 영화였다. 합창으로 시작하는 음악과 아름다운 풍경, 새들의 이야기를 중심으로 그저 자연을 전하고자 구성된 댐의 홍보영상은 다분히 환경친화적인 내용으로 그들이 얼마만큼이나 자연을 무너뜨려 만든 이 거대한 댐을 건설하면서 환경을 위해 노력하였는지를 보여주었다.

내 전생의 고향 이과수

이번 여행에서 가장 큰 감동은 이과수폭포였다. 세계 최대의 수량으로는 나이아가라를, 최대의 깊이로는 빅토리아 폭포를, 그리고 최대의 길이로는 이과수폭포(Las Cataratas del Yguaz)를 말하는데 지층의 침강으로 이루어진 2.7㎞의 너비 안에 약 300여 개의 폭포가 있으며 폭포의 평균 낙차가 72m나 된다. 그야말로 장관이다. 첫날에는 브라질 쪽에서 폭포를 보고 다음날에는 아르헨티나 국경을 넘어서 가장 큰 호를 이루며 무너지는 악마의 목구멍(Garganta Del Diablo)이라 부르는 폭포에 가 보았다. 엄청난 폭포와의 만남도 그랬지만 이 나라 사람들이 위험에도 불구하고 가장 가까이에서 폭포를 구경할 수 있도록 관광객에게 최대한의 시설 배려를 한 것들 모두가 돋보였다.

폭포를 향해 걸어 오르는데 물안개 위로 선명한 무지개가 자꾸만 도망을 한다. 부지런히 걸어 다가갔더니만 무지개는 내 발 밑을 건드리고 폭포 안으로 빠져버린다. 폭포 앞까지 놓은 다리 위를 걷는데 3R$을 주고 사 입은 노란 비옷위로 물보라가 쏟아진다. 잠시 오른 길을 내려다보니 회오리치는 폭포수에 현기증이 난다. 매점이 있는 집 이층에 올라 창가에 서니 바로 내 앞으로 넘어 오는 폭포의 거대한 물살이 있다.

우리 일행은 정글을 뚫어서 만든 8인승 엘리베이터를 탔다. 엘리베이터에서 내리자 눈앞으로 전개되는 풍경은 잔잔하게 흐르는 넓은 강이다. 저들이 바로 잠시 후면 엄청난 폭포를 이룰 물이다. 마치 한 치 앞을 모르는 우리네 인생처럼 녹색의 물은 그들의 운명을 알지 못한 채 너무도 조용히 흐르고 있었다. 강산은 본디 그림 같은 것이요 그 안의 아름다움은 고요함에서 얻을 수 있는 것이니 사람의 재주가 조물주의 솜씨를 빼앗음이다. 깎고 자르니 청靑이 람藍에서 나왔으되 람藍보다 나음이로다. [1)]

모터보트를 타고 폭포 아래까지 가 보았다. 배 안에서 바라보니 무지

개가 더욱 크고 선명하다. 무지개에 기대 선 사람들, 이과수 무지개를 잡는 사람들, 보트는 재주를 부리며 우리를 폭포 속으로 데려간다. 쏟아지는 물벼락에 눈을 뜰 수가 없다. 그러나 눈을 감고만 있다면 언제 다시 이 장관을 볼 수 있을 것인가? 애써 눈을 떠보지만 맹렬하게 내리는 물안개로, 그리고 엄청난 감동으로 눈은 이내 감겨지고 만다. 우리들은 속옷에까지 몽땅 이과수폭포의 물을 적셔 가지고서 돌아왔다.

아르헨티나는 스페인어를 쓰는 까닭에 '이과주(Yguaz)' 라고 발음한다. 아직 마무리가 채 안된 이과주 공원에서 우리는 관광열차를 타고 폭포를 향해 다시 갔다. 지프로 경사 급한 강변까지 이동한 후 배로 갈아타고서 '악마의 목구멍' 까지 간 것이다. 함몰하여 이룬 용소! 디아블로(Diablo)라는 단어를 듣는 순간 게임을 즐기는 둘째 아이의 얼굴이 크게 떠오른다. 이 곳이었구나! 우리 아이들을 그토록 열광하게 하는 컴퓨터 게임처럼 우리들의 영혼을 마구 흔들어 대는 곳이……. 무너지듯 쏟아지는 거대한 녹색의 물살들 그리고 솟구치는 물안개는 커다란 분자들이 자유롭게 운동하는 모습 바로 그것이었다. 무너지는 폭포와 함께 떨어지듯 나는 새들이 있었다. 연신 아래로 낙하하는 검은 무리는 이곳에서만 사는 제비란다. 내기억에 있어 제비는 남원 땅 흥부와 놀부처럼, 봄날에 피어오르는 아지랑이처럼 느린 날개 짓으로 지면 위를 낮게 날거나 한가롭게 전신주에 앉은 모습이었다. 그런데 이과주의 제비들은 빠른 속력으로 날개를 접고 폭포 속으로 자꾸만 떨어지고 있다. 더욱 놀라

---

1) 황빈홍의 시 〈제산수(題山水)〉, 강산본여화 내미정중삼 인교탈천공 전절청출람(江山本如畵 內美靜中參 人巧奪天工 剪截靑出藍)

운 것은 그네들이 다시 비상한다는 사실이다. 떨어지는 물의 힘을 거슬러 오르려면 저항 또한 만만치 않을 터인데 그 힘을 이기고 악마의 목구멍을 거슬러 오르는 것이다. 악마는 결국 인간과 더불어 이 땅에 함께 살고 있다는 사실을 이과주의 제비들이 세상에 알리는 것만 같았다.

라 쁠라따 강에서 탱고를

아르헨티나의 이과주 공항에서 비행기로 제 11회 해외 한국문학 심포지엄과 제 10회 해외 한국문학상 시상식이 계획되어 있는 부에노스아이레스로 이동했다. 공항에 도착하니 교민들과 한아문협 회원들이 현수막과 꽃다발을 준비하고서 우리 일행을 기다리고 있었다. 이 먼 곳에 와서 이국 언어들 속에 갇혀 있다가 드디어 우리말로 인사를 나누면서 손을 마주잡는 순간 가슴 저편으로부터 뜨겁게 조국에 대한 진한 그리움과 애정이 샘솟는다. 공항에서 호텔까지 오는데 왼쪽으로 라 쁠라따(La Plata)강이 계속 따라오고, 오른쪽으로는 넓고 아름다운 공원이 이어진다. 아름답다! 유럽스타일의 고풍스러운 건축양식과 베란다에 걸린 꽃바구니들이 비록 지금은 IMF를 맞고 있지만 여유로움을 잃지 않은 모습을 보여주고 있었다. 줄곧 대통령 궁의 베란다에 서서 국민들을 향해 노래하던 에비타의 모습이 아른거렸다.

한아문협에서 주최한 만찬 자리에서 떠나기 전 인터넷 사이트에서 사진으로 만났던 사람들과 인사를 나누었다. 만찬에는 탱고를 추는 무용수들이 초청되었다. 그곳에서는 '땅고' 라고 발음되는 아르헨티나 탱고는 '남쪽의 파리' 라고 부를 만큼 경제적인 부와 번영을 누리던 19세기 말엽에 부에노스아이레스의 항구 도시인 몬테비디오나 우루과이 등지에서 최초로 발생하였다. 훗날에는 상류층 사회의 매력적이고 우아함의 전형이 되었지만, 처음에는 유럽이나 아프리카에서 건너온 이주자들이 그들의 소외감과 고독, 이질감 등을 달래기 위해 추었던 춤이었다고 한다. 감각적인 리듬과 사랑을 부르는 음악이 만들어 내는 감정을 강조하면서 역동적인 착지자세의 긴장감이 이어지는 관능적인 춤이다. 1946년에 페론 정권이 들어서면서 그와 에비타가 정열적인 탱고를 선보임으로써 탱고의 인기는 절정을 이루었고 1952년 에비타의 죽음으로 막을 내렸다. 그 후 즉흥적이고 일상으로부터의 도피와 자연스러움을 전제한 것과 달리 안무를 갖춘 탱고가 선보임으로써 전 세계인의 이목을 끌었는데 오늘날 공연 예술과 일반 대중문화로 다양하게 변천해 오면서 지금 아르헨티나에서는 남녀노소 및 장소를 불문하고 삶의 애환을 기쁨과 슬픔이 녹아있는 탱고 춤으로 표현하고 있는 것이다. 젊은이들은 훨씬 적극적인 몸짓으로 사랑을 애걸하면서 'apilado 양식' 의 춤을 추고 어른들은 좀더 부드럽고 덜 선정적인 'Tango de Salon' 을 춘다.

하늘에는 그믐달이 떠 있었다. 우리가 얼마나 멀리 와 있는지를 실감할 수 있었다. 한국의 하늘에는 지금쯤 초승달이 떠 있을 것이다. 달은 항상 둥근 공처럼 하늘에 떠 있으면서 지구 주위를 한 달에 한번씩 공전하고 있다. 지구와 달과 태양과의 위치에 따라 초승달에서 그믐달까지 그 모양이 바뀌게 되는데, 이른 저녁 서쪽하늘에 보였다가 이내 사라지는 것이 초승달이고, 이른 새벽 동쪽하늘에 뜨는 것이 그믐달이다. 적도를 중심으로 한국이 있는 북반구에서 초승달을 볼 때, 아르헨티나가 있는 남반구에서는 그믐달을 보게 되는 것이다.

언젠가 나는 '달과 지구' 라는 시를 쓴 적이 있는데 당연히 북반구에 위치한 한국의 하늘을 기준으로 쓴 작품이다. 그런데 정반대의 위치에 있는 부에노스아이레스에 와 보니, 내가 쓴 시에서 달과 지구의 운동 방향이 정반대가 되고 말아 나의 본의 아닌 잘못을 고백할 수밖에 없게 되었다. 당시에 이런 날이 올 줄을 어찌 알았겠는가!

빙글빙글 매일같이 돌면서/온갖 모습 모두 내 보이는 지구//해바라기처럼 지구만을 바라보며/결코 뒷모습을 보이지 않는 달//당신은 내게/영원히 뒷모습을 보이지 않는 달이요/나는 당신에게/온갖 모습 모두 내 보이는 지구인 듯싶소 －〈달과 지구〉 중에서－

부에노스아이레스에는 이른 산타로사(봄이 오기 전에 오는 비)가 내리고 있었다. 모든 도로는 100m 간격으로 구획되어 대부분 일방통행으로 되어 있는 도시가 겨울의 끝자락을 벗어나고 있었다. 1차선의 좁은 길부터 5차선의 넓은 길이 규칙적으로 이어진, 계획된 도로를 통과하면서 한국의 40배가 넘는 면적에다 차를 타고 30분만 달리면 사람 보기가 어렵다는 남의 나라의 이야기를 듣는다.

은의 나라 아르헨티나. 인구보다 더 많은 소 떼와 생산되지 않는 것이 없을 만큼 자원이 풍부한 나라, 작열하는 정글에서부터 일년 내내 결코 여름이 찾아오지 않는 빙하의 대지까지 남북으로 3,700㎞의 넓은 땅의 중심부인 부에노스아이레스를 천천히 달리고 있다.

창 밖으로 바라다 보이는 풍경은 자꾸만 유럽에 와 있다는 생각을 하게 만든다. 그만큼 유럽을 옮겨 온 느낌인 것이다. 가이드는 가끔씩 "지금은 일하는 시간"이라고 말한다. 대부분의 사람들이 일하러 나가고 없다는 것이다. 연중 뮤지컬을 공연하는 극장과 영화관, 오래된 책방, 음식점과 카페가 빽빽하게 들어 선 거리는 옛 번영을 되찾기 위해 복원공사 중인 듯했다.

1908년에 베르디의 '아이다' 를 최초로 공연하면서 문을 연 꼴론(Teatro Colon)극장은 2,400석의 완벽한 시설을 갖추었다는데 몇 년 전 조수미가 '마적' 의 주인공으로 여기에 와 공연했다고 한다. 이곳의 모든 문화 예술관의 특징은, 극장의 관람료가 300$에서부터 3$까지 다양하다는 것이다. 어린이날 등에는 1$을 가지고도 세계적으로 유명한 공연을 볼 수 있는데 물론 객석의 위치가 고려되기는 하나 국민들이 돈을 많이 들이지 않아도 관심만 있다면 문화예술을 다양하게 즐길 수 있도록 배려하고 있었다. 연중 무료인 국립미술박물관을 비롯하여 누구든지 진료가 가능하며 한두 달씩 장기간 입원도 가능한 무료병원과 배우고 싶은 사람은 누구라도 대학까지 무료로 가르치는 교육제도 등 우리와 다른 훌륭한 사회제도를 갖춘 나라이다.

1816년 독립을 기념한 '7월 9일 대로' 는 사람들이 하루에 다 건너지 못한다고 말할 만큼 폭이 144m나 되는 세계에서 가장 넓은 거리다. 이곳을 지나면, 매주 목요일마다 독재시절에 사라진 사람들을 위해 오월 어머니 회원들이 흰색 스카프를 머리에 두르고 침묵시위를 하는 오월광장을 중심으로 핑크 하우스(Pink House)라고 부르는 대통령궁이 있다. 그것은 양대 정파를 상징하는 붉은색과 흰색을 결합한 색상으로 채색했기 때문이란다. 지난해 말 페르난도 대통령이 취임하면서 나라 살림이 어려워 앞면만 핑크 색으로 새로 칠했는데 옆면과 뒤는 10년 전 그대로 베이지 톤으로 놔두었단다. 궁 좌측에는 경제부 건물이 있고 우측에는 은행과 성당이 자리하고 있었다. 대통령궁보다 훨씬 규모가 커 보이는 경제부의 크기와 맞은편에 위치한 부에노스아이레스 시청의 수장이 40대 젊은이라는 사실 등을 통해서도 이곳 아르헨티나가 다시 부활하기 위해 얼마나 노력하고 있는지를 알 수 있었다.

1858년에 세워져 오늘까지 운영되고 있는 까페 또르또니(Cafe Tortoni)는 문필가와 예술가들이 출입하는 유서 깊은 문화 공간으로 부에노스아이레스를 대표하는 커피숍이다. 매주 일요일이면 문을 열어 1$에서 수 천$까지의 물건이 거래되는 산 뗄모(San Telmo)벼룩시장을 지나 리꼴레따 거리에 들어섰을 때, 우리는 "더 이상 허리띠를 졸라맬 수 없다"는 전단을 뿌리는 데모의 행렬과 만나게 되었다. 최근 정부가 박봉인 공무원의 임금을 13%나 삭감했기 때문이었다. 안개 자욱한 거리와 다소 우울해 보이는 사람들, 그리고 한가한 공원에서 은 세공품을 팔고 있는 피부가 검은 상인, 한 건물만큼 자란 200년 된 고무나무를 바라보면서 우리는 리꼴레타 묘지로 갔다. 많은 나라에서 관광차 찾는 이 곳은 조각을 살린 한 채의 집이 바로 가족묘지다. 이 곳에는 아직도 이 나라 많은 국민들에게 사랑 받고 있는 "아르헨티나여, 나를 위해 울지 말아요(Don' t cry for me Argentina)"의 주인공 에비타가 잠들어 있다.

한국학교에서 개최된 심포지엄은 한민족 통일문학과 한국문학의 미래를 주제로 하여 윤재천 수필가와 김건일, 이시환 시인의 주제 발표가 있었는데 이 자리에는 김승영 주 아르헨티나 한국대사를 비롯하여 많은 현지 교민들이 참석하여 자리를 더욱 빛내 주었다. 현지에서 활동하고 있는 배정웅 시인은 해외한국문학상을 수상하였으며 상파울루에 있는 황운헌 시인에게는 공로상이 전해졌다.

다음날 현지에서 발행하고 있는 중앙일보에는 사진과 함께 한국문인협회 회원들의 방문 기사가 실려 고국의 소식과 함께 교민들에게 전달되었다. 약 2주간의 남미 여행길에서, 비교적 짧은 공식 일정이었지만 그래도 무언가 현지 교민들과 함께 할 수 있었던 시간들이 퍽 의미 있었다.

아르헨티나의 쇠고기는 세계적으로 최상의 육질을 자랑한다. 이곳 사람들은 아침은 우유와 '크로와생' 으로 점심은 샌드위치로 간단히 해결하면서 일을 하고 주말이면 느슨하게 '아사도' 를 구우면서 식사를 즐긴다고 한다. 다음날 우리 일행은 비가 내리는 라 쁠라따(La Plata)강을 따라 65㎞를 달려가 뿐따라라에서 교민들이 준비한 '아사도' 로 점심을 했다. 아사도는 사위어 가는 재의 남은 열기로 구워서 기름기는 빠지고 겉이 타지 않으면서도 속까지 잘 익는 맛이 아주 좋은 쇠고기 요리다. 근사한 야외 바비큐 파티를 기획했는데 비가 오는 데다, 갑자기 떨어진 기온으로 추위까지 느껴져 그 참 맛을 다 보지 못하는 아쉬움은 있었으나 강폭이 250㎞나 되는 라 쁠라따 강이 보여준 장관과 함께 한 잊을 수 없는 풍경이었다. 처음 인디오들이 이 강을 발견했을 때 파도가 이는 것을 보고 바다인줄 알았단다. 그런데 물맛을 보니 짜지 않아서 '단 바다' 라고 명명했다가 이후 이것이 강 인줄 알게 되어 은빛 나는 강이라고 하여 'Rio de La Plata' 라고 부르게 되었다는 것이다.

잉카 최후의 도시 마추피추

페루의 수도 리마의 아침은 티코택시의 물결로 이어진다. 차 통을 끼고 손님을 기다리는 소년과 신사복에 갈색의 우유를 마시는 사람들, 그리고 길가에 게시된 신문을 읽는 사람들을 볼 수 있었다. 2,500여만 명의 인구

중에서 12%내외의 백인들이 정치와 경제를 모두 장악하고 있으며 미국의 강력한 영향권 아래에 있는 다인종 국가다. 얼마전에 마추피추에서 현지인 톨레도 대통령이 취임했는데 지난 10년 동안은 일본계 후지모리가 대통령으로 집권하면서 세계인의 관심을 끌었던 곳이기도 하다.

페루에서는 200$이면 언제든지 깨끗한 아파트에 입주할 수 있다. 페루의 물가를 알 수 있는 단적인 예다. 최근 아들보다도 딸이 많이 태어나고 있으며 남자들도 상당히 여성적이라고 한다. 그 원인에 대해서는 식생활의 영향이라는 말이 있지만 근거 있는 것은 아니며 혼인신고를 하는데 100$이나 되는 돈이 들기 때문에 동거하는 젊은이들이 많다고 한다. 페루에서는 잉카 유적지 순례와 아마존 정글 탐험이라는 커다란 관광이 우리를 기다리고 있었다. 우리 여행의 마지막 코스이면서도 가장 흥미롭고 기대가 큰 주제이기도 하다.

리마 공항에서 오전 10시 45분발 쿠스코행 비행기를 탔다. 남미에 온지 벌써 몇 번째 비행기를 타는지 이제는 헤아리기도 어렵다. 넓은 땅이라 비행기로 이동할 수밖에 없으며 그때마다 짐을 부치는 등 공항에서 보내는 시간이 많다. 공항에서 한국으로 전화를 했더니 고등학교에 다니는 큰 아들이 받는다. 한국과 14시간의 시간차를 또다시 잊고 있었던 것이다. 비행기는 백인들의 별장이 있는 아레끼바를 들렀다가 쿠스코로 향했다. 50만 명 정도의 인구를 가진 쿠스코는 요즈음 관광객이 몰리자 이곳을 떠났던 원주민들이 돌아오고 있단다. 원주민이 연주하는 음악을 들으며 점심식사를 마치고 식당에서 나오는데 보따리를 든 상인들이 우르르 몰려든다. 나이든 여자로부터 10살도 채 안되어 보이는 아이들까지 물건을 들고서 1$에서 15$정도를 부른다. 주로 손으로 만든 악세사리 종류였다. 가는 곳마다 수공예 물품들이 많았는데 어린 알파카의 털로 만든 고급 머플러를 비롯하여 카펫 종류와 모자 그리고 공예품들이다. 쿠스코 사람들 모두가 장사를 하고 있다는 생각이 들만큼 옛 잉카는 지금 상인들 물결이다. 어린 아이들도 잉카 원주민의 의상을 입고 서서 관광객과 함께 사진을 찍는 대가로 돈을 받기도 하고 직접 물건을 팔기도 했다. 과연 배움을 위해 학교를 다니고 있는지 의심스러울 정도로 아이들이 모두 관광 상품에 동원되어 있었다.

스페인 정부는 남미를 정복한 후 카톨릭에 의해 종교적으로도 원주민들을 지배하고자 했다. 쿠스코에 있는 꼬리칸차 신전은 본래 잉카인의 것으로 스페인이 정복한 후에 신전을 기초로 그 위에 성당을 지었다고 한다. 그런데 지진이 나서 성당 건물은 무너져버렸고 다시 옛 잉카의 신전이 모습을 드러낸 것이다. 20m 이상 되는 높이의 돌기둥은 접착제 하나 없이도 정확하게 들어맞아 한 치의 틈이 없다. 그러나 이들 내부를 들여다보면 오목과 볼록이 서로 어우러져 있으며 여유로운 공간이 그 안에 존재함으로써 진도 4~5의 상당한 진동에도 견뎌낼 수 있었던 것이다. 잉카인들은 퓨마나 콘돌 그리고 뱀을 숭배하였는데 꼬리칸차는 퓨마의 생식기에 해당한다고 한다. 아무런 생각 없이 보면 하나 보잘것 없는 돌로 만든 건물에 불과해 보이지만 그곳이 과거 잉카인의 삶과 죽음을 논하던 곳이라 생각하니 돌벽 사이로 난 작은 사각의 공간 하나까지도 그렇게 경외로울 수가 없었다.

80년 동안 매일 2~3만 명을 동원하여 만들었다는 요새 삭사이와망은 멀리 잉카인이 집을 짓고 가구를 만드는데 쓰였다는 우카리토스 나무를 옆에 두고 황량한 언덕 위에 우뚝 서 있는 돌로 된 성벽이다. 흙 위에 진

흙을 뿌리고 그 위에 물을 뿌려 미끄러짐을 이용하여 커다란 돌을 움직였을 것이라고들 추측하고 있다. 문득 전남 화순군 운주사에 누워 있는 와불臥佛이 생각났다. 돌 벽에 몸을 의지하고 기대었다. 이곳만 해도 어느새 고산증후군이 느껴져 와 고개를 들면 하늘이 핑 하고 도는 것만 같아서 그대로 서 있을 수가 없다. 큰 돌에 몸을 기대고 앉으니 지금 내가 있는 시대와 위치를 가늠할 수가 없다. 서서히 잉카의 혼이 내게로 들어오는 것만 같았다.

내려오면서 내 할머니를 꼭 닮은 잉카인의 후손에게 안데스 산맥의 까만 돌로 만든 라마와 알파카 인형을 샀다. 부적을 품에 안은 셈이다. 우리는 모두 쿠스코의 쌀쌀한 바람을 견디기 위해 스웨터를 샀다. 울긋불긋 화려한 무늬가 바로 이곳 잉카인의 무늬다. 우리들은 서로 비슷비슷한 털옷을 입고 서서히 잉카인을 닮아 가고 있었다.

언제던가 합천 해인사에서 미사포를 쓰고 넓은 성당 안에 앉아 있는 것처럼 수없이 많은 잔별들이 하늘에 떠 있는 모습을 본적이 있다. 그런데 오늘은 아마존강의 원류인 우르밤바강이 흐르는 우르밤바의 하늘에서 나는 생전에 가장 큰 별을 보았다. 저녁식사를 마치고 나오는데 오른쪽으로 경주의 고분과도 같은 산 하나가 마치 하늘의 그림자처럼 우두커니 서 있었고 그 위로 달과 함께 밤송이 같은 별들이 쏟아질 듯 떠 있었다. 그처럼 크고 선명한 별들의 향연을 제대로 감상하지도 못한 채 몰려오는 추위와 어지러움으로 이국땅에서의 어둠을 견뎌야만 했다. 고통의 밤을 지낸 다음날 한국 사람을 위해 특별히 만들었다는 흰 쌀죽으로 아침을 달래고는 마추피추행 기차에 몸을 실었다.

마추피추까지 가는 동안 기차는 간간히 간이역에서 쉬었다. 그럴 때마다 커다란 배낭을 멘 젊은이들이 한 무리씩 내린다. 지금 한국에서 유럽을 배낭여행 하는 것처럼 유럽의 젊은이들은 이곳 쿠스코에서 잉카인의 발자취를 따라 사나흘씩 걸어서 잉카 최후의 도시 마추피추를 찾고 있었다. 1911년 하이럼 빙험이 이곳을 발견했던 그 길을 따라 공중의 도시까지 걷는 것이다. 우리는 기차역에서 내려 다시 정상까지 가는 버스에 옮겨 탔는데, 기차가 지나는 선로 변에 좌우로 길게 상가가 형성되어 있었고 그 길은 선로와 거의 맞닿아 있어 마치 철길에 장이 선 듯한 모습이었다.

언덕에서 내려다 본 공중의 도시 마추피추는 그 위로 하늘이 있을 뿐 더불어 겨룰 산이 없는[2] 악어의 모습을 한, 계획된 도시의 형태였다. 365개 돌로 만든 계단식 경작지에 곡식을 심어 거두었으며 커다란 구멍을 낸 돌로 만든 상수도와 하수도까지 갖추고 있다. 왼쪽으로 은퇴한 왕들의 거주지를 지나면 신전이 있는데 몇 계단 올라가면 그곳에 지구에서 태양의 기를 가장 먼저 받는다는 돌로 된 단에 해시계가 있었다. 흔적으로만 남아있는 오른쪽 건물에서는 태양의 처녀들이 살았다고 한다.

잉카제국은 아름다운 소녀들을 선발하여 가족으로부터 분리시킨 후 옷을 만들거나 요리하는 법 등을 교육시켜서 왕의 후궁이나 공이 있는 귀족에게 선물로 보내고 일부는 태양의 신전에서 평생을 봉사하도록 했는데 그 수가 이삼백 명 정도였을 것으로 추정하고 있다. 이것은 훗날 이곳에서 발굴된 유골의 대부분이 여자였던 사실에 기인한다. 잉카의 수도 쿠스코가 함락되고 울란따이땀보까지 적의 수중에 들어갔다는 급보

---

2) 중국 송나라 구준의 시 〈화산(華山)〉의 앞부분으로, '지유천재상 갱무여산재(只有天在上 更無與山齋)' 이다.

를 받은 사람들이 여자들을 급히 땅에 묻고 스페인군의 추격을 피해 비르카밤바를 향해 떠났다는 것이다. 마츄피추의 비극에 대한 화제는 버스를 타고 돌아오면서 내내 이어졌다.

약 20여분 동안 산길을 내려오게 되는데 잉카의 복장을 한 소위 굿바이 소년인 챠스키(Chaski)가 따라온다. 챠스키는 쿠스코에서 리마까지 그 험준한 곳을 4일만에 달렸다는 과거 잉카의 통신을 담당했던 파발꾼을 말한다. 버스와 함께 출발한 소년은 오른손을 들어 코앞에 댄 후 직각으로 펴서 우리를 향해 '안녕하세요.' 라고 인사를 한다. 그리고는 굽이굽이 산길을 버스를 질러 내려가 가끔씩 우리 앞에 나타나서는 다시금 '안녕하세요.' 라고 인사를 한다. 혼신을 다해 소리를 지르면서 손을 흔들고 버스 앞을 내달리는 굿바이 소년 챠스키! 마을 입구에 도착하자 차가 멈추는데 차보다 먼저 도착해있던 소년이 버스위로 올라온다. 사람들은 1$정도의 돈을 소년에게 건넨다. 발갛게 상기된 챠스키 소년은 마치 시골에서 햇빛 다 받고 큰 우리나라 초등학교 어린이만하다. 이 아이들의 정년은 15살이라고 한다. 15살이 넘으면 마을 소년 중에서 보충할 인원을 선발하여 관리한단다. 굿바이 소년과 헤어져 돌아오는데 오래도록 '안녕하세요.' 라고 외치던 소년의 가늘고 높은 목소리가 귓전에서 사라지지 않았다.

점심을 할 식당에 도착하니 길에서 굽는 단팥빵처럼 손바닥만한 크기의 겉이 단단한 빵이 눈에 뜨인다. 호밀 빵이다. 한입 떼어 입에 넣었더니 보기보다 훨씬 고소하다. 그 맛이 부드러운 케이크에 비할 바 아니었다. 겉으로는 투박하고 질겨 보이지만 한입 베었을 때 부드럽게 부서지는 호밀 빵은 바로 자연의 맛 그대로였다. 자연 속에 남은 쿠스코의 맛인 것이다.

잉카의 흔적을 찾아 배회하던 우리는 다시 리마로 돌아왔다. 스페인에 의해 유린당한 잉카의 모습을 보고 온 탓인지 프라사데 아르마스 광장에 있는 대통령궁 옆에 우뚝 선 정복자 피사로의 동상이 달리 보인다. 수백 년이 넘는 세월동안 이미 혼혈이 되어 희석된 때문일까? 그들의 조상을 핍박한 피사로의 동상은 리마인의 존경을 받으며 우람한 모습으로 깨끗한 신도시에 사는 백인들과 구도시에 사는 돌아온 잉카의 후손들과 함께 남아 있었다.

잉카인들은 태초에 백마를 타고 와 그들에게 문명을 전해준 키가 큰 백인 비라코차 신을 숭배하고 있었는데 이러한 종교관을 이용하여 스페인군은 쉽게 잉카를 정복할 수 있었다고 한다. 프란시스코 성당 지하묘지에는 수천의 유골들이 마치 넓은 구덩이마다 목재를 조각내어 쌓아둔 것처럼 널려 있었다. 이 많은 뼈는 과거 스페인군이 원주민을 카톨릭으로 교화시키고자 후손들이 조상을 찾으러 성당에 올 수밖에 없도록 만들기 위해, 죽으면 성당 지하묘지에 안장하도록 정책을 편 결과물이다. 최근에 페루정부에서 잉카인의 유골로 덮인 지하묘지를 발굴했는데 아무런 방비도 없이 그저 흙 위에 노출된 유골의 집합은 퀘퀘하고 음험했다. 공기까지 답답하고 안타까운 풍경이었다. 지하에 쌓아 둔 인골더미는 성당 내부의 선명한 벽화나 화려한 장식 그리고 성장을 한 초상화들과 기묘하게 대조를 이루고 있었다.

리마에서 또 하나 인상적인 곳은 황금박물관이다. 일본사람이 주인이라는 개인 소유의 이 박물관은 지하에 인디오 유적들을, 지상에는 주인이 평생을 수집한 각종 총기류와 전쟁용품을 전시하고 있다. 개인 소유라지만 그 양의 방대함은 세계 어느 박물관도 따를 수 없어 보인다. 차빈 · 모치카 · 치무 · 잉카로 이어지는 남미의 문화를 대변하는 물품들이 시대별로 잘 정리되어 한 눈에 그들의 역사를 볼 수 있다. 남녀의 생식기를 소재로 한 각종 생활용품과 금으로 만든 이불 등은 인간이 이룬 대단히 뛰어난 걸작품이었다.

아마존의 한국인들

우리 일행은 남미의 마지막 기행지인 아마존 강 유역으로 가기 위해 리마의 호르헤차베스 공항으로 이동했다. 5시로 예정된 비행기는 6시가 넘어서야 겨우 출발한다. 비행기 연착은 이곳에서 흔하게 있는 일이란다. 모처럼 창가에 앉게 되어 창 밖 풍경을 볼 수 있었다. 뭉게구름이 비스듬히 산처럼 누워 있고 그 배경으로 연한 주홍빛의 하늘이 선명하다. 마치 천상에서 산자락을 달리듯 비행기가 날고 있는 것이다. 정말 잊을 수 없는 풍경이었다.

이끼토스에 내리자 수도 리마와는 너무도 다르게 후끈한 열기가 한국의 한여름 속으로 다시 온 듯했다. 우리들은 그동안 추워서 사 입고 온 털옷들을 벗기 시작했다. 호텔에서 마중 나온 차는 바로 우리나라 현대자동차에서 만든 봉고형 버스다. 둘러보니 많은 봉고들이 공항에 내린 손님을 태우기 위해 대기하고 있었다. 이끼토스 거리는 오토바이에 인력거를 연결한 오토바이 택시가 물결을 이루고 있다. 500여 대의 이 지역 특유의 택시가 내는 소음과 매연으로 인해 도시가 하루 종일 윙윙거린다. 스페인 사람들이 아마존의 고무나무를 가져가기 위하여 건설한 이 도시는 인구 35만의 거대도시로 주변에서 가장 소득수준이 높은 곳이다. 저녁식사 후에 1$을 주고 택시를 타게 되었는데 막상 달려 보니 바람에 노출되어 아주 시원하고 상쾌하다. 그만큼 넓은 면적을 가지고 있기 때문이겠지만, 한 나라임에도 리마와 쿠스코 그리고 이끼토스는 기후를 비롯하여 너무도 많은 것이 달랐다. 한 사람의 대통령이 이처럼 이질적인 여러 도시를 통치하려면 어려움도 클 것이라는 생각이 얼핏 스친다. 그러자 또 자그마한 땅에서 각종 정치적 난제들로 소용돌이치는 우리나라 저녁 9시 뉴스 화면이 뇌리를 스쳐 지나간다.

이끼토스는 하늘의 냄새부터 다르다. 후끈하지만 단내 나는 공기가 한여름 인천공항으로 회항해 온 느낌이다. 얼굴이 검은 어린 소년들이 구두를 닦으라고 조른다. 우리들은 짐이 오기를 기다리면서 그 아이에게 1$을 주고 구두를 맡겼다. 단속하는 청원경찰의 눈을 피해 의자를 바리케이트 삼아 바닥에 납작하게 엎드려 숨는 구두닦이 소년들은 불과 이삼십 년 전, 바로 우리나라 아이들의 모습이다.

아마존강의 지류인 나나이강을 건너 '보라' 라고 하는 원주민 마을에 갔다. 마을 입구에서 추장과 부락민들이 우리를 기다리고 있었다. 이들은 관광객을 위해 사까바라고 부르는 그들의 북 장단에 맞춰 아나콘다 춤을 조금 보여주고는 공예품을 팔았다. 파는 물품들은 대부분 나무 열매로 만든 목걸이나 팔찌 또는 나무를 깎아 만든 거북이와 직물들이다. 아이를 안은 여성은 물론이지만 대부분 상의는 벗어 맨몸을 그대로 드러내고 있는데, 가슴을 가린 세 명의 여자들이 처녀라는 것만은 바로 알 수 있었다. 지구상에 아직도 이처럼 문명의 차가 큰 사람들이 살고 있다는 사실이 새삼스럽다. 보라 마을을 나와 다시 배를 타고 보몽강을 건넌다. 13인승 보트는 모터를 달긴 하였으나 천장을 막은 것 말고는 좌우가 트여 있어 흐르는 아마존 강물에 손을 적시면서 강바람을 깊이 들이 마실 수 있었는데 시속 60㎞정도의 속력을 냈다. 보몽강을 건너가 쌩떽쥐베리의 『어린왕자』에 나오는 보아뱀을 보았다. 전혀 무섭지 않다고는 하지만 그림 속에서만 보던 커다란 뱀이 미끄러지듯 지나는 모습은 차마 마주 바라보기 어려웠다.

정글에 있는 식당 주인은 우리 일행에게 이곳에 들어온 최초의 한국인이라고 했다. 강에서 바라보면 한가로운 숲 속과 다를 바 없는데 조금만 들어가면 헤쳐 나오기 어려운 밀림이라는 것이 실감나지 않는다. 비록 연한 갈색으로 흐리지만 전혀 오염되지 않은 아마존강에서 피라니어라는 식인어를 낚시하면서 잠시 시간을 잊을 수 있었다. 묵묵히 흐르는 강 위에서 "세상은 물보다 부드럽고 무른 것이 없으되 부드러운 것이 굳은 것을 이기고 여린 것이 센 것을 이김을 세상이 모르지 않을 것인데 행하지를 못한다."[3] 는, 수덕水德을 배워야한다고 했던 노자의 가르침을 다시 한번 생각했다.

입국 때와는 다르게 출국수속을 까다롭게 하는 리마공항을 출발하여 LA에 도착하니 영어와 함께 한국말 안내 방송이 들린다. 우리항공사 직원들과 넘치듯 많은 한국 여행객으로 미국만 와도 이미 한국에 도착한 기분이다. 비록 멀기는 하지만 넓은 땅에 우리 경제가 진출할 수 있는 많은 여건이 남아있는 지구 저 건너편, 남미에서 보낸 시간은 정녕 잊지 못할 감동의 순간들로 오래도록 내게 남을 것이다. 2001

---

3) 천하막유약어수 이공견강자 막지능선 이기무이역지 고유지승강 약지승강 천하막부지막능행(天下莫柔 弱於水 而攻堅强者 莫之能先 以其無以易之 故柔之勝剛 弱之勝剛 天下莫不知莫能行)

여름날 그 바닷가

여름 바다는 그저 바라보는 것만으로도 행복하다. 출렁이는 물결대로 흔들리면서 가까운 바다에 떠 있는 작은 배는 지난날 내 가슴에 그처럼 잔잔한 흔들림으로 잠시 다가왔다가 가버렸던 기억들, 그래서 그냥 잊고 있던 사람들을 생각나게 한다. 어찌 그 뿐이랴. 먼 바다를 달려 온 파도가 모래사장에 하얗게 부서지는 모습은 미처 지우지 못한 기억에의 집착을 털어 버릴 수 있어서 좋다. 한나절 내내 바라보는 한가로움도 좋고 깔깔거리는 수영복차림의 아이들과 다소 번잡한 해수욕장의 풍경까지도 그것들은 모두 우리가 지금 사람들 속에 함께 하고 있음을 확인하도록 해준다.

파도는 어디로부터 와서 저리도 큰 울음소리를 내고는 이 자리에서 부서지는 것인지! 긴 여정의 끝에 비로소 머물러 안식하게 되는 해변의 모래밭에는 이제야 부려 놓을 수 있는 자잘한 일들이 머무르다 돌아가곤 한다. 그렇게 희미한 흔적으로 남아있는 모래사장에서 미처 정리하지 못하고 있던 자신을 되돌아보기도 한다.

어린 시절을 나는 섬에서 보냈다. 바다를 보려면 제법 걸어 나가야 했지만 여름이면 동네 아이들과 어울려서 개옹에 나가 멱을 감기도 하고 조개를 잡기도 했다. 개옹은 밀물 때 바닷물을 받아들이기도 하고 홍수가 지면 큰물을 바다로 내보내기도 하는 수문 근처에 자연스레 이루어진 개울이다. 물빛은 갯벌을 닮아 진한 회색빛이라 물 속에 들어가는 것이 왠지 꺼려질 수도 있었을 텐데, 수영도 즐기고 조개도 잡을 수 있다는 생각에서 아이들은 작은 바구니를 하나씩 들고서 개옹으로 몰려갔다.

이른 봄이면 나물을 캐러 다니고 여름이면 서서히 논으로 날아드는 참새를 쫓거나 조개를 잡으러 개옹에 모이던 아이들은 가을에는 추수가 끝난 논에 나가 이삭을 줍거나 어른들을 따라 산으로 나무를 하러 갔다. 아이들에게 가장 재미있는 것은 물론 개옹에서 노는 일이었으니 어릴 적 우리들은 여름이 오기를 무척이나 기다렸다.

개옹에서 놀던 아이들은 물 속에 들어가 대개는 땅 짚고 헤엄을 치다가 손에 갯벌 속의 조개가 잡히면 캐내어 겉에 묻은 뻘을 씻어낸 후 입에 담는다. 작은 입이라 서너 개만 모여도 입안 가득한지라 자주 뭍으로 나와 가져온 바구니에 조개를 뱉어 놓았다. 그러다가 갯벌에서 뒹굴기도 하였는데 지금 생각하면 머드 마사지를 실컷 한 셈이다.

아이들이 놀면서 잡은 조개들은 집집마다 으레 맛있는 저녁 된장국 재료가 되었다. 봄철에 내가 캔 나물들은 먹을 수 없다고 하여 버려지기 일쑤였지만 여름날 개옹에서 잡아 온 조개만은 한 번도 버려진 적이 없었다.

여름밤 하늘에는 유난히도 많은 별이 반짝인다. 작은 별들이 우수수 쏟아질 것만 같은 백사장에 앉아 철썩이는 파도소리를 들으면서 조용한 노래로 화음을 맞추면 여름바다의 정취는 절정이다. 밤을 새워 이야기를 해도 다 못하고 가슴에 남겨둔 이야기가 많았던 젊은 날의 아름다웠던 여름날이 살랑이는 바람 따라 노랫소리로 귓전을 맴돈다. 그저 바라만 보아도 좋고 가끔은 달려가 한데 어울려 뒹굴어도 좋을 여름은 바다가 있음으로 더욱 화려하게 빛난다. 2001

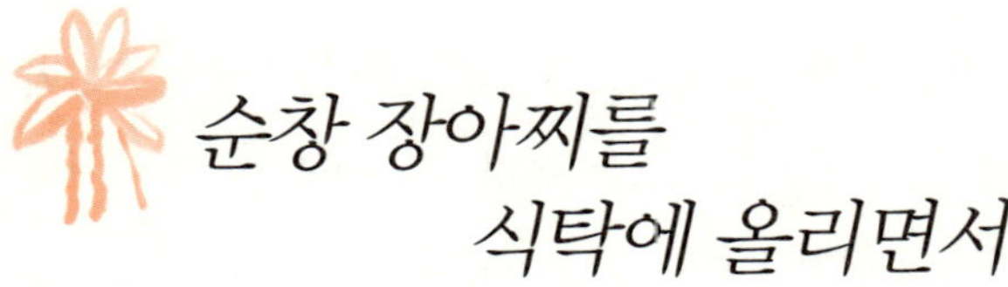

순창 장아찌를 식탁에 올리면서

입추를 이틀 앞둔 팔월 어느 날의 기행이었다.

누구보다도 순창을 아끼고 사랑하는 순창사람 장교철 시인詩人은 '갈재 넘어 장구목에서 발목 적신다' 타는 제목을 널빤지에 걸고 오전 9시 30분에 전주를 출발하여 추령장승촌을 시작으로 지난해 3월에 개관한 산림박물관과, 조선말 복흥 출신 판소리 박유전 명창의 생가, 2000년 5월 11일 보물 제745호 〈월인석보〉 제15권이 발견된 구암사, 조선말 학자 노사 기정진의 유허지, 그리고 산동리 남근석과 신숙주의 아우 신말주 선생이 세조의 왕위찬탈에 상심하여 벼슬에서 물러나 처가인 이곳에 지었다는 고령신씨문중의 귀래정歸來亭과 권일송 시인의 생가인 가잠마을에 이어 장구목까지의 일정을 시간대 별로 상세하여 계획하여 준비한 자료집을 들고서 우리를 기다리고 있었다.

순창은 초대 대법원장인 가인 김병로 선생과 국회부의장 홍영기 선생

등 걸출한 인물의 출생지이며 인근에는 성리학의 대가인 하서 김인후가 후학을 가르친 낙덕정이 있고, 자포마을의 입석 줄다리기와 당산제, 석보마을의 솟대장승제, 덕흥마을의 당산제, 대각마을의 솟대당산제, 동산마을과 어은마을의 당산제 등이 원형 그대로 보존되고 있는 민속의 고장이기도 하다.

백제 무왕 37년에 창건한 구암사 법당에 앉아 예로부터 유명한 대종사들이 주석했던 곳으로 조선 영조 때 화엄종주 설파대사가 승려 일 천여 명에게 설법했으며, 현종 때 명유인 노사 기정진, 백파스님, 추사 김정희 선생 등이 수학한 곳이라는 절 이야기를 혜원 스님에게서 듣는다.

『월인석보』는 세종이 지은 〈월인천강지곡(月印千江之曲)〉과 세조가 지은 〈석보상절(釋譜詳節)〉을 개고改稿해 합편한 책으로 약 13년 동안에 이룩된 석가일대기의 결정판일 뿐만 아니라 훈민정음 창제 이후 제일 먼저 나온 불경언해서佛經諺解書로 당시의 글자나 말을 그대로 보전하고 있어 국어학적으로 매우 귀중한 문헌이다. 원본이 당초 몇 권으로 되어 있었는지 명확하지 않아서 완질完帙이 24권으로 알려졌으나 1995년 12월 전라남도 장흥 보림사에서 제 25권이 발견됨으로써 30권 이내였던 것으로 현재 추정하고 있다.

구암사에는 사찰 동편으로 오르는 지점에 숫거북 모양의 바위가 있고 대웅전 밑에는 암거북 모양의 바위가 있다고 했다. 오르면서 미처 살피지 못하였던지라 내려오면서 한 번 보고자 하였으나 숫거북 마저도 흙으로 파묻히고 그 위에 소나무까지 심어져 있어 볼 수가 없었다. 한 쌍의 거북이 세상 밖으로 해를 보고 나오는 날이 언제쯤일까 하고 생각하면서 절을 내려왔다.

오전의 강행군으로 늦은 점심을 나누고 귀래정에 올라 순창시내를 내려다 보았다. 우연히 만난 순창 북중학교 교장선생님께서는 보물 제728호인 신말주 선생의 정부인 설씨가 1482년 성종13년에 강천사 부도암 중창불사에 시주를 권하는 설씨부인의 서화첩 권선문첩을 비롯하여 선영들의 이야기를 들려주느라 해가 중천을 넘어가는 것을 모르신다.

지난 95년에 이승을 떠난 순창 가남 출신 권일송 시인의 생가인 이기남 고추장 할머니 댁을 찾았다. 마당을 중심으로 멀리 들판을 바라보고 선 디귿자형의 전통적인 한옥이다. 이제는 쟁쟁한 고추장의 명인들이 살고 있는 가잠마을 고추장 집에서는 우리를 위해 넓은 마루 위에 둥근 상을 놓고 손수 담은 복분자주에 각종 장아찌, 곱게 찢어 부풀린 민어채, 다식 등을 차려 내 오신다. 순창 여인들의 순박한 마음이 그대로 담긴 정성어린 차림이었다. 마당을 가득 메운 크고 작은 장독들과 전국 각지에서 주문해 온 물건들을 보내기 위해 준비하느라 모두들 분주하였다. 나는 무, 오이, 더덕, 쭝, 마늘, 울외, 굴비 등 일곱 가지의 장아찌가 둥근 원판에 들어있는 '고향의 맛 모둠 장아찌' 한 판을 주문하였다. 그동안 조용한 모습으로 앉아 있던 이기남 할머니가 일어나더니 방안에서 물빛 보자기를 꺼내와 손수 장아찌를 싸서 건네주신다.

오늘도 나는 식탁 위에 연하게 꽃이 그려진 사각형의 긴 접시에 순창 장아찌를 종류대로 조금씩 놓아 올리면서 풍성했던 순창의 굽이진 이야기를 생각한다. 그 날 우리들의 순창 기행은 바로 이 모둠 장아찌의 맛이었던 것이다. 2003

동지 팥죽이 그리운 날

동지를 기다렸다는 듯이 하얗게 눈이 내렸다. 이미 발목을 넘을 만큼 쌓인 눈 위로 조용하면서도 크고 탐스러운 눈송이들이 내려앉는다. 커다랗게 눈덩이를 굴려 연신 눈사람을 만들어 줄줄이 세우는 운동장의 아이들 웃음소리 말고는 온 마을이 아직 아침잠에서 깨어나지 않은 듯 고요하기까지 하다. 이렇게 또 한 해가 가고 있다.

산과 들에 서리가 내리고 점차 볼을 스치는 찬바람이 시리다고 느껴질 때쯤이면 나도 모르게 저녁 발걸음을 재촉하게 되고 무언가 딱히 이것이라고 할 수 없는 조바심에 옷깃을 다시 여미게 된다. 그리고는 '작은 설' 이라고 부르는 동지가 언제쯤인가 하고 달력을 헤아려 본다.

태양력을 기준으로 한 24절기 중의 하나인 동지는 일년 중 가장 낮이 짧고 밤이 긴 날이다. 그러기에 동지가 지난 후에는 점차 낮이 길어지게 되니 해가 지는 시각도 그만큼 늦어져 일찍 오는 어둠으로 발걸음을 재촉하지 않아서 좋다.

어린 시절 외할머니는 동지가 되면 팥을 삶아 으깨어 거른 물로 팥죽을 끓이셨다. 우리들은 멥쌀가루가 얇게 깔린 상위에서 익반죽한 찹쌀가루로 새알 같은 단자를 굴려 새알심을 만들었다. 어떻게 하면 꼭 같은 크기의 새알심을 만들 수 있을까 하고 열심히 굴려 보지만 번번이 내가 만든 단자는 조금 크거나 작거나하여 도무지 고르지 못하기 일쑤였다. 하지만 서투른 솜씨로 빚은 새알심을 넣어 끓인 팥죽일지언정 시원한 동치미 한 사발과 함께 먹는 맛은 겨울밤 그 어느 것에도 비할 수 없는 큰 즐거움이었다.

동지팥죽을 반드시 먹어야 나이 한 살을 더 먹는다는 말씀에 새알심을 나이 수대로 넣어 먹는다는 것을 모르고, 몇 그릇이고 나이만큼 그릇을 세어가면서 먹기도 하였으니 그 어이없음에 절로 웃음이 난다.

팥의 붉은 색깔은 역귀뿐만 아니라 집안의 모든 잡귀를 물리친다 하여 삼신과 성주님께 빌고, 가족의 나쁜 병을 막아 주라고 솔잎으로 팥죽을 사방에 뿌리고 사당에 올리고 성주 신이 있는 대청과 조왕신이 있는 부엌, 장독 등에 내어놓았다. 크게 농사를 짓는 집에서는 팥죽 열두 그릇을 떠놓고 정월부터 섣달까지 순을 매긴 다음에 죽이 식었을 때 가운데가 트고 갈라지는 그릇에 해당하는 달에는 가뭄이 든다고 했다. 팥죽을 커다란 그릇에 담아 상에 올리고는 엄숙한 음성으로 한 해의 풍년과 집안의 평안을 빌던 할머니의 음성이 지금도 들리는 듯하다. 동지는 그만큼 이듬해의 안위를 기원하는 매우 중요한 날이기 때문이다.

어느 해에는 동지가 음력 11월 10일 이전에 들어 '애기동지' 라고 팥죽을 끓이지 않고 팥떡을 했다. 유난히 팥죽을 좋아했던 나는 애기동지가 영 서운하여 투덜대곤 했는데 그런 손자를 위하여 할머니는 며칠 후 또 팥죽을 끓여 주시기도 했다. 오래 전에 하늘로 가신 외할머니의 동지 팥죽이 유난히도 그리운 날이다. 2002

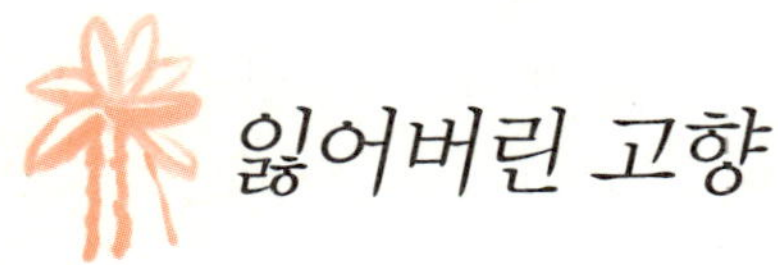

잃어버린 고향

온통 자운영 밭이었다. 국도를 따라 어릴 적 내가 자라면서 뛰놀던 고향집을 찾아가는 전라남도는 길 좌우로 끊임없이 꽃보라 빛 자운영으로 이어졌다. 마치 실크 융단을 깔아 놓은 것만 같아 잠시라도 그 위에 몸을 누이면 일상의 고단함이 사라질 것만 같다. 작으면서도 섬세한 잎들로 조촐하게 앉아 있는 자운영의 부드러움이 바람을 타고 전해져온다. 풀잎에 반사되는 오월의 햇살이 눈에 부시다.

꽃이 있는 담장은 잠시라도 행인의 시선을 붙잡고 가던 발걸음을 멈추게 한다. 나는 전주시내 몇 군데 길가의 집을 기억하고 있다. 노오란 장미를 대문위에 넝쿨로 얹은 집과 능소화가 피어 있는 골목, 그리고 주홍빛 석류꽃이 보이는 집과 붉은 넝쿨 장미가 아름다운 길을 기억한다. 꽃과 함께 사는 사람들은 분명 풀잎처럼 자연의 싱싱함을 간직한 사람일 것이다. 이런 생각을 하게 되면 그 생각만으로도 길에서 만나는 모든 사람들이 반갑다.

보랏빛 등꽃이 피었다. 고향집을 보고 싶은 마음이 더욱 간절해진다. 내가 어린 시절을 보냈던 진도의 고향집은 양철로 지붕을 얹은 이층집이었다. 등꽃을 좋아하시던 아버지가 심은 등나무에 핀 보라색 꽃이 일층에서 이층으로 넝쿨지어 오르다가 이층 창문을 휘감고 돌때쯤이면 잠시 휴식하는 것처럼 양철 지붕 위에 곱게 누워 있는 모습이 정말 아름다웠다. 어린 나는 등꽃이 보이는 창 앞에 앉아 꽃과 하늘을 번갈아 바라보면서 어느새 어른이 되어 있는 보랏빛 꿈을 꾸곤 했다.

온 가족이 전주로 이사 와서 우리 집을 갖게 되었을 때 아버지는 무엇보다도 먼저 대문 앞에 등나무를 심으셨다. 친정 집 대문 위에 줄기를 얹고 뻗어가고 있는 등나무는 가끔씩 아련하게 어린 날의 기억들을 내게 되돌려 주곤 한다.

결혼하고 얼마 되지 않아서일 것이다. 겨울이었는데 마치 금방이라도 눈이 내릴 것만 같던 어느 날이었다. 오후에 출발하여 십 년이 넘도록 가보지 못한 고향을 찾은 적이 있다. 그런데 두근거리는 가슴을 안고 도착한 진도는 너무도 많이 변해 있었다. 가장 크게 다가왔던 실망은 작고 초라한 고향집이다. 길가에 우두커니 자리 잡고 있을 뿐 몇 칸 되지 않는 1층과 그리고 지붕 한쪽을 올려서 지은 이층은 그저 자그마한 한 채의 집일 뿐이었다. 더구나 옛날에는 없던 큰 관공서 건물이 약간 어긋나게 맞은편에 우뚝 서 있어서 고향집은 더욱 작고 초라하게 보였다.

어린 시절 이층집은 내게 퍽 커다란 궁전이었다. 안방과 우리들 방 사이로 난 복도며 새로 시설한 냉동 공장, 그리고 제과점을 낸 가게가 1층에 있었으며 2층으로 난 계단을 따라 올라 가면 넓은 사진실과 작은 몇 개의 작업실이 있었다. 어쩌면 작은 성처럼 내게 남아 있던 어린 날의 기억들이 순간 슬그머니 작아지더니 마치 내가 난쟁이들의 세계로 떨어진 기분이었다. 사람들이 모두 걸리버 여행기 속에 있는 것 같았다.

나중에 고향집 앞에 서서 찍은 사진을 보았는데 인화된 사진 속의 집은 다행히도 그날 느꼈던 것처럼 그렇게 작아 보이지는 않았지만 사그라져 가는 어린 날과도 같았던 느낌만은 버릴 수가 없었다. 그런 후로 또 몇 년이 흘렀다. 그 사이 두어 차례 진도에 갈 기회가 있었다. 고향집은 갈수록 피폐되어 있었다. 지나는 사람에게 물었더니 지금은 사람이 살지 않고 창고로만 쓰이고 있다고 했다. 하기야 그 집을 지은 지 오래되었으니 이제는 사람 살기에도 적합하지 않을 수 있겠다. 그럼에도 사람이 살지 않는다는 사실에 마냥 마음이 아프고 허전하여 허기마저 느껴졌다.

집 옆으로는 낮은 단층의 양복점이 있었다. 오후 다섯 시가 되면 양복점 아저씨는 "꽃과 같이 곱게 나비같이 춤추며 아름답게 크는 우리 무럭무럭 자라서……."라는 노래로 시작하는 어린이 라디오 방송을 온 동네가 다 듣도록 틀어 놓으셨다. 삼거리에서는 진도읍내에 하나뿐인 옥천극장에서 나온 사람이 오늘밤에 상영할 영화를 마이크로 광고했는데 그러노라면 저녁이 왔다. 발전소는 전기를 만들기 시작했고 비로소 진도읍내에 군데군데 자정까지 전기 불이 들어오는 밤이 되었다. 그 무렵의 영화로 내가 유일하게 기억하는 것은 신성일과 엄앵란이 주연한 '내 몫까지 살아 주' 라는 영화다. 마지막 장면에서 시퍼런 바닷물이 철썩이는 해변에 손을 잡고 누운 두 사람의 모습이 지금도 생생하다.

오월 어느 날 햇살이 곱던 날 나는 고향집을 찾기 위해 길을 나섰다.

고속도로를 따라 전라북도의 도경을 넘어서 국도로 접어들자 넓은 자운영 들판이 반긴다. 이제 막 초록의 잎으로 단장을 시작한 아담한 산들이 더욱 싱그럽고 강인하며 새삼 정겹다. 한동안 가지 못했던 고향집을 다시 볼 수 있다는 생각에 진도를 향해 나선 발걸음은 마냥 설렘 그 자체였다. 더욱이 자운영의 꽃 보랏빛은 고향집 지붕 위에 피어 있을 등꽃에 실은 간절한 내 마음을 알고 있다는 듯 더욱 화려하게 빛나고 있었다.

이 곳일까? 저 곳일까? 이쯤이었는데……. 라고 중얼거리면서 기웃거렸다. 너무도 오랜만이라 길을 잃었을까? 아무래도 보이지 않았다. 우리 집이 없었다. 그 동안 집이 사라져버린 것이다. 어릴 적 내 고향집은 더 이상 그곳에 없었다. 왜 그런 생각은 하지 못했던 것일까? 낡은 집이라서 언제라도 헐릴 수 있다는 사실을 잊고 있었던 자신이 오히려 우습기까지 했다. 허망한 일이었다. 갑자기 내내 간직해 왔던 어린 시절이 몽땅 잘려 나간 것만 같았다. 이제 진도를 찾아오는 의미를 어디에 두어야 할지, 그런데도 고향이라 할 수 있을지, 내 고향의 기억들이 조금은 남아 있다고 할 수 있을 것인지 아무 것도 알 수가 없었다.

고향을 잃어버리고 돌아오는데 자운영은 여전히 꽃 보랏빛으로 어둠 속에서 다가 오는 여름을 노래하고 있는데 내 가슴은 고향을 잃은 설움에 한없이 흔들리고 있었다. 2001

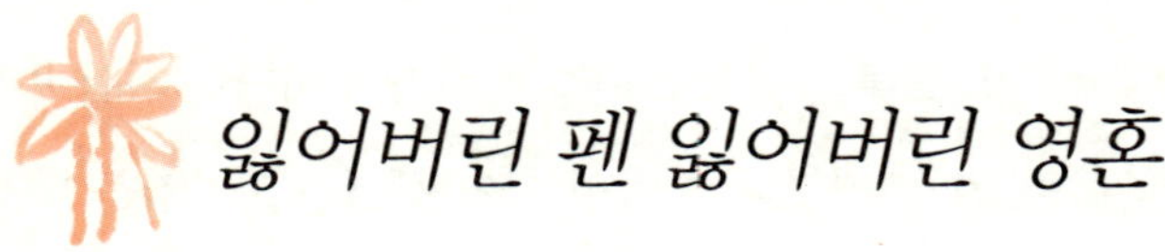

잃어버린 펜 잃어버린 영혼

초록의 나무잎들이 점차 그 빛을 잃어 연한 주황빛을 받아들일 때 우리는 남은 시간이 그리 많지 않음을 알게 된다. 어차피 저 세상에 한 발 들여놓고 휘적휘적 걸어가면서 사는 오늘인 것을. 이 가을이라 하여 새삼스럽게 이것들을 잃었노라고 할 수 있겠는가마는, 오월에는 청년의 마음처럼 부풀었던 가슴도 이때쯤이면 괜스레 주눅들고 눅눅해 지는 것을 감출 수 없다. 알 수 없는 쓸쓸함으로 애꿎은 구두코만 벽에 대고 탁탁 소리 내어 치고 있으니, 하다못해 벌써 오래 전에 잃어버린 펜을 들어 옛날처럼 편지라도 한 장 쓰는 것이 마음 다스리는 방법이 아닐까 싶다.

중국 명나라 문인 진자룡의 시 〈도중(途中)〉을 보면, 손가락 굽혀 편지 보낸 날 세어보니 지금쯤 임께서는 이미 받아보셨을 것 그러나 어찌 아시랴 백 가지 근심 편지 보낸 뒤 새삼 떠오르는 것을 "굴지회상서 고인응사관 나지백종수 도재함서후 (屈指淮上書 故人應已觀 那知百種愁 都在緘書後)"이라 하여 편지를 붙이고 나서 하고 싶은 말 다 쓰지 못한 것을 아쉬워하는 마음을 드러내고 있다.

'춘향전' 에도 한양으로 옥중서신을 가지고 가는 방자를 불러 세워 이 도령은 "행인임발우개봉(行人臨發又開封)"이라면서 당나라 때 장적의 시 〈추사(秋思)〉중의 마지막 부분을 인용하고 있다. 소설 전개로 보면 이도령은 길 가던 나그네가 분명하니 이 말이 전혀 어울리지 않은 것이련만, 방자가 "아따 그 양반 문자속 한 번 기특하구먼 그려"하면서 품안에서 춘향의 피맺힌 서찰을 내어주는 장면은 일품이 아닐 수 없다.

펜을 들어 밤새워 편지를 쓰던 시절에는 정말 그랬다. 행여 잘못이 있을까싶어 몇 번이고 쓴 내용을 고쳐 쓰고 그리고도 다시 읽어 내 맘이 흡족해서야 깨끗한 편지지에 옮기고는 했다. 어릴 적 나의 편지 대상이었던 멀리 계신 할아버지나 외삼촌, 학교선생님 등 어른들에게 쓴 편지는 바로 부치지 않고 잠시 두었다가 다시 꺼내어 읽어본 후에 발송해야 안심이 되었다.

그러나 훗날 사랑하는 남자가 생겨 밤을 새워 여러 장의 편지를 쓰게 되니 그 동안의 버릇은 다 없어지고 미리 연습도 하지 않고 편지지 위에 쓰기 시작해서 쓸 수 있을 때까지 다 쓴 후에 다시 한 번 읽지도 않고 봉투에 넣어 우표까지 붙이고는 다음날 그대로 우체통에 넣곤 하였다. 그것은 아침에 다시 꺼내어 읽어보면 지난밤 내가 쓴 글임에도 부끄러움이 가득하여 결국 부치지 못하고 버려질까 두려웠기 때문이었다.

그런데 펜으로 편지를 쓰지 않게 된 것이 언제부터였을까? 불과 몇 년 전 부터, 우리 생활에 컴퓨터가 일반화되면서, 모든 문서작업이 워드로 이루어 지면서가 아닌가 싶다. 어린 날에는 방바닥에 엎드려 검은 줄 친 하얀 종이에 연필로 쓰다가 틀리면 지우고 다시 고쳐 쓰기도 했는데 펜을 쓰면서부터는 지울 수도 없으니 잘못 쓴 종이를 버리고 다시 쓰곤 하였다. 그런데 컴퓨터 안에서 편지를 보내게 되면서부터는 종이마저 버릴 필요가 없게 된 것이다. 쓰다가 잘못 쓰인 부분이라도 얼마든지 쉽게 지우고 고쳐 쓸 수 있으며 예쁜 종이와 그림도 마음대로 선택할 수 있게 되면서 더 이상 펜을 들어 편지를 쓰지 않게 된 것이다. 뿐만 아니라 마음을 가득 담아 엮은 두툼한 편지지를 봉투에 넣고 미리 사 둔 기념우표까지 가볍게 눌러 붙일 때의 기분이며 신선한 새벽에 붉은 우체통에 넣을 때 편지가 우체통 밑바닥에 떨어지는 그 경쾌한 소리를 듣는 즐거움 또한 함께 잃어버리고 말았다.

인터넷이 확산되어 이제는 어느 곳에서라도 이메일의 확인이 가능하게 되었다. 전국 어느 곳이나 음식점만큼 PC방이 있고 무선 렌 시스템 및 휴대전화 서비스 등을 통해 메일을 송수신할 수 있게 되었다. 더구나 다양한 형태의 메일 서비스 덕택으로 차마 표현하지 못했던 것까지 애니메이션을 이용하여 얼마든지 효과적으로 의사를 전달할 수 있게 되었다. 그러다 보니 아무래도 쉽게 전할 수 있는 이메일을 많이 사용하게 된다. 하루의 일과를 내게 온 메일을 확인하고 시작하면서부터는 더 이상 누군가를 향하여 펜으로 편지를 쓰지 않게 되었으니 이를 어찌하랴! 편지 보낸 뒤에 미처 쓰지 못한 사연으로 근심하기도 하고 소식을 가지고 고향으로 떠나는 행인 붙들고 개봉하여 다시금 사연을 첨가하기도 하는 안타까운 마음 정도는 다소라도 남겨두고 싶은데 말이다.

요즘에도 하루에 여러 통의 활자로 된 편지를 받는다. 그 중에는 공적인 것도 있고 개인적인 안부도 있다. 그러다 아주 드물게 펜으로 쓴 편지를 받거나 붓으로 쓰인 글을 받는 날은 그렇게 반가울 수 없다.

며칠 전의 일이다. 예전에 읽었던 어느 책이 필요해서 책장에서 찾았다. 표지를 열었더니 그 안에서 누렇게 바랜 편지 한 장이 툭 떨어진다. 지금도 가깝게 자주 뵙는 어느 시인이 보내준 것이었다. 한 장의 종이에 간단한 내용을 전한 것이었는데 낯익은 필체가 언제나 그런 것처럼 다정한 음성으로 들려와 순간 마음이 울컥해졌다. 인터넷상으로 보낸 메일에서도 과연 그와 같은 정감을 느낄 수 있을까?

우편으로 보내 온 편지는 잘 버리지 않고 모아두는 편이다. 그런데 메일의 경우는 폴더를 만들어 관리하기도 하지만 용량의 한계도 있고 하다보니 삭제하고 휴지통도 자주 비우게 된다. 가끔은 내용이 좋아 간직하고 싶어서 남겨둔 메일이라도, 후에 열어 보면 옛 편지를 만났을 때처럼 그렇게 감동적이지는 않다. 인터넷 메일은 날마다 새로운 형태로 발전하고 편지지에 쓰인 편지는 그저 옛 모습 그대로일 뿐인데도 감동과 진한 애정은 누렇게 바랜 편지에서 더 느끼게 되는 것이 참 이상한 일이다. 그것은 다양하게 개발하여 시판되고 있는 청량음료보다는 한 잔의 생수에게로 손이 가는 것과 같은 것일지도 모른다.

편지 한 줄이 쓰고 싶다. 초록의 나뭇잎만큼이나 곱게 물이 든 단풍잎이 아름답다. 가을에 열매를 맺은 가지는 찬바람 불어대는 겨울동안에도 잎눈과 꽃눈을 보듬고 있다가 이듬해 봄 햇살을 환하게 맞으면서 연둣빛 연한 새 잎을 만든다. 차츰 이승에서보다 저승에 아는 사람이 하나 둘씩 늘어가는 것을 의식하는 계절 앞에 서서 잃어버리는 것이 있기에 남아있는 것들이 있고, 잃어버릴 수 있는 것이 곧 아름다울 수 있다는 것을 생각하게 하는 참 좋은 날이다. 2002

다시 들어도 좋을 신인新人이라는 말

거울 속에 비친 내 모습은 인생의 어디쯤 와 있는 것일까.

당나라 문인 설직은 그의 시 〈가을 아침에 보는 거울(秋朝覽鏡)〉에서, "객심경낙목 야좌청추풍 조일간용빈 생애재경중(客心驚落木 夜坐聽秋風 朝日看容鬢 生涯在鏡中)"이라 하여, "나그네 마음 지는 잎에 놀라 밤새워 앉은 채로 가을바람 소리 듣네. 아침 되어 얼굴 모습 비추어보니 생애가 바로 그 거울 속에 있네." 라고 가을날 아침 문득 거울 속의 자기 모습에서 발견하는 인생의 가을을 노래하고 있다.

책꽂이에서 등단 당시의 잡지를 찾았더니 어느새 표지는 낡고 종이마저 누렇게 변해 펼치는 장마다 헌책 냄새가 난다. 벌써 오랜 시간이 흘렀음을 알게 한다. 한 편의 글을 쓸 때면 지금도 새봄의 연둣빛처럼 설렘이 있지만, 행여 흐르는 시간을 거역할 수 없다는 이유만으로 내가 쓴 시 한 편이 유월의 신록처럼 푸르지도 못하고 토실토실하게 가을볕에 익은 과일 한 알도 되지 못한다면 어쩌나하는 걱정이 앞선다.

1983년 3월 월간《시문학》지령 제140호에서 〈신문에 난 이름 석자〉와 〈재생再生〉으로 초회 추천을 받았다. 당시 추천사에서 김규동, 문덕수 두 시인은 "남들과 달리 써 보려는 신인다운 패기도 있고 소재에 신선미를 첨가해 보려는 뜻도 있어 좋아 보인다. 싱거울 만큼 단순한 묘사 속에서 오히려 부드럽고 따스한 정서를 느끼게 되는 것은 작품이 가지는 은근한 서정성에서 비롯되는 것일 것이다."라고 말씀해 주셨다. 사실 그 당시에 평생 좋은 시 한 편 쓰는 일이 중요하다는 생각이었기에 나에게 그 말씀들이 그다지 크게 다가오지 않았다. 그런데 20년이 다 되어가는 지금에 와서 다시 읽어보니 '신인' 이라는 말이 참 좋아 보인다.

나는 보았다./맨살 부벼대는 목마름으로/애인의 유방乳房을 비집고 나온/덤핑 언어言語들이/아무데서나/각혈하는 장난도/서슴지 않는 것을/혀짧은 가성歌聲으로/유혹하는 것을//활자라면 어느 것이든/날개짓하고 승승장구乘勝長驅/색다른 죄罪를 범하고 있었다//펜끝에서 놀아나는 이름들도/내 나라 사람/가난한 조바심에/도지는 천식.

–초회추천작 〈신문에 난 이름 석자〉 전문 –

조간신문朝刊新聞위로 떨어지는/붉은 피 한 방울이/하루를 열고 있다./이미 죽어버린 심장에다/하룻밤/하루 낮을/부어 넣은 체념/아침에 먹은 홍도 하나가/떨구는/기침만이 살아 남아/궂은 하루라도/밀어 보자고/낯설은 사건事件들을/불러 들인다.

– 초회추천작 〈재생再生〉 전문 –

초회 추천은 받았지만 등단이라는 형식적인 절차가 무슨 의미가 있겠느냐는 생각이 깊던 터라 두 번의 추천과정을 거쳐야 한다는 것을 알면서도 작품을 보내지 않고 그냥 지냈다. 그러면서도 80년도부터 참여하게 된 전북수필문학회와 초회 추천과 함께 동인 활동을 시작한 《청녹두》에 수필과 시를 조금씩 발표했다. 죽는 날까지 글을 써야겠다고 생각하고 있었기에 결코 서두르고 싶지 않았던 것이다.

그렇게 5년이 흘렀다. 어느 날 시문학사에서 당장 시를 올려 보내라는 연락을 해왔다. 진즉에 천료한 줄 알았는데 여태 무엇하고 있었느냐는 꾸지람 아닌 꾸지람이 그때쯤되니 반가운 음성이 되었고 그해 4월지령 제201호에서 마침내 추천 완료를 하게 되었다. 추천완료 작품은 〈담쟁이〉와 〈밀도살〉인 바 이원섭 시인께서 심사를 해 주셨다. 선생님께서는 "사물을 바라보는 눈이 정확하고 수사 또한 능란하다. 이만큼 자기의 시상을 전개시킬 수 있다는 것은 만만찮은 역량이라 해야 하겠는데 그 유창한 언어 구사력을 절제하는 노력을 기울인다면 대성할 수 있을 것이라는 생각이 든다. 시단에 내보냄에 있어 조금도 불안하지 않다."라고 칭찬해 주셨다. 지금도 죄송한 것은 여름방학이 되어서야 서울에 올라가 지리에 어둡다는 이유로 그 더운 여름날, 점심 드시러 잠깐 먼길을 나오시게 한 일이다.

대학 때 붉은 벽돌로 지은 본부건물에 넝쿨로 뻗은 담쟁이를 보고 〈잠자는 사람들〉이라는 시를 쓴 적이 있다. 오래된 외벽에서 엉킨 듯 보이지만 결코 무질서하지 않고 제게 난 그 줄기를 따라 핀 담쟁이에게 무심한 사람들은 눈길 한 번 주지 않았다. 나는 일상에 쫓기어 작은 아름다움을 볼 수 없는 사람들이 잠에서 깨어나기를 바라면서 그 시를 썼다. 그로부터 십여 년이 지난 어느 날 시골집 돌담에서 붉은 색으로 단풍이 들어 가는 억세어진 담쟁이를 다시 보게 되었다. 흙담을 타고 오르는 담쟁이는 80년대 들어 급격하게 늘어가던 농촌의 빈집처럼 도시로 떠나기 위해 고향을 버리는 가난한 사람들의 촌스런 보따리처럼 내게 다가왔다.

너는/바람도 없이/흔들리는/국기國旗/항구에/피난해 온/외항선처럼/쫓김에/멍이 들어/잦아진 몸부림/살두덩이 위로/진한 눈물을/ 핥으면서/사랑의/파편들만 모아/숨죽이며/보따리 꾸리는/피난민들

– 추천 완료작 〈담쟁이〉 전문 –

안돼 위법이야 주인 없는 소가 죽어도 죽어서 썩어 문드러져도 안돼 그 고기를 먹어서는 안돼//조상 님 제사 때나 맛보는 괴기 싸리문에 달려드는 크고 작은 맨발 그리고 살기. 소가 죽어 잔치 났네 굴뚝마다 맛난 냄새 오랜만에 포식하니 쓴 담배도 맛 좋구나//지서까지는 걸어서 삼십 분 농협까지는 차타고 삼십 분 내 이름자 하나도 반듯이 못 쓰는데 깨알 같은 법조문 알게 뭐람//좋은 맛도 순간이야 요리조리 포개 접은 전보 한 장 날아들어 밀도살이야 벌금이다 삼십만 원//식수 끊고 모를 심고 지게 짐 지어 배추 팔아 일 년 농사 다 합해도 순이익이라 삼십만 원. 소 죽고 벌금 내고. /넋을 잃고 앉았어도 그래서 평등하다네 만인은 법 앞에 법 앞에 평등하다네

– 추천 완료작 〈밀도살〉 전문 –

서울에서 내려와 부안군 격포면 도청리에서 농사를 짓고 살던 선배부부가 있었다. 남편은 오건이요 그 아내 이름은 이준희로 좋은 사람들이

었다. 갯마을 작가로 잘 알려진 오영수 씨의 둘째아들인 오건 씨는 농업 기술이 뛰어났는데, '특질고' 시비에 휩쓸리어 가슴을 크게 앓던 아버지가 별세했다는 부고를 받았다. 이들 부부가 상을 치르기 위해 떠나 집을 비운 사이에 갑자기 소가 죽는 사고가 났다. 1979년 8월의 일이다. 마을 사람들은 한여름이라 서둘러 죽은 소를 잡아서 집집이 나누어 먹었는데 서로 잘 아는 처지라서 고기 값 정도야 나중에 계산할 수 있을 것이라고만 가볍게 생각했던 것이다. 그런데 엉뚱하게도 지서로부터 밀도살이라는 죄명을 붙인 벌금 30만 원이 부과되었다. 더 큰 문제는 당시 일년 농사 순이익이 벌금에도 미치지 못한다는 것이었는데 순수한 마음으로 농촌에 살면서 농촌운동을 하려는 사람들에게 적용된 너무도 평등한 나라 법이라고나 할까!

한국의 위대한 작가 오영수씨와 그의 장남 오윤 판화가 그리고 오건 씨. 이제는 모두 이승을 떠나 저승으로 가신 분들이지만 나로 하여금 이 땅에 시인이라는 이름을 갖게 한 시 〈밀도살〉을 통해 내 가슴속에 영원히 남아 있는 분들이다.

신인다운 패기와 신선미, 은근한 서정성 그리고 언어구사력의 절제 등 추천해주신 선생님들의 말씀을 명심하면서 나는 언제까지나 신인이고 싶다. 2002

태산에 올라 황하를 꿈꾸다

가끔은 바다가 보이는 곳을 찾아 머물고 싶다. 몇 시간 후는 더욱 아니고 내일은 떠나야 한다는 조급함이 없이 심지어는 때가 되었으니 무엇인가를 먹어야 한다는 단순한 사실조차도 잊은 채 지내고 싶다. 하지만 대부분은 적당한 시간의 제약과 통제를 받는 것이 그리 나쁘지 않다. 그것도 평소 나누고 싶었던 긴 이야기가 있는 다정한 사람들과의 동행이라면 더욱 그러하다.

석도石都에서 점심을 하고 바로 출발하여 곧게 난 4차선 도로를 달리는데 마침 비가 내린다. 옅은 안개가 점차 먼 평원을 가리면서 우리에게로 가까이 오고 있었다. 단순하게 지은 농가 지붕의 붉은 색상이 선명해지는 것이 비가 내리고 있다는 것을 확인하게 해 주었다. 인적을 찾을 수 없는 넓고 평화로운 들판이 무척이나 한가로워 보인다. 그래서일까? 어쩌다 만나게 되는 자동차들마저 한가롭다. 서해바다를 건너와 만만디의 나라 중국 땅에 내가 있음을 비로소 깨닫는 순간이다.

제남齊南이 가까워오자 그제야 신호등이 눈에 띈다. 큰 네거리에 우뚝 선 신호등 중앙에는 초단위로 떨어지는 시계가 있어 멈추어 있는 차가 언제쯤 출발할 수 있을지를 알려주고 있다. 붉은 색 신호가 갑자기 초록으로 바뀜으로 해서 미리 준비하고 있다가 가속기를 밟아 급한 출발을 하게 되는 내 운전 습관을 반성하면서 1초 단위로 꺼져 가는 불빛을 한참이나 바라보았다.

예전에 중국 식당에 간 적이 있었는데 손님이 많아 대기실에 대기하고 있다가 한참만에야 좌석을 받게 되었다. 그런데 아직 떠나지 않은 손님들이 우리가 배정받은 자리에 머무르면서 옆에 와 다음 손님이 기다리고 있는데도 느릿느릿 저희가 할 일 다 하고서야 일어서던 모습이 생각난다. 우리나라였다면 아마 시비가 있었을 법한 풍경이었다. 그러기에 어쩌면 저 시계는 신호가 바뀌어도 출발하지 않고 그저 머물러 있는 만만디의 나라 중국 사람들에게 어서 출발하라는 뜻인지 모르겠다는 생각을 잠시 해 보았다.

현지 가이드를 맡은 황 선생이 아직도 400㎞가 더 남았다고 한다. 제남 호텔에 도착하여 저녁식사를 마치고 나니 자정이 다 되어간다. 무려 10시간을 차를 타고 달린 셈이다. 만주가 고구려 땅일 때 평택항에서 닭이 울면 중국의 영산항 닭이 따라 울었다고 한다. 서해바다를 건너 백제 사람들이 오고 가던 중국 산동성의 3박 4일 동안 무려 3,500㎞를 이동한 우리들의 여정은 그렇게 시작되었던 것이다.

중국 역사를 보면 제나라가 700년, 노나라가 500년의 역사를 이룬 산동성만 해도 면적이 한국의 1.5배이고 인구는 약 2배 정도나 되는 큰

성으로 모두 17개의 도시가 있다. 중국의 모든 도시로 통하는 길목에 있는 제남시만 해도 인구가 500만 명이다. 물론 이것은 공식적인 통계로 정확한 인구는 한 가족 한 자녀만 호적에 올릴 수 있는 중국의 제도를 감안해야 알 수 있다.

8월의 햇살을 받아 반짝이는 길고도 곧은 옥수수 잎과 잠시 끊기는가 하면 다시 이어지는 포플러 숲의 진초록이 차창 밖으로 끊임없이 계속된다. 넓은 평원의 녹색과 함께 어우러져 펄럭이는 장예모 감독의 '붉은 수수밭' 이다. 유유히 움직이는 바람을 몰고 치열하면서도 처절한 공리의 얼굴이 창 밖에서 우리를 계속해서 따라오고 있었다.

하룻밤을 묵은 후 태산등정을 위해 가는 길에 황하黃河를 보았다. 중국 북부를 서에서 동으로 흐르는 중국 제2의 강으로 면적이 75만2천443㎢, 길이가 5천464km, 강폭이 20㎞인데, 중국인들은 어머니의 강이라 하여 절대 더러운 것은 던지지 않는다고 한다. 하지만 내가 2004년 여름에 만난 황하는 더 이상 중국의 어머니라고 할 수 없을 만큼 작고 왜소해 보였다. 흔한 여느 강가와 다름없어 보이는데 입구에서는 입장료를 받는다. 황토 빛 뿌연 저 물이 정녕 인류 4대 문명의 발상지의 하나일까? 내내 실망과 아쉬움을 감출 수 없었다. 우리 일행은 황하를 뒤에 두고 포스터와 같은 황하 그림을 배경 삼아 단체사진 한 장을 찍었다. 작은 배를 타고 저 강을 따라 내려가면서 중국 고대문명이 태동하던 모습을 조금이라도 느껴볼 수 있었으면 좋겠다는 마음을 아쉽게 접을 수밖에 없었다.

몇 년 전에 아마존 강을 배를 타고 거슬러서 밀림에 간 적이 있다. 잿빛에 흐리고 지저분한 녹색 물이 어디선가 썩고 있는 숲의 잔해라도 흘러든 것만 같았는데 현지인의 말에 의하면 전혀 오염되지 않았다고 했다. 맑고 투명한 것만이 깨끗한 것이라는 것도 편견이었던 모양이다. 그러기에 흐리고 탁해 보이는 저 황하 역시 오염되지는 않았을 것이라는 기대를 하면서 위로를 해 보았다. 그러면서 아마존 숲에서 사는 원주민 보라 족의 현란한 춤 솜씨와 크고 긴 뱀을 몸에 칭칭 감아 보이면서 적극적으로 손님을 유인하던 남미인은, 중국 사람들의 무심한 표정과는 매우 대조적이라는 생각을 하게 되었다. 여행 중에 우리가 만났던 중국인들은 비교적 표정의 변화가 없었던 것이다.

태산아래 도착하여 케이블카를 타기 위해 매표소에 이르니 단체 여행을 온 아이들이 우리나라 말로 얘기를 한다. 평택항에서 만났던 한국 학생들이다. 둘러보니 여행객은 대부분 한국인이다. 양사언의 시조로 우리에게 너무도 친근한 태산에 오른다고 생각하니 차례를 기다리면서도 조금은 흥분이 되었다.

그동안 중국에서 가장 높은 산으로만 알았던 태산은 높이가 1,532m로 우리나라 지리산과 비슷한데, 타이산 산맥의 주봉主峰으로 숭산崇山, 태산泰山, 화산華山, 형산衡山, 항산恒山을 일컫는 중국 5악五岳의 하나다. 우리나라에도 다섯 개의 수호산인 오악五岳이 있으니 백두산이 북악北岳, 묘향산이 서악西岳, 북한산이 중악中岳, 지리산이 남악南岳 그리고 금강산이 동악東岳으로 알려져 있다.

태산은 중국인들이 일평생 한번은 오르고 싶어 하는 영혼의 고향으로 신선이 산다고 믿는 도교의 성산이기도 하다. 공자께서도 "태산에 오르니 천하가 작아 보인다."고 했으며, 72명의 황제들과 이백, 두보 등의 시인이 다녀간 곳이다. 7천여 개가 넘는다는 돌계단을 따라 멀리서 카메라 렌즈를 통해 바라보니 사람들이 마치 안개 밭 위 천상에서 노니는 듯하다. 정상에 이르니 산 위로 떠 오른 태양을 손바닥 위에 얹어 둔 사진이 걸려있다. 시간만 맞출 수 있다면 이 땅에서 1억 5천만km나 떨어져 있는 태양을 우리들의 손바닥 위에도 올려놓을 수 있겠다 싶으니 발길이 잘 떨어지지 않는다.

내려오는 길에 비를 만났다. 태산에 올라 대류권을 통과해 온 빗방울을 세상 사람 누구보다도 먼저 맞이하는 순간이다. 이 빗물이 모여 황하를 이룰 것이라 생각하니 내를 지어 흐르는 맑은 물 또한 예사롭지 않아 보인다. 산안개와 물안개가 에워싼 태산에서 바라다 본 작은 황하가 거기에 있었다. 2004

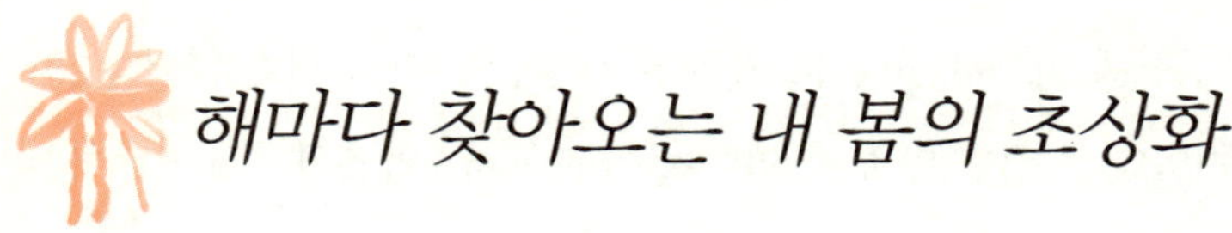

해마다 찾아오는 내 봄의 초상화

친정어머니는 해마다 정이월이면 고추장을 담그신다. 간장은 묵을수록 맛이 들지만 고추장이나 된장은 오래되면 본래의 맛이 떨어지게 되니 해마다 새로 담그는 것이라고 하셨다. 고추장 단지를 쳐다보면서 이제나저제나 시집간 딸 오기만을 기다릴 것을 생각하여 전화를 받자마자 하던 일을 멈추고 곧장 친정엘 갔다. 어머니는 아직 삭으려면 멀었지만 햇맛 한 번 보라면서 선홍으로 붉게 빛나는 고추장을 내어놓으신다. 손가락으로 찍어 맛을 보니 혀끝에 닿는게 매콤하면서도 부드럽다. 솥에서 막 퍼 담은 하얀 밥 위에 달래와 돌나물을 얹고 참기름 한 숟가락을 두른 후에 척척 비벼서 가볍게 새참을 했다. 알싸하게 남은 매운맛과 봄나물의 향기가 방안에 가득하다. 이마에 맺힌 작은 땀을 씻으려 창문을 열었더니 밀려들어오는 바람마저 부드럽고 향긋하다.

마당에 나가보니 좁은 공간이지만 제 몸을 곧추세우고 선 감나무와 앵

두나무에도 꽃눈과 잎눈이 맺혀있다. 그리 많은 눈길을 주지 않아도 동그랗고 볼록한 눈은 머지않아 한 송이 꽃이 될 것이다. 길쭉하면서도 잘록한 눈에서는 연둣빛으로 새잎이 나고 한층 길어진 햇살을 들이마시고 나면 진한 초록으로 윤이 나겠지. 나무가 서 있는 땅 역시 부드러워 보인다. 자세히 굽어다보니 물기를 머금어 촉촉한 곳에서는 어느새 잡풀이 기지개를 펴고 올라오고 있었다. 두터운 외투차림이라 아직 겨울인줄 알았는데 저 땅속 깊은 곳에서는 이미 봄의 전령들이 다녀간 모양이다.

난자의 줄기세포 복제로 똑같은 유전자를 가진 소와 돼지를 만들 수 있을 뿐 아니라, 다양한 기능을 가진 초소형의 핸드폰으로 화상전화를 통해 중국에서 열리고 있는 6자 회담의 내용을 시시각각으로 전해 받을 수 있으며, 도지사와 시 · 군 단체장들이 화상회의를 하면서 도정을 협의하는 오늘날이지만 이처럼 오묘한 자연의 힘만은 누구라도 거스를 수 없는가보다.

어릴 적에는 동네 언니들을 따라 나물을 캐러 다녔다. 언덕에 엎드려 먹을 수 있는 나물인지 아닌지를 하나하나 물어가면서 작은 대바구니가 가득 찰 때까지 나물을 캤다. 찬바람이 가시지 않아 시린 두 손을 입에 대고 호호 입김을 불어넣기도 하였지만 알록달록 프리즘으로 반사하여 내려앉은 봄볕으로 등은 참 따스했다.

내가 기억하는 것은 봄나물에 생굴을 넣고 된장을 풀어 끓인 국이다. 저녁나절이면 군불이 필요한 방으로 통하는 아궁이에 걸린 검은 가마솥에서 나물국이 하얗게 김을 내뿜으면서 끓었다. 할머니는 가끔씩 불을 조절하던 부지깽이를 내려놓고 일어나시어 젖은 행주로 솥뚜껑을 휘휘 둘러 닦으셨다. 그럴 때마다 연한 수증기들이 무리 지어 피시피시 소리를 내며 하늘로 올라갔고 행주가 쓸고 지난 자리에 남아 있던 물기는 금새 감쪽같이 말라 사라졌다. 더욱 윤기가 자르르해진 검은 솥뚜껑은 흑과 백이 어우러진 한 폭의 풍경화였다. 내 그림 속에 담긴 것들은 검불로부터 보호하고자 머리에 쓴 세수수건과 치마를 끌어올리느라 허리에 두른 허리끈, 제법 닳아 누르딩딩해 보이던 하얀 고무신, 그리고 구수한 나물국의 냄새다. 이들은 모두 해마다 찾아오는, 내가 그리는 봄의 초상화이다.

당나라 시인詩人 백낙천白樂天은 그의 시 〈낙화고조부(洛花古調賦)〉에서 "유춘춘불주 춘귀인적막 염풍풍부정 풍기화소내(留春春不駐 春歸人寂寞 厭風風不定 風起花簫奈, 봄은 좋더라 머물지 않아도 저만 가고 우리는 남아 서럽지 바람은 싫더라 나는 싫더라 꽃샘에 지는 꽃이 너무 많아서)"라고 읊어 짧은 봄과 바람에 지는 꽃의 아쉬움을 노래했다.

지금은 이런저런 일들로 우리 사회가 다소 차갑고 번잡하지만 청매, 홍매 모두 피고 개나리, 진달래, 살구꽃에다 하얗게 배꽃이 지천에 깔리고 나면 우리네 가슴에도 훈훈한 봄이 찾아올 것이라는 생각을 하면서 친정집 마당에 서 있는 나무를 쓰다듬어 본다. 2004

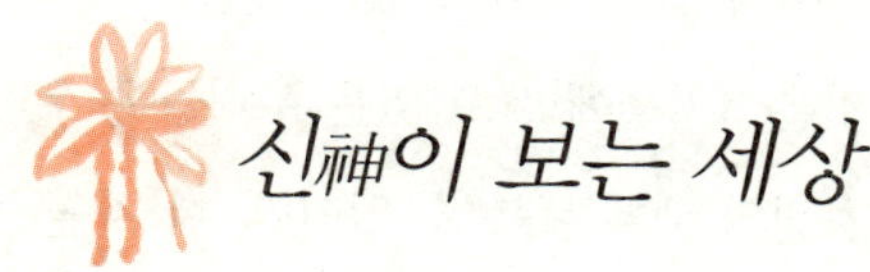

신神이 보는 세상

어릴 적 요술경 속을 들여다보면서 낄낄거리는 마귀할멈의 이야기를 들을 때마다 그것이 가능한 이야기인지 궁금하곤 했다. 요술경 속에는 백설공주가 나타나기도 하고, 여의봉을 손에 든 손오공이 나타나기도 했다. 어렴풋이 우리하고는 다른 세상이 있다는 사실을 그 시절 처음 이야기 속에서부터 만나기 시작했던 것이다.

분명 같은 하늘아래 더불어 살고 있는 줄 알았던 사람들의 엄청난 일들이 매스컴을 통해 드러날 때면 그들이 요술경 속에 있었는지 우리가 그 속에 있었는지 모르겠다는 생각을 하게 된다.

물리학에 차원이라는 말이 있다. 1차원이라 함은 점의 집합인 선의 세계이고, 2차원은 선과 선의 집합인 면, 그리고 우리가 살고 있는 입체적 공간인 이 세상은 3차원이며, 그 위에 존재하는 공간이 4차원의 세계이다.

우리 인간이 살고 있는 공간은 바로 3차원의 세계다. 헌데 재미있는 것은 3차원에 살고 있는 우리들은 우리보다 차원이 낮은 1차원이나 2차원의 세계는 볼 수 있지만, 한 차원 높은 4차원의 세계는 볼 수 없다는 것이다.

옛날이야기에 보면 한 나무꾼이 산에 나무하러 갔다가 두 신선이 바둑 두는 모습을 잠깐 구경하게 되었는데 그새 도끼 자루는 썩어 버리고 그가 살던 마을은 몇 십 년이 흘러 버렸다는 이야기가 있다. 중국 고사에도 어부가 보았다는 '무릉도원' 이라는 곳이 있다. 일설에 의하면 우리나라 나무꾼이나 중국의 어부가 경험했던 그 세상이 바로 4차원의 세계라고 한다. 그러므로 인간이 2차원 그림을 감상하는 것과 같이 4차원에 살고 있는 절대적인 존재자는 3차원에 살고 있는 우리 인간들을 지금 이 순간에도 내려다보고 있을 것이다.

나는 적어도 그가 마귀할멈은 아닐 것이라고 믿고 있다. 4차원의 존재자는 권선징악勸善懲惡을 바로 행사하는 신神이라는 것이 나의 생각인데 과거부터 현재까지를 모두 알고 있는 신께서는 전혀 부끄러워할 줄 모르고 오늘날 여러 분야에서 자행되고 있는 각종 폭력들을 바라보면서 과연 무슨 생각을 하고 계시는 것일까? 1998

순천 송광사 비사리 구시

전라남도 순천시 송광면 조계산 자락에는 신라 말 혜린慧璘선사가 창건한 송광사松廣寺가 있다. 목조문화재가 많은 이곳에는 국보 3점을 비롯하여 모두 27점의 문화재가 보존되어 있는데 비사리 구시와 능견난사能見難思 그리고 천자암에 있는 쌍향수는 세 가지의 명물로 절을 찾는 이들의 눈길을 끌고 있다.

비사리 구시는 절에 큰제사가 있을 때 7가마의 쌀로 약 4천 명 분의 밥을 지어 담았던 그릇으로 1742년 전라북도 남원군 송동면 세전골에 있었던 큰 싸리나무가 쓰러지자 이것을 가공하여 만들었다고 전한다. 한데 실제 나무의 재질은 싸리나무가 아니라 흔히 괴목槐木으로 불리는 느티나무로 밝혀졌다.

느티나무는 아름다운 무늬와 단단하고 잘 썩지 않으며 가공이 쉬운 최상의 재질로 우리 조상들이 즐겨 사용하던 나무이다. 천마총의 목관, 화엄사와 통도사의 대웅전, 해인사 수다라장과 법보전의 기둥을 비롯하여 많은 목질 유물들이 느티나무로 만들어진 것이다.

마을 사람 하나가 염라대왕 앞에 불려가게 되었다. 염라대왕은 그에게 "송광사에는 커다란 비사리 구시가 있다는데 너는 그것을 본적이 있느냐?"라며 "그 구시가 과연 몇 척이나 되느냐?"라고 물었다. 그 사람은 "재보지 않아서 크기는 잘 모르겠습니다."라고 대답했다. 그러자 "그러면 돌아가서 알아 가지고 오너라."하며 돌려보냈다고 한다. 죽었다가 다시 살아난 노인은 며느리를 데리고 송광사에 가서 비사리 구시의 크기를 재는데, 며느리가 "아버님, 가로가 얼마입니다."라고 말하면 알았다고 대답은 하는데 돌아서면 다시 잊어버리곤 하였다. 그래서 며느리는 구시의 가로와 세로, 높이를 잰 명주실로 수의를 지어 저승에 가서도 기억할 수 있게 해 드렸다는 이야기가 이곳 송광사에 전해오고 있다. 지금도 구시 잰 실로 수의를 지으면 좋다는 말이 전해져 많은 사람들이 비사리 구시의 길이를 재러온다고 한다.

곰곰이 생각해보면 어차피 저 세상에 발 하나 들여놓고 사는 것이지만 그래도 저승보다는 이승이 나을 것이니, 구시의 크기를 분명하게 외어서 기억하려할 필요가 과연 있을까 싶다. 기억하지 못하고 잊어버려야 염라대왕 앞에 불려갔을 때 한 번이라도 다시 이승으로 되돌려 보내질 것 아닌가! 어찌되었든 송광사 어느 곳에도 비사리 구시의 크기가 몇 척이나 되는지를 적어 둔 곳은 없었다. 2003

순천 송광사 능견난사

송광사는 합천 해인사, 양산 통도사와 함께 한국의 삼보사찰三寶寺刹로 창건당시의 이름은 송광산 길상사吉祥寺로 100여 칸쯤 되는 절에 약 3·40명의 스님들이 계셨다고 한다.

송광사松廣寺라는 절 이름에 대해서는 여러 이야기가 전해지고 있는데 그 첫째가 18명의 큰스님이 나시어 부처님의 큰 뜻을 펼칠 절이라는 것이다. 즉 송松자는, '十八(木)+公'을 가리키는 글자로 18명의 큰스님을 뜻하고 광廣은 불법을 널리 펴는 것을 가리킨다는 것이다. 둘째는 보조국사 지눌 스님과 연관된 이야기인데 스님께서 정혜결사定慧結社를 옮기기 위해 터를 잡으실 때 모후산에서 나무로 깎은 솔개를 날렸더니 지금의 국사전 뒤뜰에 내려앉더라는 것이다. 그래서 그 곳을 치락대(鵄落臺, 솔개가 내려앉은 대)라 불렀다고 한다. 육당 최남선 선생이 송광이란 솔갱이라 하여 솔개의 사투리로 풀었다고 전한다. 또 다른 하나는 일찍부터 이곳은 산에 소나무 즉 솔갱이가 많아 솔메라 불렀으며 이어 송광산으로 부르게 되었고 그 산 이름을 따서 송광사라고 했다는 것이다.

삼대 명물의 하나로 전라남도 유형문화재 제19호인 능견난사能見難思는 원나라에서 지눌에게 내렸던 것으로 쇠로 만든 일종의 접시인데 본래는 응기應器라고 불렀다. 500여 기나 되는 이것은 부처님 전에 음식을 담아내는 제기로 사용했는데 서로 포개면 하나도 어긋남이 없이 가지런하게 포개어진다. 공장에서 한꺼번에 그릇을 찍어 만드는 요즘에야 결코 신기할 것도 없는 일이지만 하나하나를 손으로 두들겨서 만들었던 당시의 솜씨가 퍽 정교하다 아니할 수 없다.

능견난사라는 이름은 조선 숙종 임금께서 절에 와 이 그릇을 보시고는 장인들에게 이와 똑같이 만들라고 명하였는데 만들고 보면 몇 개 되지 않아 더 이상 포개지지 않는 것을 보시고 "능견난사能見難思로구나!"라고 하셨다 하여 그 이후로 이름을 '능견난사' 곧 능히 볼 수는 있으나 만들기는 어렵다는 뜻으로 부르게 되었다는 것이다.

삼국지에 보면 유비가 제갈공명을 세 번 찾아가 청하였다는 고사로 '삼고초려(三顧草廬)'가 있다. 그런데 삼고초려에서 '돌아볼 고(顧)'는 본래 '갈 왕(往)'이었다고 한다. 이것을 훗날 공명이 두 번째 출사표를 쓰면서, 어찌 왕께서 감히 신하를 찾아왔다고 할 수 있겠느냐면서, 그저 잠시 돌아보았다는 '돌아볼 고(顧)'로 고쳐 쓴 것이라고 한다.

송광사 성보박물관에 전시되어 있는 '능견난사'를 보면서 나는 마지막 글자인 '사(思)'에서 눈을 뗄 수가 없었다. 그것은 '만들기는 어렵다'고 한 것에 '생각 사(思)'를 쓴 것에 대한 미묘한 함의 때문이었다.

2003

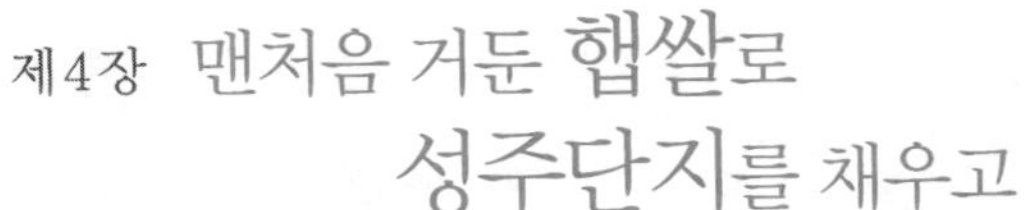

제4장 맨처음 거둔 햅쌀로 성주단지를 채우고

잘 익은 살구 하나를 먹는다. 아! 이것이 바로 살구 맛이구나 싶다. 그러고 보니 우리가 제대로 익어 참 맛이 나는 과일을 언제 먹어보았던가 싶다. 대량유통이나 상품성을 이유로 하여 채 익지 않은 과일을 미리 거두어 시장에 내어 팔다보니 그런 과일에 익숙해져 그새 참 맛을 잊어버렸나 보다. 우리가 깊은 샘물의 맛을 오래 전에 잊어버린 것처럼 인공으로 숙성시킨 과일 맛에 적응되어 있어 사람과의 관계에서도 그리 되어버린 것은 아닐까 걱정이 된다. 잘 익은 살구같은 그런 사람들을 만나고 싶다.

그늘이 있는 물가에서 탁족을

어느새 유월이다. 올해는 여름이 어느 해보다도 빨리 오고 또한 무더울 것이라고 한다. 한낮의 온도가 벌써 초여름을 느낄 만큼 덥다. 이렇게 더운 날에는 나무 그늘이 있는 물가에 앉아 탁족을 할 수 있다면 신선이 따로 없을 것이다. 문득 지난해 미당문학상을 수상한 황동규 시인의 시 한편이 떠오른다.

휴대폰 안 터지는 곳이라면 그 어디나 살갑다/아주 적적한 곳/늦겨울 텅 빈 강원도 골짜기도 좋지만/알맞게 사람 냄새 풍겨 조금 덜 슴슴한/부석사 뒤편 오전梧田약수 골짜기/벌써 초여름, 산들이 날이면 날마다 더 푸른 옷 갈아입을 때/흔들어봐도 안 터지는 휴대폰/주머니에 쑤셔넣고 걷다 보면/면허증 신분증 카드 수첩 명함 휴대폰/그리고 잊어버린 교통 범칙금 고지서까지/지겹게 지니고 다닌다는 생각!//시냇가에 앉아 구두와 양말 벗고 바지를 걷는다/팔과 종아리에 이틀내 모기들이 수놓은/생물과 생물이 느닷없이 만나 새긴/화끈한 문신文身들!/인간의 손이 쳐서/채 완성 못 본 문신도 있다/요만한 자국도 없이/인간이 제풀로 맺을 수 있는 것이 어디 있는가?

– 황동규 시 〈탁족〉 전문–

'탁족' 이라는 말은 중국 전국시대 초나라 굴원屈原의 작품 〈어부사(漁父辭)〉에 나오는데 그것은 "창랑지수청혜 가이탁오영 창랑지수탁혜 가이탁오족(滄浪之水淸兮 可以濯吾纓 滄浪之水濁兮 可以濯吾足, 창랑의 물이 맑으면 갓끈을 씻고 창랑의 물이 흐리면 발을 씻으리라." 이라는 글이다. 여기에서 탁족濯足은 탁영濯纓과 함께 속세를 등지고 은둔하는 것을 뜻한다고도 볼 수 있다.

굴원屈原은 귀족으로 태어난 데다 천부적인 문재로 나이 22세부터 왕의 총애가 각별하였다. 예나 지금이나 이렇게 재주 있는 사람이 있으면 이를 시기하는 무리가 있게 마련인데 이럴 때 중요한 것은 제왕의 영명함이다. 시비곡직을 따져 충간을 가린다면 문제가 없겠지만 불행하게도 역사를 보면 소인배의 말에 귀를 기울인 제왕이 더 많았다. 굴원 역시 간신들의 참소로 일생동안 무려 세 번이나 귀양을 가야 했고 결국 울분을 삭이지 못한 채 돌을 품고 멱라수汨羅水에 몸을 던지고 말았으니 단오端午절이 바로 죽은 그의 넋을 기리기 위해 비롯되었다 한다. 2003

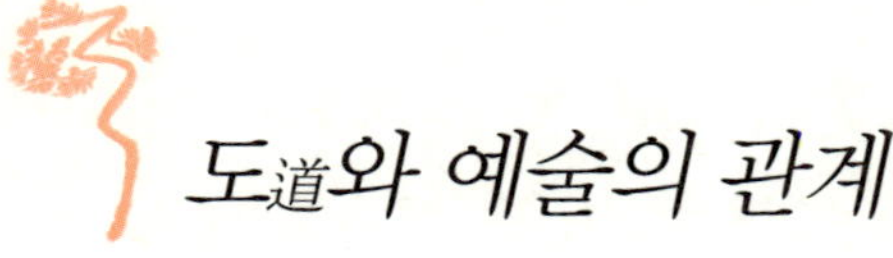

도道와 예술의 관계

장자의 달생 편에는 '도道와 예술의 관계'를 알 수 있는 이야기가 있다.

재경이라고 하는 노나라의 명공이 나무를 깎아 악기(鐻)를 만드는데, 그것이 완성되니 보는 이마다 놀라며 그 기술이 신기神技에 가깝다고 칭찬을 했다. 노나라 임금이 재경에게 물었다.

"그대는 무슨 기술이 있기에 이렇게 만들 수 있는가?" 그러자 재경이 다음과 같이 대답하였다.

"일개 목수인 제가 무슨 기술이 있겠습니까? 다만, 이 악기를 만들기 전에 먼저 기를 집중시켜 밖으로 흩어지지 않게 합니다. 그리고 반드시 재계하여 마음을 진정시킵니다. 사흘을 재계하면 상을 받거나 벼슬을 얻는다는 따위의 사욕이 사라지게 되고, 닷새를 재계하면 세상의 칭찬이나 비난, 작품의 공교함과 치졸함에 대한 관심이 사라지게 됩니다. 이레를 재계하면 문득 자신의 사지와 육체의 형체조차 잊어버리게 됩니다. 이때에 이르면 마음을 어지럽히는 모든 것은 깨끗이 사라지고 맙니다. 그런 뒤에야 비로소 숲 속에 들어가 나무 본래의 자연스러운 성질이나 모습을 관찰합니다. 나무의 재질이 최상의 것이라야 훌륭한 작품이 될 수 있습니다. 재목이 선정되면 마음속에 만들 모양을 그려보고 비로소 손을 댑니다. 만약 뜻대로 되지 않으면 손을 대지 않습니다. 이렇게 하면 나무의 자연스러운 본성과 내 마음의 본성이 하나가 됩니다. 제가 만든 작품이 귀신의 조화인가 의심하게 되는 것은 이 때문이라 생각됩니다."라고.

공자의 호학好學정신을 실천으로 보인 서복관 선생이 지은『중국예술정신』은 음악을 통해 본 공자예술정신의 탐색과 중국예술정신 주체의 정현인 장자의 재발견에 있다.

공자는 《논어》에서 "군자화이부동(君子和而不同)"이라 하여 군자는 조화하나 뇌동하지 않는다고 하였고, 장자는 "취불욕입 화불욕출(就不欲入 和不欲出)"이라 하여 종순함은 남에게 끌려 들어가지 말아야 하며 온화함은 남에게 드러나지 않아야 한다고 하였으니, 공자의 말처럼 인격은 시詩로써 일어나서 예禮로써 서며 음악으로 완성되고 악樂은 천지자연의 조화이고 예禮는 천지자연의 질서가 된다.

깊어가는 가을에 학자적 태도를 강조한 이 한 권의 책으로 예술의 도를 이룰 수 있다면 그 얼마나 좋으랴. 2001

눈 속에 핀 복수초

지난 3월 3일에 동해안 지방에 내린 폭설에도 강원도 동해시 천곡동의 한 야산에서는 봄의 전령사인 복수초가 노란 꽃을 피웠다. 미나리아재비과에 속하는 이 꽃은 황금색 잔처럼 생겨서 측금잔화, 설에 핀다하여 원일초元日草, 눈 속에 피는 연꽃이라 하여 설연화雪蓮花, 이른 봄에 꽃이 피면 부근의 눈이 녹아 동그란 구멍이 생긴다 하여 눈색이꽃 또는 얼음새꽃이라고도 한다.

하얀 눈밭에 노랗게 앉아 있는 복수초를 보면서 새삼스럽게 자연의 아름다움에 취한다. 그 누구도 돌보는 사람 하나 없는 산중에서 말없이 자라는 들풀의 자연 색을 오래오래 바라보았다.

구상 시인은 그의 서재에서 자라고 있는 이름 모를 들풀들을 노래하고 있다. 어느 해인가 봄 국화가 지고 난 화분에 제풀에 돋아서 제김에 스러지고 나고 하며 이 화분 저 화반에 번식한 잡초들을 시에 얹었다. 잡초들을 바라보고 있노라면 콘크리트 숲 닭장 같은 아파트 11층 구석방에 앉아서도 고향의 들길이나 산기슭을 거니는 느낌이 든다고 하셨다.

꽃은 모두가 예쁘다. 새 학교에 도착하니 친구가 보내온 꽃바구니가 나보다 먼저 학교에 와 있었다. 몇 송이의 장미와 후리지아 그리고 소국의 아름다움에 가슴이 벅차다. 유리창 너머로 안개꽃이 가득한 꽃집 앞을 지날 때면 발걸음을 멈추고 크고 작은 꽃들이 속삭이는 소리에 귀를 기울인다. 봄볕처럼 다냥해지는 순간이다.

아직 싹이 돋지 않은 은행나무 한 그루가 베란다에 놓여있다. 해마다 봄이 되면 낡은 겉껍질을 뚫고서 십오 년째 초록의 잎이 새로 돋곤 한다. 분의 마사토 위로는 풀이 함께 자란다. 밋밋한 나무 한 그루보다는 그 아래 잔풀이 만든 작은 숲이 있어 은행나무는 더 의미가 있다. 봄이 오는 길목에서 잡풀을 노래하고 싶다.

> 잡풀이어도 좋아라/네 마음에 우거질 수 있다면/무성한 초록의 우거짐으로/네가 있는 곳 어디라도/아무런 규칙 없이 자라서/그렇게 무성하게 자라서/네 마음 작은 자리에라도/우거질 수만 있다면/모진 가슴팍에 뿌리내릴 수 있다면/이 산 저 산에 이름 없이 자라나/한 여름 잔바람 잔 그늘 네게 전하는/잡풀이어도 좋아라
>
> – 〈잡풀이어도 좋아라〉 전문 –

2003

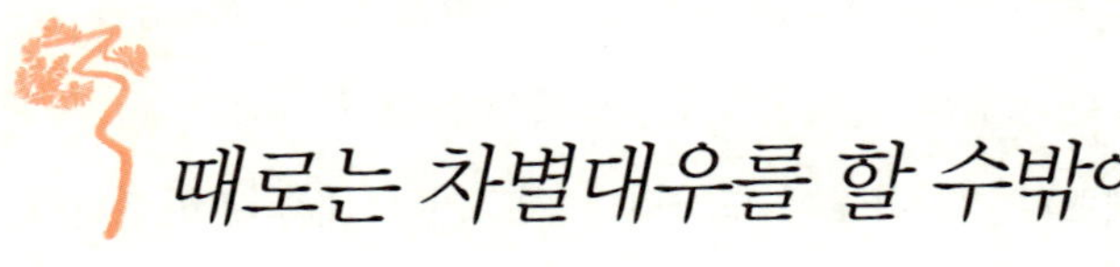

때로는 차별대우를 할 수밖에

눈이 아프다. 고개를 들어 시계를 보니 새벽 3시가 다 되어간다. 내일 아침에는 문우들과 백마강일대 유람을 가기로 되어 있으니 이제라도 찾는 것을 포기하고 잠을 청해야할 것 같다. 자정이 다 되어서 찾기 시작했으니 어느새 세 시간을 서성인 셈이다.

대학 1학년 때 우리들은 '청석골'이라는 문학동아리를 조직했다. 그 해 가을 시화전을 열었는데 당시 조그만 책자를 전시유인물로 만들었다. 32절지 크기에 회원들의 작품을 모두 수록한 것으로 내게는 유일하게 한 권이 남아 있었다. 모두들 잠이 든 한밤중에 내가 찾고 있는 물건이 바로 그것이다.

잘 둔 것은 분명한데 왜 보이지 않는지 모르겠다. 시집들을 꽂아 둔 책장에서 사이사이를 밀어가며 찾기도 하고, 아직 한두어 권 남아 있는 중 · 고등학교 시절 습작노트를 꺼내보기도 했다. 물건을 찾다가 옛 글을 다시 읽게 되었다. 얄팍하고 작지만 정말 값진 흔적들이다. 조심스럽게 넘기는데 책 사이에 있던 종이로 만든 꽃이 눈에 뜨인다. 큰애가 유치원에 다닐 때 어버이날 내 가슴에 달아준 꽃이다. 이것이 어떻게 여기에 숨어 있는 것일까? 색종이를 오려 풀로 붙이고 팔자로 리본을 달아 서툴지만 제법 쓴 글씨로 '부모님 고맙습니다.' 라고 쓰여 있다.

문득 며칠 전의 이야기가 생각났다. 두 살 때 사고로 아버지가 돌아가시고 생모가 재혼한 후 고모와 함께 살고 있는 학생 이야기다. 꼭 이 아이 때문이었다고는 할 수 없겠지만 지금까지 고모는 시집도 가지 않은 채 십 년이 넘는 세월동안 오빠의 아이를 기르고 있는데……. 어버이날을 맞이하여 학생들이 부모님께 쓴 편지봉투를 확인하다가 수신인이 학생 자신의 이름으로 되어 있는 것을 발견하게 되었다. 의아스러워 봉투를 열어 보았더니 그곳에 빈 편지지 한 장이 들어있었다. 담임은 혹시 얘가 고모와 무슨 일이나 있는 것이 아닌가 싶어 학생을 불러 오랜 시간 상담을 했다. 그런 후 학생은 세 장이나 되는 긴 편지를 금방 써서 봉투에 넣었으며 엊그제 팥죽이 먹고 싶다던 고모의 말을 기억하여 오늘은 팥죽 한 그릇을 포장한 선물꾸러미를 들고 집으로 돌아갔다고 한다.

학교에는 결손가정 아이들이 참 많다. 천애 고아는 아니라고 해도 복잡한 가정 형편으로 부모에 의해서 조부모 곁에 또는 친척집에 위탁된 아이들이 의외로 많다. 그러한 사실을 아는 까닭에 생활지도를 하다보면 때로는 차별대우를 할 수밖에 없는 경우가 종종 발생하는 것이다.

2003

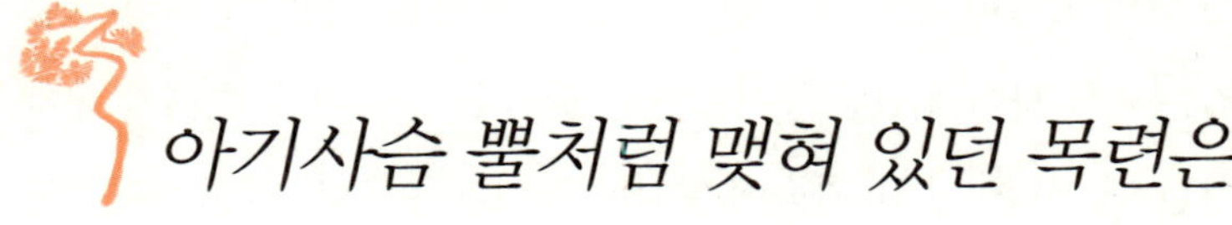

아기사슴 뿔처럼 맺혀 있던 목련은

하얀 목련이 피었다. 지난주까지만 해도 아기사슴 뿔처럼 맺혀 있던 것이 한두 송이씩 피는가 싶더니 오늘은 봉우리 모두가 활짝 열렸다. 한 아름이 더 되는 큰 고목의 가지에서 제각기 꽃눈을 열어젖히니 마치 하늘 마당에 흰 천을 널어놓은 듯하다.

어릴 적에 가출하여 온갖 못된 짓으로 사회의 지탄을 받던 한 남자가 있었다. 유치장과 교도소를 왕래하다가 성인이 된 그는 어느 날 우연한 계기에 자신의 행적을 깊이 뉘우치게 되었다. 남자는 참회의 눈물과 함께 나 같은 사람은 살아있으면 오히려 세상에 해만 된다고 생각하여 스스로 목숨을 끊어야겠다고 마음먹었다. 그런데 막상 죽어야겠다는 생각을 하자 고향에 계신 어머니 생각이 났다. 그래서 평생 효도 한 번 못하고 고생만 시켜드린 어머니에게 긴 용서의 편지를 쓰기로 했다.

"……어머니, 이제 저는 이승을 하직하고자 합니다. 세상에 나와서 못된 짓만 너무도 많이 해서 아무런 미련도 없습니다만, 어머님 얼굴 한 번 제대로 뵙지 못한 것이 너무도 후회가 됩니다. 마지막 가는 길에 기차를 타고 고향집을 멀리서나마 보고 갈까합니다. 어머니! 혹시라도 저를 용서하신다면 집 앞 감나무에 하얀 손수건 한 장을 걸어 놓아 주십시오."

남자를 태운 기차가 고향집 근처에 가까워지기 시작했다. 그런데 이 남자는 차마 직접 볼 수 없어 옆자리에 앉은 사람에게 부탁했다. 그러자 옆 사람은 어서 일어나 저기를 좀 보라고 소리쳤다. 고향집 감나무 가지에는 온통 하얀 천이 걸려 있었던 것이다. 어머니는 행여 아들이 빨리 달리는 기차 안에서 가지에 걸린 손수건을 보지 못하고 지날까봐 집안의 흰 천을 모두 모아서 감나무에 매달았던 것이다.

목련꽃이 저 어머니의 마음처럼 하얗게 핀 4월이다. 온갖 못된 짓으로 평생 부모 속을 썩이던 자식이라도, 그래서 오히려 안쓰럽고 애틋하다는 어머니의 간절한 소회가 봄바람에 흔들리는 꽃잎을 닮았다. 빨리 달리는 기차 안에서 행여 흰 천을 보지 못하고 그냥 지나쳐버려 아들에게 마음 전하지 못할까봐 가지에 흰 천을 걸면서 종종걸음 친 어머니의 주름진 얼굴을 백목련 한 송이로 가슴에 보듬고 싶다. 2003

안개 짙은 언덕에서 손 내밀어

엊그제는 멀리 인천에서 온 전화를 받았다. 초임지인 남원 보절중학교에서 가르친 학생들이 졸업 20주년 기념행사를 한다면서 꼭 참석해 달라는 것이다. 전하는 사람은 정석항공공고에 근무하고 있다고 했다. 그저 반가운 마음에 꼭 참석하겠노라고 흔쾌히 답하고는 전화를 끊었는데 이내 걱정이 된다. 그것은 당시 학생들을 내가 얼마나 기억하고 있을지 모르겠다는 우려 때문이었다.

언젠가는 초등학교에 다니는 딸애가 들고 온 교육신문에서 내 글을 보고 연락한다면서 제자가 전화를 했다. 조심스럽게 나이를 물었더니 서른여덟이라고 한다. 또래의 다른 아이들보다 조금 일찍 학교를 다녔고 도중에 쉼 없이 대학을 나와 곧장 교단에서 학생들을 가르치기 시작한 지라 불혹을 넘긴 내 나이나 제자들의 나이나 이제는 큰 차이가 없게 되었다. 그 옛날 어른들이 말하던 함께 늙어 간다는 말이 이제야 실감이 난다.

지난 이월에 대학 은사님의 정년퇴임을 기념하는 모임이 있었다. 동창회에서는 각 기수별로 한두 명에게 학창시절 이야기를 글로 쓰고 이것을 문집으로 엮어 정년하시는 교수님께 전하기로 했다. 그런데 우리 기수 한 친구가 깜박 원고를 놓쳤다고 하면서 지난밤에 쓴 편지글을 읽었다. 하지만 몇 줄 읽지 못하고 목이 메어 눈물을 흘리고 만다. 내 기억 속에 그 친구의 어머니는 할머니의 모습으로 남아 있다. 아버지를 일찍 여의고 시골에서 오 형제의 막내로 자라 경제적으로 대학을 다니기가 어려운 형편이었는데 다행히 지도교수님의 소개로 큰 장학금을 받게 되어 무사히 졸업할 수 있었던 것이다.

안개가 짙게 깔린 길을 달리다가 문득 우리 사는 세상이 이런 곳이라는 생각을 한다. 차가 언덕 위에 서면 햇살이 환하게 들어오면서 산과 들의 나무도 조금씩 보인다. 그제야 큰 숨도 내쉬어진다. 그러나 차는 이내 언덕을 내려가게 되고 우리는 다시 안개 속을 헤맨다. 그 때 손을 내밀어 갈 길을 인도하는 사람이 바로 우리들의 선생님이 아닌가싶다.

저녁 뉴스시간인데 전화벨이 울린다. '선생님~' 하고 기어 들어가는 목소리로 말을 잇지 못하는 아이는 전임지에서 담임을 했던 미선이다. 신체적으로는 성숙했으나 학과 성적에 대한 관심도 부족하고 기본 학습능력도 미치지 못하였던 학생이었다. 더구나 이런저런 잔일로 늘 신경이 쓰이던 학생이었지만 걸레를 들고 다니면서 여기저기 깨끗하게 닦는 일을 잘했다.

훈풍에 새잎 나는 나무들처럼 학생들은 이렇게 늘 새롭다. 2003

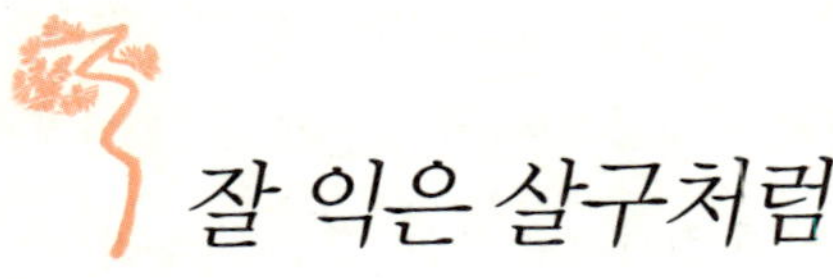

잘 익은 살구처럼

우리나라 날씨에 영향을 주는 커다란 공기덩어리인 기단에는 한겨울 북서계절풍을 몰고 오는 시베리아 기단과 봄 · 가을에 황사와 함께 중국으로부터 건너오는 양쯔강 기단 그리고 오호츠크해 기단과 북태평양 기단 등이 있는데 이중에서 차고 습한 오호츠크해 기단과 덥고 습한 북태평양 기단이 동시에 몰려오면 장마전선이 형성되고 이때부터 우리나라는 지루한 여름 장마에 들게 된다.

장마권에 들어 주룩주룩 비가 내리다가는 잠시 환하게 밝아 오면서 뜨거운 볕이 들기도 하니 이제 정말 여름이 되었구나 싶다. 운동장 동편에 있는 살구나무에서 후두둑후두둑 살구가 떨어진다. 요즘 보기 드문 토종으로 작고 앙증스러운 살구가 여기저기에 흩어지자 아이들은 모처럼 신이 났다. 삼삼오오 모여 앉아 살구를 줍기도 하고 부드럽게 열리는 연한 살구 속을 연신 입안에 넣으면서 깔깔거린다. 행복이 머무는 곳이 바로 살구나무 아래였다. 익기 전에는 웬만큼 가지를 흔들어도 꿈쩍하지 않더니 몰캉하게 익으니 가는 비 몇 방울에도 제 무게를 이기지 못하고 힘없이 떨어진다. 시고 떫을 때 흔들어 미리 따려하지 말고 조금만 참고 기다린다면 이처럼 제대로 익은 살구를 맛 볼 수 있는 것인데…….

얼마 전에 우리대통령께서는 4급 이상의 여성공무원들을 청와대로 초청하여 오찬을 함께 하면서, "정치란 권력투쟁이고 조삼모사朝三暮四다. 이렇게 말하면 저 사람 돌았는가 보다라고 말할지 모른다."로 시작하여 "모과 세 개를 세지 못해도 가장은 가장이다. 마음이 안 들어도 대통령은 대통령이다. 머리가 모자라고 재주가 모자라고 성질이 더러워도 밀어 달라……."고 주문했다. 취임한지 몇 개월도 채 안 되는 동안 말실수로 인해 곤혹을 치른 것이 한두 번이 아닌 줄은 알지만…….

잘 익은 살구 하나를 먹는다. 아! 이것이 바로 살구 맛이구나 싶다. 그러고 보니 우리가 제대로 익어 참 맛이 나는 과일을 언제 먹어보았던가 싶다. 대량유통이나 상품성을 이유로 하여 채 익지 않은 과일을 미리 거두어 시장에 내어 팔다보니 그런 과일에 익숙해져 그새 참 맛을 잊어버렸나 보다. 우리가 깊은 샘물의 맛을 오래 전에 잊어버린 것처럼 인공으로 숙성시킨 과일 맛에 적응되어 있어 사람과의 관계에서도 그리 되어버린 것은 아닐까 걱정이 된다. 잘 익은 살구같은 그런 사람들을 만나고 싶다. 2003

청정한 하늘에 뿌옇게 맺힌 이슬

이 감동을 어찌 다 적을 수 있을지 모르겠다는 생각에 오래두고 삭혔다. 이처럼 큰 기쁨을 어찌 다 쓸 수 있을지 모르겠다는 생각으로 마음에 품어두고서 기다렸다. 단 한 사람의 이름도 기억나지 않는다고 걱정했었는데, 적어도 멀리 인천에서 걸려온 전화를 받는 순간까지도 그러했는데, 새로 도색을 한 학교지붕이 조금씩 보이면서부터 가볍게 두근거리기 시작하던 가슴은 옛 모습 그대로인 진입로에 들어서자 이내 큰소리를 내면서 쿵쿵거렸다.

붉은 벽돌색 본관 앞에 느린 속도로 차를 대고는 운동장을 향해 언덕길을 내려가려니 어느새 아이들 서너 명이 뛰어 올라온다. "선생님! 저 용숙이예요!" "아니 너는 미남이!"이게 어찌된 일인가? 그동안 깡그리 잊고 있었던 이름이 적어도 이곳에 도착할 때까지도 전혀 생각나지 않았던 아이들의 이름이 절로 하나 둘씩 떠오르는게 아닌가!

이십여 년 전 나는 대학을 졸업하고 새내기교사로 남원군 보절면에 있는 보절중학교에 부임했다. 도시에서는 빠르게 진행되던 시간이 갑자기 일시정지 화면으로 변했다가 점차 느리게 다시 움직여 이동하는 것 같은 시골생활은 참으로 어려움이 많았다. 하지만 그때마다 초롱초롱한 학생들의 눈망울이 흔들리는 나를 붙잡았다. 그것이 힘이 되어 교단에서의 이십 년이 훌쩍 지나버렸다. 초임시절은 내 자신을 다시 되돌아보게 한 매우 귀한 경험의 장이었다. 바로 그때에 졸업한 학생들로부터 졸업 20주년 기념행사를 기획하고 담임선생을 초청한다는 연락을 받은 것이다.

아이들은 별걸 다 기억하고 있었다. 그때 선생님이 바른길 가라 하면서 깨우쳐 주셨다는 말에 새삼 목이 메인다. 할 수 있는 일이라면 다 해보려고 했으나 여러 번 좌절해야 했고 그로 인해 학생을 교육하는데는 한계가 있으며 사람이 할 수 없는 일이 있다는 것을 깨닫기도 했는데, 당시에는 직접적인 변화를 보여주지 않아 내게 실패한 것으로 남아있던 기억을 학생들은 그 긴 세월동안 작은 것 하나도 놓치지 않고 모두 간직하고 있었던 것이다.

"미애누나! 라고 앨범에…. 제가 쓴 것이었어요." 라고 이제야 털어놓는 남학생과 그때 어머니를 여의고 힘들어하는 저의 등을 두드려 주시면서 하신 말씀에 힘을 얻었다고 말하는 아이도 이제는 마흔이 다된, 중년을 바라보는 어른이 되었다. 많이도 가슴앓이를 했다는 이야기를 나누면서 제자와 스승이 한데 어우러져 종일 웃었다. 운동장 가운데 앉혀두고 우르르 달려 나와 큰절을 하는데 맑고 청정한 하늘에 뿌옇게 맺힌 이슬이 아지랑이처럼 지나간다. 내 평생 가장 감격스런 하늘이었다.

2003

월드컵 성공으로 가는 길

드디어 2002년 월드컵의 해가 솟아올랐다. 전주가 만들어 세계인이 감동할 환희의 제전! 지구촌 곳곳에서 터져 오를 함성의 해가 밝았다. 적도를 중심으로 남반구에서 북반구까지 세계인의 축제 월드컵축구대회가 오는 5월 31일부터 6월 30일까지 한국과 일본에서 열리고 아름다운 우리 고장 전주에서도 6월 7일과 10일 그리고 17일까지 세 차례의 경기가 열리어 모처럼 세계 여러 나라 사람들이 후백제의 고도 전라북도 전주 땅을 밟게 될 날이 멀지 않았다.

스페인과 파라과이 그리고 포루투칼과 폴란드 경기에 이어 합죽선의 선을 살린 4개의 지붕과 가야금 12현을 형상화한 케이블 등 한국적 전통미가 그대로 담긴 전주경기장에서의 16강전이 예정되어 있다. 우리 한국이 전주경기장에서 16강전을 치르게 될 것이라는 생각을 하면 가슴이 설레이고 공연히 마음부터 바빠진다.

사이버 공간에 마련된 전주시 홈페이지 월드컵 사이트를 방문하면 경기일정을 비롯하여 천년고도 전주의 멋과 가장 한국적인 전주경기장의 모습을 비롯하여 전주의 음식, 전주특산물 등을 한국어, 일본어, 중국어, 영어로 소개하고 있다. 참 잘한 일이다. 좀 더 욕심을 낸다면 이미 전주경기 일정이 확정되어 있으니 스페인어와 포루투칼어, 폴란드어, 독일어, 불어로도 만날 수 있었으면 하는 것이다.

정성을 다하여 전주발전의 기폭제로

지난해 여름 나는 한국문인협회 심포지엄이 열린 남미 아르헨티나에 다녀왔다. 유럽의 어느 도심을 걷는 것과도 같던 수도 부에노스아이레스는 넓은 대로와 우아한 건축물 그리고 깨끗한 공원 등으로 참으로 아름다웠다. 비록 지금은 경제적으로 어려움에 처해 있지만 여러 곳에서 과거 풍요로운 유럽의 한 모습을 다시 보고 있는 것만 같았다.

최근 그 나라 국민들의 폭동을 담은 뉴스를 보면서 과거 우리나라 학생들의 시위장면을 담은 영상도 저처럼 세계의 뉴스가 되어 방영되었으리라는 생각을 하곤 한다. 그때 그곳에서 만났던 교민의 말이 지금도 생각난다. 보고 싶으면 단 1달러로도 세계적인 오페라를 얼마든지 관람할 수 있고 입장료를 내지 않고도 유명 화가의 진품을 마음껏 감상할 수 있으며, 학교 교육비가 전혀 들지 않고, 병이 들어 큰 수술을 하고 한달 씩 입원하여도 모든 경비를 정부에서 부담하는 이 나라의 좋은 점이 얼마나 많은데, 한국에서 주문하는 뉴스는 IMF로 국민들이 얼마나 고통 받고 있느냐? 구조조정은 어떻게 하고 있느냐? 실업자는 얼마나 증가하였느냐? 등의 부정적인 내용뿐이라는 것이었다.

이웃 중국에 대해서는 또 어떠한가? 12억이 넘는 인구와 무서운 속도로 성장하는 경제발전은 아예 생각하지 않은 채, 돈을 벌기 위해 불법으로 입국하는 조선족이나 일자리를 찾아 밀입국하는 중국인들만 보고서 중국 전체를 판단하고 있지나 않은지 살펴볼 일이다. 우리는 가끔 사실을 제대로 보지 못하는 경우가 많은 듯하다. 이처럼 미리 입력된 작은 선입관이 판단을 흐리게 할 수 있기에, 전주 월드컵 축구대회를 준비하는데 한 점 부족함이 없도록 정성을 다하여 이번 국제대회를 전주발전의 기폭제로 만들어야 할 것이다.

전주 문화축제와 함께 하는 월드컵

월드컵 기간 중에 우리는 4대 축제를 함께 열어 멋과 전통의 소리 그리고 현대적인 영상이 잘 조화된 미래의 모습을 보여주게 된다. 사전에 제3회 전주국제영화제가 4월 27일부터 5월 4일까지 개최되며 전주대사습놀이 전국대회를 비롯하여 제44회 전주 풍남제가 전문 예술단체를 중심으로 남부시장을 비롯한 경기전 일대에서 열리고 전통한지의 아름다움을 재현하는 전주종이문화축제도 함께 있게 된다. 문화축제가 함께 하는 전주월드컵은 젊음과 힘이 넘치는 축구경기 속에 가장 한국적인 모습으로 내 고장을 찾아온 사람들에게 영원히 지워지지 않을 화려한 영상으로 남게 될 것이다.

거리에서는 국악과 관악 등의 각종 음악행사를 비롯하여 행위예술과 설치미술가의 퍼포먼스와 각종 민속놀이의 체험마당으로 투호, 널뛰기, 제기차기, 팽이치기, 연날리기 등이 전주 기접놀이의 재현과 함께 가장 전통적이고 민속적인 부드러움과 강함을 보여줄 것이다.

전주시와 자매결연 도시인 중국 소주시에서는 이번 월드컵이 열리기 전 5월 중순까지 전주 차이나타운 안에 소주시의 특성을 살린 남방식 패루牌樓를 설치한다고 한다. 패루는 귀신을 쫓고 상가번영을 기원하는 중국 전통의 조형물인데 패루가 설치되면 차이나타운의 상징이자 볼거리로 중국관광객을 유치하는데 큰 역할을 할 것이다. 사실 우리도 외국에 나가 우리 교민들이 살고 있는 한인타운은 한 번 가보고 싶지 않던가!

중국문화를 상징하는 사자놀이 공연단을 전주에 파견하여 전주에서 월드컵 기간 중에 공연을 하게 된다 하니 전국적으로 이러한 사실도 널리 알려서 중국 관광객이 전주를 꼭 다녀갈 수 있도록 해야 한다. 더구나 첫 경기 일정에 맞추어 소주시의 월드컵 참관단이 전주를 방문할 것이라 하니 이러한 중국과 한국의 문화교류는 전주월드컵의 격조를 더욱 높이는 기획이라 기대가 된다.

월드컵 성공으로 가는 길 내 고장 역사 하나 더 알기

축제와 문화가 있는 이번 월드컵은 우리들 모두가 깊은 관심과 애정으로 참여할 때 비로소 성공할 수 있으며 빛나는 역사의 한 장으로 남을 것이다.

며칠 전 서울에서 온 손님들과 함께 경기전 일대 한옥지구를 둘러보았다. 막상 한옥보존지구라고 소개를 하고 보니 여기저기 보이고 싶지 않은 부분들이 눈에 띄었다. 손님을 치를 날이 얼마 남지 않았다고 생각하니 전에는 보이지 않던 것들과 정리해야 할 것들이 더 두드러져 보이는가 보다. 깨끗하게 정돈된 자리에 키 작은 꽃나무 한 그루 서 있었으면 싶었다.

경기전에서 동남쪽으로 약 500여m 떨어진 곳에 나즈막한 동산으로 오목대가 있다. 태조 이성계가 황산대첩을 거두고 돌아가는 길에 잔치를 벌인 곳이다. 전주사람이라면 여기까지는 대부분 알고 있다. 그런데 우리가 조금만 더 관심을 가진다면 내 고장을 찾는 손님들에게 이렇게 이야기해줄 수 있을 것이다.

1380년 우왕 6년 지금의 금강 어귀인 진포에 500여 척의 대선단을 이끌고 온 왜구들이 충청 · 전라 · 경상도에서 갖은 약탈을 다했다. 이에 최무선이 만든 화포를 진포싸움에서 처음 사용하여 왜구의 함선을 모두 불태우는 대전승을 거두었는데, 배들이 모두 불타 퇴로가 막힌 왜구는 지리산으로 들어가 그 일대를 극도의 혼란으로 빠뜨렸다. 이에 이성계가 운봉에 있는 황산 서북 정산봉에서 적장 아지발도阿只拔都와 치열한 싸움을 벌인 결과 대승을 거둠으로써 왜구토벌의 일대 전기를 마련한 것이 바로 황산대첩이다. 이렇게 대승을 거두고 귀경하는 길에 선조들이 살았던 전주에 들른 이성계가 오목대에서 일가친지를 불러 모아 잔치를 베풀었는데 그 자리에서 그는 한고조漢高祖 유방이 지은 대풍가大風歌[1] 를 읊었다고 한다. 한고조는 천하를 통일한 후에 유劉씨 성이 아닌 이성異姓의 제후 왕들을 모반을 꾀했다는 누명을 씌워 하나씩 제거하였는데, 장도 · 한신 · 팽월 · 경포까지 모두 숙청한 후 비로소 천하를 제압했다는 뜻으로 지은 노래가 바로 '대풍가'이다. 이것은 이성계가 새로운 나라를 세우겠다는 자신의 야심을 넌지시 비친 것인데 이때 종사관 정몽주가 그 뜻을 알고서 남고산성 만경대에 올라 비분강개한 마음을 시

---

1) 대풍기혜운비양 위가해내혜귀고향 안득맹사혜수사방(大風起兮雲飛揚 威加海內兮歸故鄉 安得猛士兮守四方)

로 읊었다. 정몽주가 남긴 시는 지금도 남고산성 만경대 바위 위에 새겨져 있다.[2] 등등의 이야기를 하는 중에 대풍가와 정몽주의 한시를 곁들여 읊을 수 있다면 금상첨화임은 물론일 것이다.

월드컵 기간 중에 일요일 예배 및 법회를 위한 종교적 준비도 잊지 말아야 할 것이다. 천주교에서는 전주경기 참가 3개국이 모두 카톨릭 국가이므로 제2회 요한 · 루갈다 축제를 개최하고, 세계적인 카톨릭 성지인 치명자산을 중심으로 천주교 종교문화행사를 계획하고 있다. 아울러 일요일 외국인들의 미사 참석을 도모하고 친교의 시간도 마련할 예정이라고 한다. 기왕이면 민박이나 숙박을 사찰에 위탁하는 것도 모색해 보았으면 싶다. 전주에서 멀지 않은 절에서 민박할 수 있도록 한다면 중국이나 일본 관광객 유치에 분명 도움이 되리라는 생각이다.

얼마 남지 않은 2002 전주월드컵 축구대회!

맑게 개인 하늘아래 온 누리가 가지각색 초록으로 더욱 반짝이듯이 새로운 모습으로 도약하는 전주를 그리면서 가벼운 떨림과 함께 우리는 그 날을 고대하고 있다. 2002

---

2) 천인강두석경횡 등임사아불승정 청산은약부여국 황엽분분백제성 구월고풍수객자 백년호기오서생 천애일몰부운합 교수무유망옥경(天仞崗頭石逕橫 登臨使我不勝情 靑山隱約夫餘國 黃葉紛紛百濟城 九月高風愁客子 百年豪氣誤書生 天涯日沒浮雲合 矯首無由望玉京)

한국의 마추픽추 금성산성

오월 속에 내가 있다는 것만으로 행복했다. 차창을 타고 넘어 온 바람이 풀잎되어 가볍게 볼을 간지럽힌다. 명주이불처럼 아름다우면서 부드러운 햇살에는 댓잎의 향기가 담겨 있다.

전라북도 순창군을 벗어나 전라남도 담양군으로 들어서자 메타세콰이어 가로수길이 깨금발을 한 큰 키로 우리를 내려다본다. 침엽수 사이로 담양리조트 가는 길을 알리는 이정표가 반갑다.

북송의 문인으로 당송팔대가의 한사람인 구양수歐陽修의 저서『붕당론(朋黨論)』에 보면, "군자여군자 이동도위붕 소인여소인 이동이위붕(君子與君子 以同道爲朋 小人與小人 以同利爲朋)"이라고 했다. 군자와 군자는 도를 함께 함으로써 벗이 되고, 소인과 소인은 이익을 함께 함으로써 벗이 된다는 말이다.

재물로 사귄 자는 재물이 다하면 사귐도 끊기고 미색으로 사귄 자는 꽃이 지면 사랑도 식는다 했던가. 군자의 지조와 절개를 상징하는 대나무골에 들어서자, 쉽게 만나고 쉽게 헤어짐으로 인연을 저버리는 요즘 사람들의 가벼움이 참을 수 없는 진한 아쉬움으로 되살아난다.

나는 담양만큼 친절한 고장을 본적이 없다. 그것은 아마 첫 나들이 길에서 만난 군청직원의 성실함 때문이었을 것이다. 일요일임에도 불구하고 안내 책자를 들고 와서 답사를 온 우리 일행과 종일토록 함께 해주었다. 안내를 했던 문화관광과 공무원의 따뜻한 배려가 지금껏 잊혀지지 않는다. 뿐만 아니라 얼마 전에는 가사문학관에 현장체험학습을 나온 학생들을 위해 사무국 직원 한 분이 손수 단체사진을 찍어 학교로 우송해 주기도 했으니 내가 만난 담양 사람들은 모두 한결같이 친절했다.

담양을 다시 찾은 것은 '한국의 마추픽추' 라고 하는 금성산성을 가까이에서 보고자 함이었다. 금성산성은 전라남도 담양군과 전라북도 순창군 경계인 산성산 약 500m 고지에 위치하고 있는 석축산성으로 장성의 입암산성立岩山城, 무주의 적상산성赤裳山城과 함께 호남의 3대 산성으로 알려져 있다.

담양온천 좌측으로 난 길을 따라 수목원을 지나 연못에 앉은 수련睡蓮과도 눈인사를 나누면서 경사진 언덕길을 한참 오르니 성의 입구인 남문이 멀리 보인다. 남문南門으로부터 산성의 총 둘레가 7.345m나 되고 천혜의 절벽과 자연의 산세를 이용한 주봉 철마봉이 짙푸른 담양호를 뒤로하고 강천사 쪽으로 등고선을 따라 가다보면 북문北門이다.

한국전쟁 이후 회문산을 중심으로 움직이던 빨치산들의 주요거점이 되어 토벌작전으로 불타버렸다는 보국사 터에 이르니 마치 대웅전의 위치를 알려주는 것처럼 벌통들이 빙 둘러 놓여 있다. 둘러쌓은 산성아래

오목한 분지는 피 어린 유월을 증언하는 신록이 햇살에 유난히도 반짝인다.

연동사 절에서 기른다는 하얀 개 한 마리가 초행인 우리 앞을 줄곧 질러가며 길을 안내한다. 뒤따르는 발걸음이 늦어 간격이 멀어진다 싶으면 가다 멈춰 서서 뒤를 돌아보기도 하는 등, 서문에서 다시 철마봉 쪽으로 올라 서쪽으로 난 성벽을 타고 내려올 때까지 잠시도 곁을 떠나지 않는다. 연분홍빛 와당 하나를 줍느라 허리를 굽히다가 백구와 눈이 마주쳤다. 군자君子도 소인小人도 아닌 이 짐승과는 무슨 인연이 있어 하룻길 이처럼 애틋한 벗이 되는지 모르겠다. 2004

하얀 고무신

몇 년 만에 닦아보는 흰 고무신인지 모르겠다. 오늘 아침 신발장 귀퉁이에서 쭈그러져 팽겨쳐진 고무신 한 짝을 발견하고는 수세미에 비누를 쓱쓱 문질러 닦고 있노라니 새삼 어린시절 닦아도 닦아도 눈처럼 희어지지 않던 고무신 생각이 난다. 그때는 백 원짜리 동전 하나면 어디서든 흔하게 살 수 있는 합성 수세미가 아니라, 볏짚 몇 가닥 쑥 뽑아내어 손으로 부비고 물에 적시어 돌로 몇 번 자근자근 쳐댐으로써 다소 부드러워진 짚수세미로 고무신을 닦았다.

초등학교에 들어갔을까 하는 나이였으니 곧잘 엄마 뒤를 따라 냇가에 가서 빨래하는 흉내를 내곤 했는데 어린 내게 맡겨지는 일이라는 것이 광목버선이나 고무신을 닦는다거나 하는 일이었다. 그런데 흰 고무신이라는 것이 아무리 닦아도 버선목만큼 깨끗해지지 않고 버선발 부분처럼 그저 누르딩딩했기에 어머니께서 한 옴박지 가득 빨래를 하는 동안 나는 고무신 한 켤레를 겨우 닦을 수 있을 정도였다.

그렇게 닦여진 고무신도 비스듬히 기울여 말리거나 마루 끝에 엎어두어 물기가 가시고 나면 어느새 하얗게 탈색이 되었고 할머니는 그 신을 신고 나가시어 동네방네 다니며 손녀딸 자랑을 하셨다. 그렇게 좋아하는 할머니를 위해서 학교에서 돌아오면 세수 대야에 흰 고무신 한 켤레와 역한 냄새가 풀풀 나는 검정 비누 그리고 짚수세미를 담아가지고 나는 곧잘 마을을 감고 흘러가는 냇가로 달려가곤 했다. 멀지 않은 곳에 있던 대장간에서 조선 낫 두들기는 소리를 들으며 고무신을 닦다보면 어느새 해가 서산에 기울었다.

닦은 고무신을 물에 헹구어보니 제법 하얗다. 무심히 살다가 어느 사이에 더렵혀진 우리들의 양심도 이렇게 닦을 수 있다면 얼마나 좋을까? 그럴 수만 있다면 가끔씩 꺼내어 눈처럼 하얗게 닦아서 적어도 힘과 권력 앞에서 그 빛을 잃어 조간신문에 전면뉴스로 등장하는 일은 없을 터인데 말이다. 1989

새해에 비는 마음

지난 해 마지막 수업 시간이었다. 한해를 마무리하듯 교과서의 끝장을 넘기고 있는데 갑자기 '찌르찌르 찌르르릉~' 울리는 경보소리가 요란하다. 복도와 교실에 설치되어 있는 화재경보장치다.

가슴이 철렁 내려앉았다. 이내 누군가의 장난이겠거니 하고 주위를 살핀다. 오십여 명의 학생들 역시 전혀 동요가 없다. 오히려 잠시 생긴 시간을 틈타 옆 사람과 잡담하느라 어수선해졌을 뿐이다. 그래도 혹시나 하여 복도에 나가 보았다. 어느 교실에서도 별 반응이 없다. 썰렁한 냉기가 두근거림에 화끈해진 두 볼을 스치고 교실로 밀려 들어온다. 바로 소리가 그친 것을 보니 전원스위치를 내린 모양이다. 이제 열서너 살 먹은 학생들인데 오죽 하겠는가. 저희들끼리 장난으로 한번씩 눌러 보고 하는 짓이 잦다보니 이젠 어쩌다 울리는 경보소리에도 놀라지 않게 되어버린 것이다.

기원전 8세기경 중국 서주西周 유왕에게는 포사라는 후궁이 있었다. 왕의 총애를 받아 황후에까지 올랐으나 그녀는 평소 웃지를 않았다. 유왕은 어떻게든 포사의 웃음을 보고자 하였으나 효과가 없었다. 그러던 어느 날 어리석은 신하 괵석보의 계책을 받아들여 여산으로 가서 거짓 봉화를 올렸는데 많은 제후들이 나라에 급변이 일어난 줄 알고 조정을 구하고자 군사를 이끌고 달려왔다가 적이 보이지 않자 어리둥절하다가는 허탈하게 돌아갔다. 그 모습을 보고 포사가 웃음을 참지 못하고 생긋이 웃었다. 그런 일이 있은 후로 왕은 포사의 웃음을 보기위해 자주 거짓 봉화를 올리게 하였고 그때마다 제후들은 번번이 허탕을 쳐야만 했다. 그러다가 어느날 정말 내란이 일어났다. 급하게 봉화를 올렸으나 정작 그때에는 아무도 나라를 구하러 으지 않았고 결국 서주는 망하고 말았다는 고사가 생각난다.

새해가 되어 정부와 각 정당에서는 많은 공약을 내놓고 있다. 부디 화려한 청사진들이 장난이나 실수로 오르는 봉화나 화재경보가 되지 않았으면 좋겠다. 1989

우유 먹는 아이

"지원이, 엄마 안고 잘까?"하면 안기는가 싶다가도 잠이 들 때쯤이면 어느새 팔에서 빠져나가 코알라가 그려진 제 베개를 찾아 엎드리는 큰애를 본다. 둘째 역시 무척이나 졸리는 눈을 비벼가면서 우유병을 찾을 뿐 엄마의 팔 베개가 불편한 모양이다.

은연중에 서운한 생각이 든다. 아이가 더 어릴 적에는 혼자 자는 버릇도 들일 겸해서 손에 우유병을 쥐어주었던 것인데 그렇게 혼자 잠드는데 익숙해져버린 모양이다. 잠이 든 아이의 머리라도 쓰다듬어 주며 마음을 달래볼까 했더니 아직 깊은 잠이 들지 않았던지 고개를 좌우로 내젓는다. 그마저 거부당한 기분이다.

낮에는 정신없이 뛰어놀다 저녁이면 잠에 취해 아무데서고 쓰러져 잠드는 아이 앞에서 아직도 견습엄마인 나는 자주 당혹스럽다. 그럴 때마다 "우유 먹는 아이들은 다 그래."라고 말해주는 선배와 친구들의 말이 큰 위로가 된다.

며칠 전 소아과에 들렀다가 맞은편에 앉아있는 애기엄마가 업고 있던 아이를 등에서 내리더니 젖을 드러내놓고 빨리는 것을 보았다. 그 순간 왜 그리 눈물이 쏟아지던지. 아무 영문을 모르고 옆에 앉아있는 내 아이를 다시 한번 꼭 안아주었다.

직장 때문에 하는 수 없이 약을 먹어가면서 강제로 젖을 떼고 우유를 먹일 때에는 그래도 어쩔 수 없다는 생각으로 자위했었다. 아이가 어느 소의 젖인 줄도 모르는 조제분유라도 잘 먹어주고 탈 없이 건강하게 자라서 얼마나 다행이었는지 모른다. 하지만 모유가 아닌 우유를 먹였다는 것만으로 행여 정서적으로 심리적으로 건강에 영향이 있는 것은 아닌가싶어 사실 늘 불안했다. 어쩌다 몇몇 보고서를 통해 오늘날 우유로 키운 아이들의 장애 운운하는 이야기를 듣게 되면 나 역시 큰 죄를 지은 것만 같은 죄책감에 시달리게 되니 끝내 나는 견습엄마인 셈이다.

1989 

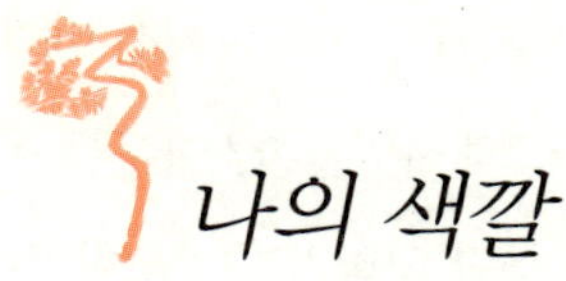

나의 색깔

머리끝까지 뜨거운 어느 여름날 5교시였다. 복도 쪽 창문은 떼어내고 위 아래 창문을 있는 대로 모두 열었건만 교실에 들어서자 후끈 칠월의 열기가 몰려든다. 더위 탓에 수업을 바로 시작하지도 못하고 있는데 다소의 소란함을 뚫고 한 학생이 일어나서 "선생님은 무슨 색을 좋아하세요?" 하고 묻는다.

'내가 좋아하는 색?' 학생의 질문을 받고서 나는 멈칫해졌다. 얼른 대답을 해주어야 할 터인데 딱히 무슨 색이라고 바로 떠오르지 않았던 것이다. 전에는 그렇지 않았는데 언제부터인지 정말 내가 좋아하는 색을 잃어버렸다는 사실을 비로소 깨달았다.

초등학교 때는 주홍색과 파랑색을 좋아했다. 열서너 살 무렵에는 연한 색은 무엇이든 다 좋았다. 연분홍, 연두색, 하늘색, 연노랑, 연보라가 좋았다. 그러다 여고생이 되었고 여고시절에는 하얀색과 초록색이 마냥 좋았다. 어머니께선 내게 늘 깔끔한 여학생이 되어야한다고 하셨는데 그래서였을까? 아무튼 여고시절 나는 흰색을 무척 좋아했다. 초록은 그 무렵 잊혀져가던 고향바다를 그렇게라도 붙들어 앉히고 싶은 마음의 표현이었던 것 같다. 그러다 스무 살이 되었고 그때부터는 노랑색이 좋아졌다. 그러는가 하면 점차 하늘색도 좋아졌다. 그때가 스물서너 살 쯤 되었던 것 같다. 그 무렵까지는 기억이 나는데 그 이후로는 통 생각나지 않는다.

사람은 마음의 상처를 입기 전에는 연한 색을 좋아하다가 깊은 상처를 입고나면 좋아하는 색깔의 농도가 진해진다고 한다. 그런데 색깔의 농담이 아니라 아예 좋아하는 색상조차 생각나지 않는 지금의 내 경우는 대체 무슨 연유일까? 어느새 좋아하는 색깔마저 잃어버릴 만큼 순수성을 잃었다는 것이 아닌가싶어 조금은 우울해지는 날이다. 1989

날개 달린 옷

어디에 가서 조금 남은 시간을 보낼까 하다가 평소 잘 가는 옷가게에 가기로 했다. 조용한 커피숍에서 밀렸던 생각을 정리하는 것도 괜찮은 일이겠지만 날씨가 무더운 탓에 생각이 잘 정리될 것 같지가 않기에 차라리 옷가게에 들러 사람들의 이야기를 듣는 것이 나을 성 싶었던 것이다. 마침 K-부띠끄에 근무한다는 아가씨가 놀러와 있었다.

"어휴, 캐쥬얼 의류 팔 때가 좋았어요. 나는 고급 옷이니까 교양 있는 부인들도 드나들테고, 그러면 나도 무언가 배울 점도 있을까 했는데 그렇지가 않더라구요. 보통 서너 시간씩 이 옷 저 옷을 뒤적이질 않나, 심할 때는 오전에 와서 스무 벌도 넘게 입어보고는, 계 끝나고 와서 또 스무 벌을 입어보다가 겨우 한 벌 골라가지고 가는가 하면 금세 다시 전화하는 거예요. 뭐 매장 거울하고 집 거울이 다르다나요. 그러면서 기사편에 도로 보내요. 현금이나 주면 좀 낫죠. 외상으로 그것도 몇 개월·할

부로 사면서 이리 재고 저리 재고 또 사모님, 싸모님 소리 들으려 하구요."

까다로운 손님 흉보는 것이 그런대로 재미도 있었다. 그런데 듣다보니 아차, 이게 아니구나 싶다. 그 아가씨가 근무하는 옷가게는 알만한 사람은 다 아는 소위 유명브랜드인데, 그곳에 있는 옷들 중 오리지널은 몇 벌 안된다는 것이다. 상당수의 옷은 삼사만 원 하는 것을 납품 받아 이삼십만 원씩 붙여서 팔고 있다는 것이 아닌가! 비슷한 얘기를 소문으로는 들었지만 실제 판매원을 통해 직접 듣고 보니 어이가 없다.

지방이라 디자이너의 작품을 직접 볼 수 없다는 사실을 핑계 삼아 소비자를 우롱하다니 이래도 되는 것인가 싶은데, 다시 생각해보니 값이 비싸야하고 유명브랜드라야 다 좋은 물건인 줄로만 아는 일부 여성들이 있기 때문에 이와 같은 사기행각도 버젓이 벌어지고 있다는데에 생각이 미치자 모두가 그저 한심할 뿐이다. 1989

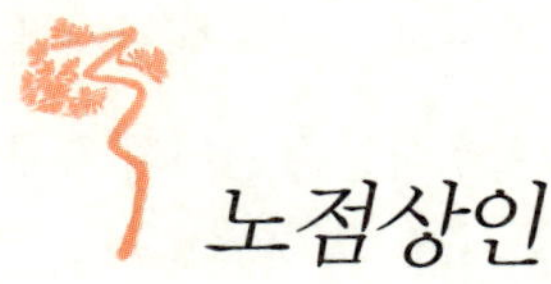

노점상인

지난여름 내가 사는 아파트와 초등학교 사이에 난 도로에서는 두 차례의 큰 싸움이 있었다. 그것은 저녁나절에나 잠시 열리던 노점이 규모가 커지면서 십여 미터의 도로가 상설시장으로 변해버림으로써 이를 규제하여 철거하고자하는 구청 직원과 생존의 자리를 잃지 않으려는 노점상인들간의 싸움이었다. 다행히 중앙시장이나 모래내 시장처럼 격렬한 저항이 없어서 그날로 싸움은 끝이 났고 상인들은 모두 철수했다.

노점 장소가 학교 앞이라 학생들에게 미칠 영향이 다소 걱정도 되고 도로변이라 교통 체증은 물론 상행위로 인한 소음으로 불편하긴 했다. 그런데 그들이 어쩌다 텃밭에서 따온 호박 서너 개 팔러 나온 사람들이 아니라 대부분 그 자리에서 오래 터를 잡고서 야채나 과일을 팔아 생계를 꾸리던 사람들이었기에 모두들 어디로 갔을까 행방이 궁금했다.

다행히 걱정을 오래하지 않아도 되었다. 얼마 지나지 않아서 멀지 않은 골목에서 다시 장사를 시작한 그들과 만날 수 있었기 때문이다. 더구나 추석연휴 관청의 휴무기간에는 예전처럼 도로까지 자연스레 재점령하였다.

과격한 저항도 없이 애써 세운 기둥과 천막이 거침없이 쓰러질 때는 그저 멍한 눈으로 바라보고만 있더니만, 다 싣고 가버린 자리에 남은 배추 몇 다발과 흩어진 과일 상자를 힘없이 만지작거리기만 하더니, 잡초처럼 밟힐 때는 죽은 듯 가만히 넘어지더니 다시금 일어서서 광주리 앞에 놓고 손님을 부르며 물건값을 외치는 사람들을 다시 만나고보니 가슴이 뜨거워진다.

거리 정비라는 명분도 좋으나 어느 경우든 무조건 철거 이전에 비어있는 주변 공간으로의 이전이나 5일장 아니면 알뜰시장이라는 이름 등으로 생존의 고통을 함께 나눌 수는 없는 것일까? 1990

아직도 내가 할 수 없는 일

교단에서 학생을 가르치기 시작한지 어느새 14년이 다되어 가건만 아직도 나는 내가 할 수 없는 일이 너무도 많다는 것을 깨닫고 있다. 헤아려보니 그동안 수천 명도 더 되는 아이들을 졸업시켰고 학기 중 말썽을 부리거나 가정형편으로 어쩔 수 없이 학교를 그만 둔 학생도 몇 있었다. 헌데 과거에는 주로 외적인 요인으로 마지못해 하는 수 없이 학교를 그만 둔 경우가 대부분이었으나 요새는 양상이 전혀 달라졌음을 느낀다. 오로지 자신의 의지로 학업을 중단하는 사례가 늘고 있는 것이다.

최근에도 그러한 일이 있었다. 얼마 전 내가 담임을 맡은 학생이 한 달 간격으로 두 명이나 자퇴를 했다. 이제 중학교 1학년 여학생이다. 교내에서나 교외에서 문제를 일으킨 것도 아닌데 자퇴라는 용어에 맞추듯 아이들 스스로가 학교 다닐 의사가 없다고 그만 둔 것이다.

여름방학이 끝나갈 무렵이던 어느 날 밤에 한 학생으로부터 전화를 받왔다. 개학날 학교에 못가겠다는 내용이다. 웬일이냐고 물었더니 얼마 전부터 공장에 다니기 시작했다고 한다. 어머니가 아프고 집안 형편도 어려운데 고등학생인 언니는 졸업이 얼마 남지 않았으니까 학업을 계속하기로 하고 이제 중1인 내 반 아이가 학교를 그만두기로 가족이 모여서 결정했다는 것이다. 학생의 전화를 받으면서 시골도 아닌 도시에서 요즘에도 이런 경우가 있는가싶어 깜짝 놀랐다. 그동안 그러한 사정을 알지 못하고 있었기에 급히 학생 어머니를 만나 이야기를 해 보니 가정형편도 형편이지만 아이의 마음이 이미 공장에 가 있다고 한다. 그래서 이번에는 학생을 다시 설득해 보았지만 역부족이었다.

한 학생 역시 학업에 흥미를 갖지 못한 탓인지 결석이 잦더니만 타도에서 살고 있는 아버지를 찾아가겠다면서 학교를 그만두었다. 여러 차례 달래기도 하고 나무라기도 하면서 지금 학교를 그만두면 앞으로 학업을 계속하기가 어려울 수 있다고 설득을 거듭하며 제출한 자퇴서류를 처리하지 않고 그냥 둔 채 기다렸다. 한 달 동안을 책상도 치우지 않았지만 헛수고였다. 학생의 어머니도 잘못된 결정이었다고 생각하여 어떻게든 중학교는 졸업시키기로 하고 아이의 이모나 고모 등 집안 친척을 모두 동원하였다. 주위 선생들도 공부는 때를 놓치면 하기 어려울 수 있다면서 학교는 계속 다니라고 여러 방면으로 종용해보았지만 한번 학교에서 떠난 학생의 마음을 돌이킬 수가 없었다.

그 아이들에게 있어 학교는 그렇게도 흥미가 없는 곳이었을까? 그 어느 것 하나라도 마음이 머물 수 있도록 하는, 그 아이들을 교실로 불러올 만한 아주 작은 재미 같은 것도 없다는 것일까? 걱정스러운 마음에 깊은 반성을 해 보았다. 결국엔 내가 할 수 없는 일이 생각보다도 훨씬 많다는 것을 알게된 셈으로 이제 중학교 1학년인 학생의 마음조차 돌릴 힘이 없음에 대한 무기력과 밀려드는 좌절감 또한 감당하기가 어려웠다.

학년 초에 맡은 오십여 명의 학생들을 어떻게 한 사람의 낙오자도 없이 진급시킬 것인가를 다시 고민할 때가 되었다. 기쁜 마음으로, 오고 싶은 학교 즐거운 교실을 만들기 위해서 내가 할 수 있는 일들은 정녕 어디에 있는 것일까? 1993

밀수품이니까

얼마 전에 길에서 어느 행인이 다이아몬드 수십 알을 주워서 경찰에 맡겼다는 기사를 보았다. 시중에서 가장 많이 상품화되고 있는 2부와 3부 정도의 작은 보석인데 감정을 하느라고 기십만 원이 들었고 그로 인해 접수가 늦어졌다는 이야기가 곁들여 있었다.

아무리 사소한 물건이라도 그렇다. 오래 사용하여 낡고 보잘 것 없는 것이라고 해도 일단 잃어버리게 되면 못내 서운하고 그 서운한 마음이 오래도록 가시지 않는 것이 보통이다. 그래서 어떤 물건을 주워 보관하고 있다는 말을 들으면 그 물건을 잃어버린 사람이 얼마나 애를 태우고 있을까 하는 생각이 드는 것이 당연하건만, 신문에 난 다이아몬드는 정황으로 보아 분명 불순한 것이려니 싶어 잃어버린 사람의 마음은 생각나지도 않고 오히려 주운 사람에게 어느 정도나 수익이 돌아갈까 하는 생각을 하게 됐다. 그러면서 그런 생각을 하는 자신이 우스워 혼자 실소도했다.

우리나라는 세관의 검열 절차가 꽤 까다롭다고 하는데도 가끔씩 어느

빌딩 화장실에서 금덩어리가 몇 짝 발견되었다느니, 어느 아파트에서 경비원이 보석 주머니를 주웠다느니, 그것이 실은 어린이가 발견한 것이라느니 등의 기사가 신문에 나곤 한다. 하기야 크게 기사거리가 아니어서 그렇지 금은방이나 수입코너에 가보면 어느 만큼이 합법이고 어느 만큼이 위법인지 알 수도 없다.

얼마 전 시계를 하나 살까하여 시계방에 들렀다. 시내 중심에 있는 작은 금은방이었는데 이것저것을 구경하다가 선물할 것인데 뭐 다른 것은 없느냐고 했더니 상자 뒤에서 비닐에 싼 시계를 꺼내오며 일제 '세이코'라고 했다. 20년 동안 차고 있는 어머니의 낡은 시계를 이번 기회에 맘먹고 바꿔 드려야겠다고 생각하여 흥정을 하였다. 품질 보증서를 달라고 했더니 밀수로 들어온 것이라서 감정서가 없다는 것이 아닌가! 밀수거래가 당연하다는 것을 인정해야하는 순간이었다.

수입상품 코너에서도 그렇다. 오며 가며 예쁘게 그림 그려진 찻잔이 눈에 들어 구경이라도 할까하여 들어가 보면 "어휴 요즘에는 감시가 워낙 심해서요. 물건 구하기가 얼마나 어려운데요. 그 값은 주셔야 해요."라고 으레 말한다. 수입상품점인지 밀수품 취급점인지 도무지 알 수가 없다.

물론 이런것이 모든 상인들의 모습은 결코 아니리라. 그러나 근본적인 원인이 어디에 있던간에 수입개방정책을 교묘하게 이용하여 밀수거래를 정당시하려는 일부 지각없는 상인들의 얄팍한 상술과 밀수품이라고 하면 오히려 솔깃해하는 대다수 소비자가 문제다. 그런가 하면 또 대부분의 이웃들은 주인 잃은 금덩어리나 보석에조차 큰 관심이 없고 어쩌다 구입한 것이 밀수품이니까 더 믿을 수 있다는 말 또한 우습게 여긴다고 나는 믿고 싶다. 1985

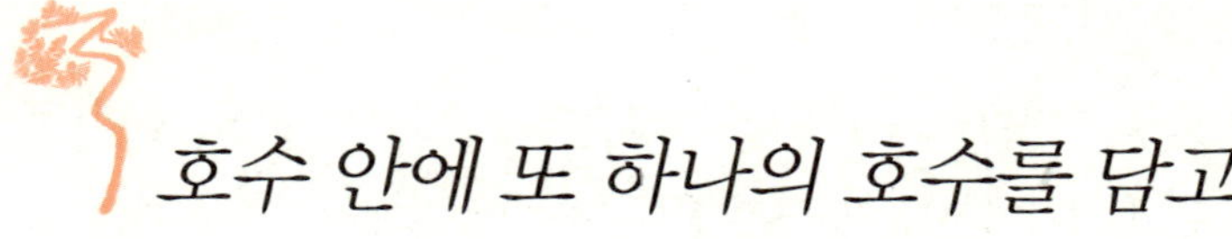

호수 안에 또 하나의 호수를 담고

비행기가 이륙하자 저 멀리 방금 떠나 온 필리핀이 있다. 이제 이 땅을 떠나지만 나는 동그란 눈동자에 담긴 아이들의 무한한 호기심과 순수함을 결코 잊지 못할 것이다. 화려하고 발달한 도시 속에 덕지덕지 빈곤으로 지친 사람들의 무기력한 발걸음과 지저분하기 짝이 없는 거리를 한참동안 달려가서 만났던 필리핀 아이들은 미래에 대한 두려움이 없는 깨끗함 자체였다.

하얀색 교복을 입고 조심스러우면서도 얌전하게 다가와 실험대 주위에 둘러앉아 진지하게 실험을 하고 그 결과에 재미있어 하였으며 다시 한번 해 보고 또 해 보기를 반복하면서 오래오래 실험하기를 좋아하던 학생들이었다. 전지와 연결된 연필심이 빨갛게 달아오르자 검은 눈동자는 자꾸만 커지다가 가장 밝게 빛을 낸 후에 연필심이 마침내 끊어질 때면 깜짝 놀라기도 하고 부러진 심을 다시 이어보면서 빛을 만들기도 하는 모습이 우리 한국의 학생들과 하나도 다를 바가 없었다. 나 역시도 그 순간만은 국적을 초월한 오직 한 사람의 과학교사일 뿐이었다.

'해외과학축전봉사활동(International Science Service Festival)'을 떠나기 위해 실험주제를 선택하고 영문으로 번역하고 실험기구와 재료들을 구입하면서 분주했던 일들과 까다로운 입국심사로 불편했던 일들이 스치듯 짧은 과거가 되어 지나가고 이제 새로운 체험의 기억만이 또렷하게 남게 된 것이다.

미리 와 있던 '태평양아시아협회(The Pacific Asia Society)' 소속 대학생들이 준비한 태권도 시범과 사물놀이 그리고 수화 등도 좋은 선물이었으며 젊은 대학생들의 모습은 퍽 든든하고 대견스러웠다. 짧은 만남이었건만 헤어지는 아쉬움에 운동장 가득 몰려나와 손을 잡고 자신의 이름을 소개하던 아이들과 서로 자신의 팔을 내밀면서 사인해주기를 바라던 모습은 오래도록 잊을 수 없는 수채화요 아름다운 한 폭의 풍경화였다.

오전에 공립학교 활동을 마치고 오후에 들른 사립학교에서는 학생들로 인한 감동은 적었다. 하지만 잘 정돈되었으며 체계가 잡힌 학교의 부분들은 우리 일행이 오히려 배워야할 것들이었다. 교장선생님과 수녀님의 안내로 실험실과 어학실 등을 돌아보면서 전경을 사진으로 담고자 했는데 마침 체육대회라 수업을 하는 학생들을 볼 수 없었던 점이 다소 아쉬웠다. 과학실에서 수업하고 있는 학생들을 볼 수 있었더라면 얼마나 좋았을까 하는 생각을 하면서 공립학교에 더 많은 실험재료를 주고 오지 못한 점을 후회했다. 하지만 사립학교 선생님들께서도 우리가 가지고 간 과학실험 주제들에 대하여 큰 관심과 흥미를 보이면서 실험 자료와 재료들을 두고 가는 것을 퍽 고맙게 생각하여 다행이었다.

필리핀 방문 길은 과학축전 봉사활동으로도 의미가 깊었지만 세계에서 가장 작은 분화구가 있는 활화산 지대와, 자연 경관이 그대로 살아있는 팍상한을 돌아보았던 점 역시 퍽 인상적이었다. 관광을 위해서라면 누구든지 가 보기를 권하고 싶은데 특히 과학 선생들이라면 이 지역을 한번쯤은 꼭 답사할 것을 권하고 싶다.

지난해 일본 아소산阿蘇山에 갔었는데 궂은 날씨로 인해 활화산을 보지 못하고 돌아온 일이 있다. 돌아오던 발걸음의 허전함이 컸기에 이번 따까이따이 화산에 큰 기대를 걸었다. 다행히 날씨가 맑아 이번에는 분화구에서 연기가 활활 솟아오르는 모습을 충분히 볼 수 있었다. 불타고 있는 작은 분화구는 마치 호수 한 쪽에서 모닥불을 피우고 있는 것처럼 보였다. 분화구에 물이 고인 호수를 배로 들어가서 육지에 내리면 거기에서 말을 타고 솟아오른 분화구의 정상에 오른 후에 그 분화구에 고인 물을 내려다보는 것은 참으로 경이로운 일이었다.

현재 세계에서 가장 위험한 화산 중의 하나로 꼽힌다는데 이 지역에 사는 주민들 그 누구에게도 그러한 두려움의 기색을 찾아 볼 수가 없었다. 그들은 오직 돈을 벌기 위해 모인 사람들이었다. 가파른 산길을 오르는 조랑말의 거친 숨소리와 왕복 1불을 얻기 위해 말을 몰고 따르는 여덟 살 어린 마부에서부터 나이든 마부가 있고, 예닐곱 살쯤 되는 아이들이 "마망 예쁘다 예쁘다 천원 천원."하면서 손을 내미는 소리들이 있었다. 그들에게도 자주 웃을 수 있는 일이 있고 가족과 함께 즐길 수 있는 시간이 있을까 싶었다. 노래를 부르면서 유연하게 춤을 추다가는 까르르 웃는 여자아이에게는 그래도 무언가 미래에 대한 희망이라도 있어 보인다. 본래 표정이 그리 없는 것인지 무표정한 이들의 모습이 몹시 안타까웠다. 절대빈곤층이 40%인 필리핀에서는 구걸한 돈으로 본드를 사서 가족 모두가 마시고 흐느적거린다고 한다. 과연 누가 이들을 가난으로부터 구할 수 있을까.

마닐라 남동쪽으로 약 1백 킬로미터 떨어진 곳에 있는 라구나주 팍상한(Laguna Pagsanjan)은 우리에게 영화 '지옥의 묵시록' 과 드라마 '여명의 눈동자' 로 잘 알려진 곳이다. 팍상한 강에 이르니 수십 척의 카누가 우리를 기다리고 있다. 우리 일행은 2인 1조로 짝을 지어 배에 올랐다. 유유히 흐르는 강을 거슬러 오르면서 좌우를 올려다보니 하늘로부터 가장 낮은 곳에 위치한 물 위에 우리가 있었다.

절벽은 온통 커다란 암석이 박힌 역암층이다. 절벽 어느 만큼에서부터인지 알 수 없는 엄청나게 긴 식물의 뿌리가 물 위에까지 뻗어 내려오고 있었다. 우리 일행은 원시 자연림 속으로 점점 빨려 들어갔다. 경사가 지고 물이 적은 곳에 이르자 보트맨은 내려서 바위를 발로 차서 그 힘을 받아 보트를 끌어올린다. 무척 힘들어 보였다. 헌데 평소 물이 하나 없을 때에도 관광객을 위해서 이처럼 배를 끌어올린단다. 그런 날에 비하면 오늘은 물도 많고 하여 힘이 덜 드는 것이라고 한다.

기암절벽 상류에 이르니 마그다피오(Magdapio) 폭포로 가는 뗏목이 기다리고 있다. 눈을 바로 뜨고 폭포를 직접 가장 가까이서 보아야겠다고 마음먹었는데 도저히 눈을 뜰 수가 없었다. 엄청난 물살로 정신을 잃을 정도로 긴장된 숨을 고르고 보니 어느새 우리가 폭포 안 동굴 앞에 있는 것이 아닌가! 폭포아래 상류의 급류에서부터 하류의 잔잔한 강까지 카누를 타고 바라보는 팍상한은 자연 속에 나를 잠시 내맡겼다가 되돌려 받은 것만 같은 체험이었다.

마닐라 시로 돌아오는데 해가 지고 있다. 길고 멋진 마닐라 해변에서 을유년 정월의 지는 해를 바라보고 있는 것이다. 떠오르는 태양이 주는 감동도 크지만 지는 해가 전하는 느낌은 더 오래도록 가슴속에 남는 것이 보통이다. 그것은 아마 해가 지면서 서서히 어둠이 스며들고 그때쯤이면 세상의 모든 것들도 조용해지면서 우리가 생각할 수 있는 시간이 길어지기 때문이 아닌가 싶다.

마닐라해변을 뒤로 하고 바라보니 저만큼 필리핀 국민들의 영웅 '리잘 장군' 의 동상이 보인다. 스페인으로부터 독립운동을 하다 총살형을 당한 장소에 만들어진 공원이다. 시민들의 휴식처로 도심에 위치한 리잘 공원에는 필리핀 사람들이 많이 나와 있었다. 혼자서 바다를 바라보는 여자와 노부부 그리고 젊은 청년들까지 공원과 해변에 모인 사람들을 바라보고 있노라니 마치 무슨 축제라도 열리는 중인 듯하다. 아침에 보았던 축포를 다시 보는 기분이었다. 모두가 필리핀의 번영이 다시 돌아올 것을 빌고 있는 것만 같았다.

나 역시 붉은 빛으로 거대하게 지고 있는 해를 바라보면서 대한민국의 번영과 영광을 빌었다. 이상하게도 내 개인의 영광이 아니라 내 나라의 장래를 우선 생각하게 되는 것은 지금 내가 타국에 와 있기 때문이리라. 이번 필리핀에서 활동한 해외과학축전봉사는 타알 화산처럼 우리들 모두의 마음속에 호수 안에 또 하나의 크고 맑은 호수를 담고 돌아 온 짧지만 긴 여정이었다. 2005

맨 처음 거둔 햅쌀로 성주단지를 채우고

얼마를 걸었는지 모른다. 내 나이 열 살이었을 때 인후동 집을 나서면 곧잘 경기전이나 오목대까지 걸어 오르곤 했다. 지금은 좁은 골목길이 되어 버렸지만 시내 중심으로 난 큰길을 따라 가면 남부시장 천변에서는 커다란 솥을 돌 위에 얹어두고 장작을 포개어 넣고 불을 붙여 이불 호청을 삶곤 했다. 누렇던 광목 이불보를 잿물에 삶아 남천 푸른 물에 던져 놓고 휘휘 저어 빨아서 자갈밭 위에 널어 말리는 모습이 참 장관이었다. 서커스단이나 악극단이 막을 치고 공연을 하는 곳 가까운데서 우리는 팥국수를 먹기도 했는데 긴 나무의자의 삐그덕거리는 소리가 지금도 귓전에 들리는 듯하다.

추석이 가까워지면 차례에 올릴 제수를 마련하기 위해 시장은 사람들로 북새통을 이루었다. 육 남매의 맏이인 나는 자주 어머니를 대신하여 집안 살림을 맡으신 외할머니와 함께 장을 보았다. 그때나 지금이나 전주의 삼대시장이라면 남부시장과 중앙시장 그리고 모래내 시장이다. 사람에 치어 걷기조차 힘들었지만 그래도 명절을 기다리는 마음에 두 손에 가득 든 짐이 무거운 줄도 모르고 생선전과 과일전을 부지런히 옮겨 다니면서 며칠동안 물건을 사서 나르곤 했다. 언제부턴가는 작은 도시락만한 건전지를 등에 매달고 소리를 내던 트랜지스터라디오 대신 흑백텔레비전에서는 남부시장에서 명절 장을 보는 사람들의 모습이 소개되기 시작했다.

우리 조상님들은 예로부터 '오월농부 팔월신선'이라 하였고,《예기(禮記)》에서는 "일년 삼백 육십일이 더도 말고 덜도 말고 팔월한가위만 하여라." 하여 풍성함과 넉넉함으로 추석을 가장 좋은 날로 보았다.

추석 한가위는 일년 중 가장 큰 둥근 보름달이 초저녁에 동쪽하늘에 떠 올라 밤새 하늘을 지키다가 새벽녘에 서쪽하늘로 지는 만월의 명절이다. 그러기에 동양에서는 달에게 감사하고 달을 위하여 달떡을 하는데, 우리나라에서는 송편이라는 반월형의 떡을 빚는 것이다. 얼을 숭상하여 달에게 소원을 비는 민간신앙을 가지면서 반월을 채택한 것은 반월이 차올라 둥근 달이 되므로 발전의 상징이라 생각한 때문이다. 온전한 것을 추구하는 과정을 중시했던 우리 조상의 지혜가 숨어있는 것이다.

송편을 예쁘게 잘 빚어야 시집을 잘 간다는 할머니의 말씀을 들으면서, 꿀 · 밤 · 깨 · 콩 등을 넣어 작고 예쁘게 만들려고 애를 썼다. 지금도 추석이 되면 외할머니께서 솔잎을 솔솔 깔아가며 여러 번 나누어 송편을 찌던 모습이 생각난다. 막 쪄내어 솔 향에 참기름의 고소함이 배인 할머니의 송편이 새삼 그립다.

사십여 년 전만 해도 집안 대청마루에 성주를 모시는 단지가 남아 있었던 것으로 기억한다. 가을이 되어 맨 처음 거둔 햅쌀로 성주단지를 채우고 풍작을 감사하는 제를 지내기도 했는데 성주단지 앞에서 두 손을 비벼 모으고 할머니가 연신 절을 하던 모습이 어렴풋하다.

아이들에게 추석은 새 옷을 입는 날이기도 했다. 지금이야 눈에 들어 좋으면 언제라도 아이들에게 옷을 사 입히곤 하지만 내가 어릴 적만 해도 무엇인가 특별한 날이 되어야 새 옷을 입을 수 있었다. 그런데 추석빔은 날씨에 비해 너무 두텁기 일쑤다. 아직 한낮 더위가 많이 남아있어 가을을 위해 마련한 긴 옷은 아침나절 잠깐 입었다가 이내 벗어버리고 다시 여름옷을 찾곤 했다. 고등학생이 되고 사복이 필요 없게 된 후에도 명절이면 양말이라도 한 켤레 사 건네주던 아버지의 손길이 눈앞에 아른거린다.

할아버지, 할머니께서 모두들 생존해 계셨던 나의 어린 시절은 성묘에 대한 기억이 크게 남아있지 않다. 이웃집 언니들이 갑사한복을 입고 성묘 길을 나서는 모습을 그저 바라보고만 있었을 뿐이었다. 그래서인지 추석은 내게 먹을 것이 풍성한 명절로만 남게 된 듯하다.

참으로 자연의 조화가 오묘하여 아무리 추석이 일찍 찾아 온 해라도 추석이 지나고 나면 여지없이 기온이 떨어지고 이어 싸늘한 가을바람이 불어왔다. 한낮의 햇살이 따갑기는 하나 여름날 불볕과 다르게 느껴질 때쯤이면 마당에서는 주황빛 감이 홍시가 되고 뒷산에서는 굵은 밤톨이 툭툭 떨어지기 시작했다.

오동색 저고리와 광목 버선을 신은 작은 발이 유난히도 고운 외할머니와 함께 했던 내 어릴 적 추석은, 아름다운 몇 장의 흑백사진이 되었다가 연하게 채색된 칼라사진과 함께 한 권의 앨범이 되어 나를 찾아와 잊고 있던 오동빛 사랑을 일깨우곤 한다. 2003

천리시족하 고산기미진
千里始足下 高山起微塵

오랜만에 걸었다. 중앙시장을 나와 큰길로 들어서자 도로변에 늘어선 노점에는 묻어두었다 꺼내 온 무와 봄동, 햇마늘, 냉이가 설 대목을 보러 나온 사람들의 무리 속에 앉아있다.

순수한 우리말인 '설'은 '설다, 낯설다'의 '설'이라는 어근에서 나왔다는 설說이 있다. 처음 가보는 곳은 낯설고 처음 만나는 사람은 낯선 사람이다. 설은 새해라는 정신적으로나 문화적으로 시간 충격이 강하여서 '설다'의 의미로서 낯이 '설은 날'로 생각되었고, '설은 날'이 곧 '설날'로 정착되었다고 보는 것이다. 그러고 보니 양력설에는 떠들썩한 연말 분위기가 이어지는 탓에 정작 새해의 새 마음이 미처 자리 잡지 못하여 낯설고, 음력 '설'에는 어느새 다가온 봄바람이 이제야 새해냐고 가볍게 눈 흘기는 것 같아 낯이 설다.

당나라 때 문인 옹도雍陶가 지은 시 〈화손명부회구산(和孫明府懷舊

山)〉을 보면, "오류선생본재산 우연위객낙인간 추래견월다사귀 자기개롱방백한(五柳先生本在山 偶然爲客落人間 秋來見月多思歸 自起開籠放白鷳, 오류선생 본시 뜻을 산에 두었거늘 어쩌다가 나그네 되어 속세에 떨어졌더라네 가을되어 밝은 달보고 고향 그리워져 새장 열고 새장 안의 새를 날려 보냈더라네)"이라고 읊고 있다.

송나라 동진의 시인 도연명陶淵明은 그가 지은 『오류선생전』에서 "선생은 어디 분인지 알 수 없고 다만 집 둘레에 버드나무 다섯 그루를 심었으므로 이를 호로 삼았다."고 한 바 있는데, 시인 옹도는 친구인 손명부가 보내 온 시에 답을 하면서 그를 오류선생이라 자호하였던 동진의 도연명과 견주어 자신의 마음을 내보이고 있는 것이다. 고향을 떠난 나그네가 하늘에 뜬 달을 보고 새장에 갇힌 새를 풀어주게 되었다는 표현을 통해 하찮은 벼슬자리에 얽매어 속세에 있는 자신의 신세를 슬퍼하며 다시 숲 속으로 돌아갈 수 있게 된 새처럼 옹도 자신이 자연의 품에 안겨 살아갈 수 있기를 바라는 마음을 적은 것이다.

막상 새해를 맞이하였지만 오래 계속되어 멈출 줄 모르는 얼룩진 세상이 싫어서 차라리 새장을 열고 훌훌 하늘 높이 날아가고 싶은 심정이다. 하지만 설을 맞아 고향을 찾는 많은 사람들처럼, 새장 밖으로 날려진 새 역시 찾아 간 곳은 결국 그의 고향이리라. 다소 부족하고 흠 많을지라도 내 형제 자매들이거니 이제 다시 끌어안고 시작하는 수밖에 없지 않을까. "천리시족하 고산기미진(千里始足下 高山起微塵)"이라 했다.

2004

제5장 잃어버린 학생을 찾아서

사람에게 필요한 영양이라는 것은 그들이 오랜 세월 동안 살고 있던 땅이 제공하는 환경에 몸이 일치하게 되어있다는 이야기에 이제는 우리가 귀를 기울일 필요가 있다. 우리에게 꼭 필요하지 않는 지식이나 기술에 얽매이지 않으며 방대한 양의 지식과 정보 중에서 한두 가지를 더 아는 것이 결코 중요한 일이 아니라는 것을 빨리 깨달아, 이제라도 우리 학생들에게 자연 친화적인 환경을 제공함으로써 심신이 건강한 대한민국 청소년 기르기에 힘써야 할 것이다.

날마다 손을 씻듯 세수를 하듯

비 온 뒤 더욱 환하게 밝아진 하늘 아래 탱자나무에도 꽃이 피었다. 그리 높지 않은 언덕에서 그새 초록 잎이 돋은 배꽃나무 울타리다. 노오란 물결을 이룬 유채 밭을 지나면 장다리꽃이 무리 지어 제 빛을 뽐내는 모습이 순박한 시골아낙의 몸짓 바로 그것이다. 이처럼 자연은 말없어도 때가 되면 소박한 색깔로 세상에 나와 그저 피어있는 것만으로 많은 것을 우리에게 전하고 있다.

언제부터인가 사람 몸에도 문이 하나쯤 있으면 참 편리하겠다는 생각을 해본다. 문을 열고 들여다 볼 수 있다면 좋을 일이 어찌 한두 가지 뿐이겠는가 싶다. 무엇보다도 가끔씩 양심을 꺼내어 맑은 물에 칼칼하게 씻을 수 있어 좋을 것이다. 쨍쨍 내리쬐이는 태양아래 바짝 말림으로 자외선에 소독까지 할 수 있다면 더욱 좋겠다. 그렇게 한 연후에 다시 몸 안에 넣을 수만 있다면, 그럴 수만 있다면 우리가 사는 이 세상이 얼마나 맑고 깨끗해질까.

시 한 편을 다시 읽고 싶다.

마음을 곱게 쓰라고 모두 말합니다./마음을 다스리라고 쉽게 말합니다/마음을 보고 깨달아 바로 보고 다그쳐/마음을 바로잡으라고 여러 분들이/누누히 말씀하셨습니다. 부처도 예수도/노자도 말씀하고 공자도 말씀하고/조선의 퇴계선생도/말씀하셨습니다. 마음공부를/열심히 하라고 간곡히 말씀하셨습니다. 그러나/애초 '혼자 살다' 끝내 '혼자 죽는' 인간이/실제로 마음을 바로 보고 마음을 바로 잡는 일은/보통 어려운 일이 아닙니다....../한 사람이 마음을 고쳐 먹으려면/꼬박 100년은 걸릴는지도 모릅니다./세계 인류 60억이 마음을 고쳐 먹으려면/(100분의 1로 에누리해서)60억년은 걸릴른지도 모릅니다./미륵보살이 이 땅에 다시 오신다는/56억 7천만년보다도 더 깁니다.//흔히 마음을 곱게, 마음을 다스리고/마음을 깨달아 바로잡으라 하시지만/마음을 깨달아 바로잡는 일은 그토록 어렵습니다./하지만 도리가 없습니다./100년이 걸려도 60억년이 걸리더라도/그래도 마음 바로잡는 일을 하기는 해야/한다면, 다른 도리가 없습니다./날마다 조금씩 마음을 바로 잡는 공부를/하는 수밖에는 다른 도리가 없습니다./손을 씻듯 날마다 조금씩 마음을 씻는 수밖에는/다른 도리가 없습니다. 날마다 손을 씻듯, 날마다/세수를 하듯이요

– 이홍우 시 〈날마다 세수를 하듯〉 중에서 –

2003

잃어버린 학생을 찾아서

출발하면서

빗방울이 떨어지는 고속도로를 달려 인천공항에 도착하고서야 비로소 떠난다는 것을 실감할 수 있었다. 중국에 있는 조선족학생을 대상으로 과학실험활동을 전개한다는 새로운 시도와 그들도 우리와 같은 민족이라는 강한 애착으로 준비해 왔던 일이었다.

평소 과학사랑 한마음으로 모인 전북과학교사교육연합회가 올해 초부터 추진해 온 해외과학축전봉사활동을 떠나기 위해 우리 일행 22명은 심양행 비행기를 기다렸다. 심양은 길림성, 요녕성, 흑룡강성으로 불리는 중국 동북 3성 중 요녕성의 성도이며 우리에게는 옛 이름인 '봉천' 으로 더 익숙한 곳이기도 하다. 우리의 목적지는 심양에서 한 시간 남짓한 거리에 있는 본계시에 있는 조선족학교다.

청나라의 수도였던 심양은 원나라 때에 지리적으로 심수沈水의 북쪽에 위치한다고 하여 심양로沈陽路라 불리기 시작하였는데 1625년 청 태조가 도성을 요양遼陽에서 이곳으로 옮겼으며 청조가 중국을 완전히 통일한 후에는 이곳에 봉천부奉天府를 설치한 것이다. 지금의 심양이라는 지명은 1945년 우리나라의 해방과 함께 다시 찾은 이름이다.

태극기와 중국 국기를 표지에 나란히 올린 이번 해외 과학실험 봉사활동 자료집의 표지처럼 과학이라는 이름으로 두 나라가 서로 만나 고체 분자의 원자와 원자처럼 견고하게 결합하는 새로운 미래를 열기 위해 우리는 중국으로 갔다.

심양에 도착하니 현지 시계가 저녁 9시를 가리키고 있었다. 우리나라 시간으로는 밤 10시인 셈이다. 한국에서부터 따라온 빗방울이 더 굵어져 천둥과 번개까지 동반하면서 어두운 밤에 낯선 지역에 짐을 내린 우리 일행을 반긴다. 환영하는 축포라기에는 너무 요란하다. 행여 내일 있을 행사에 차질이 생길까 걱정이 앞섰다. 버스로 갈아탄 후 한 시간 남짓 달려 본계시에 도착하자 어느새 하늘은 다시 평온한 얼굴을 되찾고 미리 와서 우리 일행을 기다리고 있었다.

잃어버렸던 학생들과 만나던 날

조선족학생들과 만난다는 기대와 함께 중요한 오늘의 일정 때문인지 고단했음에도 일찍 잠에서 깼다. 아침식사를 하기 전에 호텔 밖으로 나가보니 한 손에 야채꾸러미를 든 많은 사람들이 왼쪽으로부터 오고 있고 빈손인 사람들은 그쪽을 향해 가고 있었다. 돌아오는 날까지 룸메이트가 된 송 선생과 함께 사람들이 오는 곳으로 가 보았다. 조금 걸으니 먼발치로 장이 보인다. 이 얼마나 유쾌한 일인가! 걸음을 재촉하여 가까이 가 보니 제법 큰 시장이다. 아침식사를 위한 빵과 국수, 두부, 과일, 야채, 고기 등 수 많은 물건과 사람들로 가득찼다. 더러는 수레위에 전을 편 사람들도 있었지만 땅바닥에 물건을 널어둔 경우가 대부분이었으며 그들 뒤에는 물건을 날랐음직한 작은 소 몇 마리도 눈에 띄었다. 우리나라 6~70년대 초반의 장 풍경이었다.

사람들이 한데 어울려 사는 냄새로 가득한 풍성함이 있었다. 시간이 있다면 좀더 찬찬히 돌아보면서 과일도 좀 사고 알지 못했던 음식도 맛보고 싶었지만 아침 일찍 등교한다는 학생들과의 약속 때문에 아쉬워하며 발길을 돌렸다.

본계시 조선족중학의 학생들은 단정하고 표정도 밝았다. 건물의 외관 역시 화려하지는 않았지만 새로 단장한 듯 깨끗하였으며 칠판좌우로 큰 글씨가 있는 액자를 제외하고는 아무런 치장도 하지 않은 교실로 정돈이 잘되어 있었다. 하얀색 활동복을 똑같이 입은 학생들이 소박한 차림새의 중국선생님들과 함께 "열렬히 환영합니다."라는 구호를 들고 기다리고 있었다.

중국은 소학교가 우리나라 초등학교와 같다. 초중학교가 중학교이고 고중학교는 고등학교를 말한다. 학제는 우리와 같은 6-3-3제인데, 유치원과정 1년을 포함하여 소학교에서 7년을 공부시킨다고 한다. 주로 시내에 거주하고 있는 소학생과 초중학생들이 오늘 실험활동을 하게 될 주인공이었다. 여기에서 유감스러운 점은 교포 3세, 4세인 학생들이 한국어에 능통하지 못하다는 것이었다. 조선족학교인지라 우리말을 알아듣는 데에는 문제가 없을 것이라고 생각했었는데 조금은 실망스러운 일이 아닐 수 없었다. 하는 수 없이 우리들은 그 학교 담임선생들의 도움을 받기로 하고 1층과 2층 교실에 실험활동을 위한 도구를 펴고 13개의 활동 주제를 가지고 서로 흩어져서 실험을 시작했다.

학생들에게 천천히 또박또박 과학의 원리를 설명하면서 종이비행기를 만들고, 망원경도 만들고, 길게 풍선을 불어 모자도 만들었다. 마술모자를 쓰고 신기한 과학의 원리를 설명하는 교사를 바라보는 학생들의 눈망울이 몹시 반짝였다. 직접 자신의 혈액형을 판별하는 아이의 호기심어린 눈빛, 자신의 엄지손가락 모형을 만들어 화석의 원리를 체험하는 학생들의 진지함, 서투르지만 교재의 실험과정을 큰 소리로 읽어 보는 학생들, 한 과정 또 한 과정을 마칠 때마다 가슴 가득하게 늘어만 가는, 스스로 만든 공작물들을 소중하게 안고 이동하면서 아이들은 정말 재미있고 즐거워라 했다.

위도가 조금 높다고는 하지만 무더운 여름날 한낮이다. 땀을 뻘뻘 흘리면서 조금이라도 더 쉽게 가르치고 한 명이라도 더 체험할 수 있도록 우리 회원들과 중국선생님들이 위 아래층을 몇 번이고 오르내렸다. 방학 중임에도 학교에 출근하여 학생들의 활동을 돕던 선생들 역시 오늘처럼 의미 있는 날은 없을 것이라면서 진정으로 고마워했다.

그동안 학생들과 과학 실험을 제대로 하지 못했다면서 과학 실험준비실 문을 열고 보여주는데 보통 2단 진열장이 하나 정도 있는 그 곳에는 비커 몇 개와 유리기구 그리고 낡은 전류계와 전압계 몇 개가 들어있을 뿐이었다. 이런 실정이니 그동안 학생들이 교과서 밖의 재미있고 신나는 실험은 커녕 교과서에 있는 과학 실험조차 제대로 하지 못했음이다. 그런 생각을 하면서 학생들을 다시 바라보니 새삼스럽게 아이들이 측은해졌다.

이 학생들을 위해서는 오늘처럼 여러 활동을 한꺼번에 체험하게 할 것이 아니라, 하루에 한두 프로그램 정도로 시간차를 두고 운영 지도함으로써 날마다 즐거운 과학실험을 하도록 한다면 더 좋았을 것이라는 생각을 했다. 진정한 과학실험봉사활동을 위해서라면 한두 달씩 머무르면서 좀 더 찬찬하게 아이들을 지도할 필요가 있다는 생각을 한 것이다. 우리들의 이번 봉사활동은 마치 그동안 오래 기갈이 든 아이에게 한꺼번에 한 솥의 밥을 다 안겨준 것은 아닌지 모르겠다는 자괴감이 들기도 했다. 목적을 참되게 모두 이루기에는 아직 우리들의 여건이 부족한 것이 못내 안타까울 따름이다.

우리나라의 학생 중에도 이러한 체험 활동을 아직 한번도 경험하지 못한 경우가 많을 터이니, 우리 과교연이 이루어야 할 일이 참으로 많은 셈이다. 너무 큰 욕심을 내지 않고 우리에게 주어진 일들을 하나씩 둘씩 해결해 나간다면 언젠가는 크고 작은 우리의 소망을 모두 이룰 수 있는 날이 올 것이라는 희망을 가져본다.

학생들이 활동하는 동안 3층에 올라가 보니 고등학생들이 보충수업을 하고 있었다. 학생 수가 그리 많지는 않았지만 책상위에는 책이 수북하게 올려져 있으며 수업을 받는 태도 역시 무척 진지했다. 대학을 가기 위해 공부하고 있는 학생들이라고 한다. 중국에서 조선족학생의 대학 진학률은 소수민족 중에서 매우 높은 편이며 성적 또한 우수하다고 한다. 다행한 일이 아닐 수 없다. 열심히 공부해서 과거 고구려의 영광을 되찾고, 중국 땅에 당당하고 힘 있는 조선족의 미래를 다시 세웠으면 싶다.

여러 차례의 어려운 고비가 있었지만 끝내 우리는 한 폭의 아름다운 풍경화를 그렸다. 인구가 15억이 넘는다는 이 넓은 땅 중국에다가 전라북도 과학교사들이 와서 큰 호수의 그림 한 점을 완성한 것이다.

백두산에 올라 천지를 내려다 보다

중국까지 와서 백두산을 밟지 않고 그냥갈 수 없다하여 백두산 등정이 일정에 포함되었다. 그 바람에 우리 일행은 심양으로 돌아와 다시 연길행 비행기에 몸을 실었다. 밤늦은 시각에 연길에 도착해보니, 네온의 불빛이 화려한 거리 곳곳에 노래방 간판이 눈에 뜨인다. 한국인 관광객도 많지만 현지인 이용객도 갈수록 늘고 있다고 한다. 안내를 맡은 처녀 같은 연변아줌마는 조선족 자치구 연변이 예전과는 달리 한국을 많이 닮아가고 있다고 하면서 큰 걱정이 인구 감소라고 말한다.

현재 연변의 조선족 인구 비율은 36%인데 인구가 갈수록 줄어들고 있어 심각한 문제라는 것이다. 만일 인구비가 32% 이하가 되면 자치구의 의미를 잃게 되므로 적극적으로 출산을 장려하고는 있으나 여성들이 아이를 낳지 않으려 한다는 이야기다. 출산율이 떨어지는 가장 큰 이유는 교육비의 부담 때문인데, 연변에도 각종 교습학원들이 늘고 있어 사교육비의 부담 또한 갈수록 증가하고 있다는 것이다. 90년대 이후 한국문화의 본격적인 유입으로 달라진 연변자치구가 더욱 발전적이고 아름답게 변모하기를 간절히 바란다.

연길에 도착했을 때는 비가 내렸다. 과연 우리가 내일 백두산에 올라 천지를 볼 수 있을까 염려가 된다. 날씨가 하루에 백 번도 더 변하여 백두산이라고 부른다는 말과, 백두산에 와서 천지를 보지 못하고 간 사람이 천지여서 천지라는 이름이 생겼다는 우스갯소리를 들으면서 그동안 좋은 일 많이 한 사람이라면 꼭 볼 수 있을 것이라는 말을 믿고 모두들 기도하는 마음으로 잠자리에 들었다.

아침에 일어나니 비가 그쳐있었다. 하지만 뿌옇게 낀 안개가 영 심상치 않다. 울창한 숲 사이로 난 길을 오전 내내 달려 백두산 아래 도착하니 날은 더 많이 개어있었다. 중국 쪽에서 개발한 천마봉을 통해 천지를 내려다보는 코스를 달리기 위해 우리는 6명이 한 조가 되어 지프에 올랐다. 키 작은 들꽃들이 가볍게 흔들리고 있는 길을 따라 한참을 오르니 멀리 사람들의 모습이 보인다. 마치 우리를 맞이하는 듯 하늘 가까이 갈수록 서서히 구름이 커튼처럼 걷히고 있었다.

어제는 물론이고 오늘 오전 중에 산에 오른 사람들에게도 보여주지 않았던 천지가 느린 걸음으로 서서히 가슴을 열면서 한국에서 온 과학 선생들을 향해 솟아오르고 있었다. 하늘바다 천지를 배경으로 사진만 찍고 가는 것이 못내 아쉬운 일이었지만 그럼에도 우리 일행은 동으로 서로 오가면서 몇 장의 사진에라도 민족의 영산을 담아보고자 했다.

나는 백두산기행이 처음이다. 몇 차례 오를 기회가 없었던 것은 아니었지만 알 수 없는 고집 때문에 쉽지가 않았던 것이다. 그 고집이라는 것은, "그래, 육로로 가리라. 내 나라 땅 밟고서 육로로 가리라. 결코 남의 땅 빌어 밟고 백두산에 가지는 않으리라."라고 언젠가 메모해 두었던 조각글이 바로 그것이다. 그런데 이제와 다시 생각해보니 모두가 남의 땅이요, 모두가 내 나라 땅이다. 나의 고집은 공연한 것이었던 셈이다.

70년대 초 어느 주간지에 실린 칼럼 내용이 생각난다. 당시 정말 어렵사리 백두산에 올라 천지를 보고 온 소감문이었는데 무척이나 후텁지근한 날씨에 땀을 비 오듯 흘리면서 천지에 이르렀단다. 그 깊고 푸르른 물이 어쩌나 반가운지 그곳이 천지만 아니라면 손도 씻고 발도 씻고 목욕이라도 하고 싶더란다. 하지만 알 수 없는 신비함에 가슴 벅찬 감동으로 두 손을 모아 천지의 물을 조금 떠서 몇 발자국 옮긴 후 그것도 몸을 옆으로 비켜서 손만을 씻었다는 이야기였다. 그의 말대로라면 손을 씻었다기보다는 그저 천지의 물을 손에 저금 적셨다는 것이 더 맞는 말일 것이다. 그로부터 30여 년이 지난 오늘 나는 중국 쪽에서 천지를 내려다보면서 그가 내 뿜어 올리는 수증기로 깊은 호흡을 하고 있을 뿐이다.

백두산 가는 길의 작은 가게에서 본 지도에는 백두산의 높이가 모두 2,779m로 적혀 있었다. 우리나라 지도에는 모두 2,744m인 것이 어찌된 영문인지 궁금하여 안내자에게 물었으나 그냥 그렇게 다르다는 대답뿐이다. 지천에 깔린 백두산의 들꽃처럼 간간히 중국인들이 눈에 띄기도 하였지만 백두산을 찾는 관광객의 대부분은 한국 사람들이었다. 그만큼 우리 민족에게 백두산은 우리나라에서 가장 높은 산이라는 것 말고도 특별한 의미를 지니고 있는 것이리라.

내려오는 길에 천지로부터 흘러 내려오는 물과 만날 수 있었다. 세차게 흐르는 물속에 손을 담그니 차가우면서도 뭉클하게 전해오는 백두산의 울림이 느껴진다. 백두산에 나의 체온을 일부라도 남기려는 듯 잠시 그렇게 앉아 있었다.

두만강 푸른 물에 시인詩人은 간 데 없고

짧고 불행한 생애와 통한의 시들로 우리에게 잘 알려진 시인 윤동주가 다니던 용정에 있는 대성중학교를 방문했다. 미리 온 한국관광객들이 그의 시비 앞에서 기념촬영을 하고 있었다. 윤동주 시비에는 모순된 현실과 삶의 괴로움에 처하여서도 부끄럽지 않으려는 시적 자아를 엿보게 하는 그의 대표작 〈서시〉가 새겨져 있었다.

> 죽는 날까지 하늘을 우러러/한 점 부끄럼이 없기를/잎새에 이는 바람에도/나는 괴로워했다.//별을 노래하는 마음으로/모든 죽어가는 것을 사랑해야지/그리고 나한테 주어진 길을/걸어가야겠다.//오늘 밤에도 별이 바람에 스치운다.
>
> – 윤동주의 〈서시〉 전문 –

예쁘고 야무진 연변의 여학생들이, 방문객을 위한 학교 설명을 듣고 나오자 방명록을 적도록 하는가 하면 장학금을 기탁 받기도 하고 작은 서점에서 시집 등 자료집을 판매하고 있었다. 아래층에서는 정찰가격으로 팔았다. 이곳의 수익금은 학교 운영과 장학금 등으로 쓰인다고 했다. 필요한 일이라는 생각을 하면서도 왠지 씁쓸해지는 마음은 어쩔 수 없었다. 붉은 벽돌담을 타고 오르는 건강한 담쟁이넝쿨과 흙먼지 이는 텅 빈 운동장만이 그나마 옛 시인의 자취를 바람에라도 실어 전하는가 싶었다.

해란강이 흐르는 다리를 지나 먼발치로 일송정의 자취를 더듬으면서 도문시로 향했다. 가끔은 중국 군인과 북한군이 강 이쪽과 저쪽에서 마주보고 한담을 나누기도 하고 쌀과 옷 보따리를 빙판에 굴려 보내기도 한다는 두만강을 따라 먼발치로 북한 땅을 바라보았다.

이제는 오염되어 '두만강 푸른 물'이 새삼스러운 강 위에서 뗏목을 타거나 모터보트를 타는 관광객들의 움직임이 부산하다. 사방으로 스피커를 댄 한국식 노래방 기계에서 한국가요가 크게 울려 퍼진다. 한 아름이나 되는 바구니에 담은 포도와 천도복숭아가 천원, 이천 원이다. 그에 비하면 옥수수과자 한 봉지에 오백 원은 비싼 편인데 나이든 노인이 팔고 있다면서 몇몇 동료들이 그냥 지나치지를 않는다. 그렇게 산 옥수수과자는 공항에 들어가면서 어느 중국 아줌마에게로 다시 되돌려졌다.

배를 타고 지나다가 저편에 사람이 나타나면 과자를 던져주기도 한다는데 일행 중 한 명은 이럴 줄 몰라 준비한 것이 없으니 어쩌면 좋으냐며 안타까워했다. 그러나 우리가 떠나올 때까지도 건너편 북한 땅에서는 경비병은 물론 누군가의 얼굴 하나 보이지 않았다. 우리는 도문을 떠나오면서 너무도 태연하게 두만강 푸른 물도 부르고 일송정 푸른 솔도 노래했다.

내 안에 백두산의 천지를 담아온 길

인천공항이 가까워질 무렵 창 너머의 붉은 해가 비행기 날개 끝에 매달려 있었다. 크고 선명한 주홍빛이 여름 끝에 와 있음을 알리는 듯했다. 벌써 바람결마저 보드랍다. 내 나라 사람들의 다정한 냄새가 섞여왔다. 무언가 아주 좋은 새로운 일이 생길 것만 같은 예감이다. 그런 생각을 해서인지 마주치는 사람들의 눈빛이 마냥 반갑기만 했다.

아직은 누구도 중국에 있는 조선족 학생들을 대상으로 과학실험활동을 펼쳤다는 소식을 듣지 못했다. 우리가 만난 본계시 조선족중학 선생들도 처음이라고 했다. 실험기구조차 제대로 갖추지 못하고 그저 교과서안에 있는 과학을 이론상으로 체험할 수밖에 없었던 우리 민족 학생들에게 실험의 즐거움을 주고 왔다는 사실에 우리들은 모두가 행복했다. 아니, 어쩌면 그 학생들을 통해서 잃어버렸던 학생들을 다시 만날 수 있었기에 우리가 더 많이 행복한 것인지도 모른다. 교사가 있어야 할 곳은 바로 학생들의 곁이니 학생과 함께 학생들 속에서 열심히 가르치고 즐거움을 느낄 때 바로 그 곳에 내 삶의 더 큰 의미가 있는 것이 아니겠는가!

요란한 몸짓으로 표현하지는 않았을지라도 맑고 커다란 눈망울로 방글방글 웃기도 하고 슬며시 입가에 웃음을 지어 즐거움을 수줍게 표현하기도 하던 아이들의 모습이 떠오른다. 또한 기꺼이 자신의 모습을 모두 우리에게 드러내보인 백두산 천지의 깊고 푸른 물과 진한 초록으로 물들어 묵묵히 대답하던 북한 땅, 죽는 날까지 한 점 부끄럼이 없기를 노래한 시인 윤동주, 모두가 잊을 수 없는 순간이 되어 나의 삶 속에 한 편의 새로운 편력을 엮게 하리라. 2005

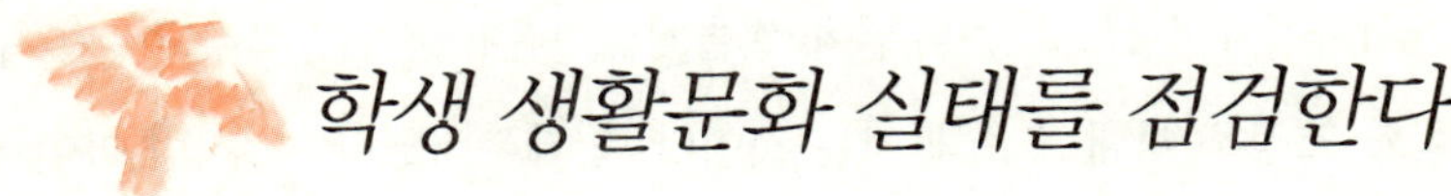

학생 생활문화 실태를 점검한다

창을 타고 넘어오는 햇살이 좋아 창가에 선다. 멀지 않은 곳에 서 있는 살구나무 가지에 맺힌 꽃눈의 살짝 내비친 분홍빛이 곱다. 새 학기가 시작되는 삼월은 새롭게 만나게 되는 학생들을 이해하고 새로 맡게 된 업무의 연간계획 수립, 수업 준비, 교실환경 정비 등으로 바빠서 창밖 한번 쳐다보지도 못하였다. 문득 눈앞이 환하게 밝아지면서 따뜻하기에 고개를 들고 보니 봄이 어느새 이처럼 가깝게 곁에 와 있었다.

수업이 끝난 지 얼마 되지 않았는데도 이미 대부분의 학생들이 빠져나가고 없는 탓인지 교정은 조용하기만하다. 텅 빈 운동장을 바라보고 있으려니 모처럼만에 여유를 찾은 것도 같은데 이렇게 찾아온 한가로움이 쓸쓸하게 느껴지는 것은 왜일까 싶다. 미술 선생님께서 가까이 오면서 무얼 그리 오래 바라보고 있느냐고 묻는다. 나는 "운동장에 아이들이 하나도 없네요." 라고 대답했다. 동이 트면 좁은 교문을 밀물처럼 밀고 들어서는 학생들이 종일 재잘거리다가 하루 수업이 끝난 후에는 종례를 마치자마자 우르르 앞 다투어 썰물처럼 빠져나간다. 그러고나면 넓은 학교 교정은 이내 고요해 지는 것이다. 언제부터였나? 이처럼 아이들이 더 이상 학교에 남으려 하지 않고 재빠르게 교문 밖으로 달려나가기 시작한 것이…….

이십여 년 전 시골 학교에 있을 적에는 늦도록 운동장이 떠들썩했다. 학생들은 하루 수업을 마친 후에도 동네별로 축구 경기를 하느라고 해가 지는 줄도 몰랐다. 아직 이른 봄인데도 등에 땀이 젖도록 젊은 남선생들과 학생들이 함께 뛰던 모습을 잊을 수 없다. 어쩌다 일손이 딸리는 농번기가 되면 조금 한가할 뿐. 때로는 집에 가서 이것저것 집안일을 거들어야 하는 것이 너무도 힘이 들어 일부러 학교에 남아서 돌아가지 않는 학생들도 있었지만, 오래된 그때의 일들이 텅 빈 운동장을 바라보고 있으려니 새삼스럽게 잊혀지지 않는 그리움으로 되살아온다.

이제 아이들은 더 이상 학교에 남아 어두워질 때까지 축구를 하거나 농구를 하지 않는다. 어쩌다 운동을 하는 아이들도 아주 잠깐일 뿐으로 하나 둘 책가방을 메고 바쁜 걸음으로 교문을 나선다.

우리 아이들은 지금 모두 어디로 가는 것 일까? 중학교에 다니는 진호와 상철이는 아침으로 씨리얼을 우유에 타 먹는다. 8시까지는 학교에 도착해야 하기 때문에 차분히 앉아 밥이나 빵을 먹을 시간이 부족하지만 식욕도 나지 않기 때문이다. 점심은 학교에서 나오는 급식을 주로 하는데, 설문지에 고기와 햄을 좋아하는 반찬이라고 쓴 영향인지 비엔나 소세지 등 먹기 좋은 반찬이 있어 잘 먹는 편이다. 또한 간식으로 비스킷이나 바나나 등이 가끔 나온다. 학교 안에 설치되어 있는 음료수 자판기도 자주 이용한다. 1,500여 명의 학생들이 이용하는 자판기 옆에는 커다란 분리수거용 쓰레기통이 있는데 매일 비워도 가득찰 만큼 많이들 이용한다. 40명 반 아이들 중 반이 넘는 수가 날마다 학원에 가서 부족한 과목을 보충하고 있다. 진호와 상철이도 하교 후에는 학원에 간다. 주로 영어와 수학이지만 국어, 과학, 사회까지 종합으로 받는 아이들은 저녁 9시가 넘어서야 집으로 돌아간다. 열린교육의 실시와 수행평가를 실시한 후로 오히려 학원 수강이 더 늘어난 느낌이다.

열린 교육에 대한 인식부족과 수행평가 또한 내신 성적과 연결 지어 자녀들의 성적을 걱정하는 부모들이 걱정하기 때문에 그렇다.

얼마 전 방송에서 경기도의 어느 어머니가 "열린교육하니까 학교에서는 공부를 잘 안시키잖아요. 그러니까 학원에라도 보내야지요." 라고 말하는 것을 듣고 얼마나 놀랐는지 모른다. 이것을 어찌 제대로 알지 못하여 하는 말이라고 학부모 탓만 할 수 있겠는가. 학원 수강이 비단 학과에만 치중하는 것은 아니다. 새로 바뀌는 대학 입시제도에 대비하고 다양한 방면의 소질을 개발하겠다는 많은 아이들이 각종 예체능 개인지도를 받기 위해서 일어日語나 중국어 등 제2외국어 수강을 위하여 밤늦은 시각까지 학원을 이용하고 있다. 학원이 밀집되어 있는 거리는 자정이 다 되도록 형광등 불빛으로 대낮처럼 환하다.

중앙동의 사거리에 있는 많은 패스트푸드 전문점에는 오후 3~4시경부터 중 · 고등학생들로 만원이다. 라면, 만두, 햄버거, 떡볶기 등을 간식으로 먹는 아이들이다. 초등학생들을 위하여 교문 앞 문방구에도 역시 이러한 군것질감을 넉넉하게 마련해 놓고 있다. 어른들이 자라던 옛 시절보다 용돈이 풍족한 요즈음의 학생들은 대부분 먹을거리를 걱정하지 않는다.

이삼십 년 전과 비교한다면 우리의 식단은 엄청나게 변화했다. 채식 위주의 식단이 지금은 단백질 위주의 식단으로 바뀌었고 요리법도 다양해졌을 뿐 아니라 짜지 않게 조리하게 되면서부터 먹는 양도 많이 늘었다. 어린 아이들은 매일 무엇을 반찬으로 먹는지 메뉴를 궁금해 하고 엄마들은 사랑스러운 자녀를 위해서 육류를 주 재료로 만든 반찬이나 아이들이 좋아하는 인스턴트식품을 이용하지 않을 수 없다.

덕분에 우리나라 청소년들은 날이 갈수록 키가 크고 몸무게가 늘어 체격이 향상되고 있다. 빠른 아이들은 중학교 삼학년쯤 되면 아빠보다 키가 크다. 교실에서도 이러한 아이들을 위하여 해마다 중학교의 작은 호수 책걸상이 초등학교로 옮겨지고 있으며, 작은 것들은 10호나 11호의 큰 호수로 교체되고 있다. 그럼에도 불구하고 2학기가 되면 어느새 체격이 또 달라져서 책상 안에 두 다리를 제대로 모으지 못하는 아이들이 생긴다.

초등학교에 다니는 우리 대원이가 쓴 일기에는 맛있게 먹었던 음식과 즐겨하는 게임이야기가 대부분이다. 며칠 전 신문에서 99년 PC방 인기게임 순이 나왔는데, 스타크래프트가 61%로 1위이고, 레인보식스, 피파 99, 리니지 순이라고 한다. 지난해만 해도 스타크래프트만을 즐기던 대원이가 요즘에는 리니지에 빠져 있다.

평소에는 유별스럽다고 할 만큼 아끼는 용돈이지만. 리니지고수 따라잡기 등의 CD를 구입하거나 게임 월간잡지를 구독하는 데는 아끼지 않고 돈을 쓴다. 책꽂이 가득 각종 게임 해설 책자가 가득하다. 밤늦도록 불이 켜져 있어서 웬일인가 싶어 방문을 열어 보면, 아주 작은 활자가 빽

빽하게 쓰여 있는 게임 책을 보고 있는 경우가 많다. 집에서도 곧잘 인터넷 게임을 하는데 가끔은 게임방에도 가는 것을 알고 있다.

하루에 컴퓨터 게임을 어느 정도나 하는지 학생들에게 물었더니 중학교 2학년 남·여학생의 반수 이상이 하루 한두 시간 이상 게임을 하고 있었다. 한 게임 전문지가 최근 중·고생 1,000명을 대상으로 조사한 결과에 의하면 50%가 장래 프로그래머가 되고 싶다고 응답했다. PC방을 사용하는 사람의 65%가 게임을 즐기기 위해서이고, 인터넷 자료 검색을 위해 이용하는 사람은 불과 9%에 불과했다. 이곳을 찾는 사람들의 34%가 10대라고 하는데 게임 방에서 밤샘을 하고 눈동자가 빨개져서 등교하는 학생들이 갈수록 늘고 있는 형편이다.

현재 20여 종을 헤아리는 인터넷 게임 중에서 자기 요새를 지키고 상대방 종족의 요새와 병력을 파괴하는 전략시뮬레이션 게임인 스타크래프트는 지난해 국내 판매량이 세계 판매량의 3분의 1을 돌파했다고 한다. 얼마 전 이 게임의 내용을 쓴 자료를 읽어 보았는데 게임이전에 훌륭한 미래 과학 소설이었다. 여기에 개인의 지략을 발휘하여 무궁무진한 전술을 세워 싸울 수 있는 한 편의 판타지 소설인 것이다. 어느 학자는 "우리나라에서 스타크래프트가 특히 열풍을 일으키는 것은 성적 위주의 경쟁주의 성향이 이 게임의 속성인 치밀한 전략 경쟁과 맞아 떨어지기 때문"이라고 분석한다.

이제 게임은 우리나라 청소년들의 놀이문화로 이미 자리 잡고 있는 만큼 오히려 어른들이 우리 아이들을 바라보는 시각을 바꿔야 한다고 생각한다. 하지만 과도하게 몰입하여 학업에 지장을 줄 뿐 아니라 게임을 하다보면 운동량은 절대적으로 부족하게 되어 그렇지 않아도 갈수록 떨어지는 체력이고보니 우리나라 청소년의 건강이 심히 염려스럽지 않을 수 없다. 밤늦은 시간까지 일부러 기다려서 한 케이블 방송 채널에서 진행하는 게임경기를 관전하는 오늘의 청소년들과, 이 경기의 우승자를 우상처럼 여기며 미래를 설계하는 학생들을 위해서 우리 교육은 이제 어떤 새로운 프로그램을 준비해야 할 것인지를 논의해야 할 것 같다.

컴퓨터 게임에 몰입하게 되는 원인을 우리 사회의 자연 친화적인 놀이문화 절대 부족으로 보는 시각도 있다. 전북에 있는 청소년 교육 연구소에서는 도내 중고생 1,121명을 대상으로 청소년의 여가와 문화실태를 설문조사한 바 있다. 자료에 의하면 청소년의 여가 선용을 위해 필요한 시설로 청소년 문화회관과 휴식공원 그리고 체육시설을 들었다. 특히 중학생들은 수영장이나 실내 체육관 등 학생들이 자유롭게 이용할 수 있는 체육 시설이 필요하다고 41%의 학생들이 응답했다. 어쩐지 하루 일과가 끝나자마자 학원으로, 거리로, 게임방으로 달려가는 학생들이 운동할 수 있는 시설 부족을 말하는 것이 이상해 보이기는 하지만 그만큼 우리 청소년들이 체육에 대한 욕구 그러니까 운동하면서 뛰어 놀고자하는 마음을 가지고 있음을 보여주는 것이라는 생각이 든다.

금년에 중학생이 된 둘째 아이는 중학생이 되고 보니 놀 시간이 부족하다고 아우성이다. 초등학교 때에는 친구들과 농구를 하거나 함께 어울려 무엇인가를 할 수 있었는데 중학생이 되니 학교에서 늦게 끝날 뿐 아니라 방과후 활동이나 학원 수강 등으로 모두들 헤어져서 친구들과 만날 수가 없다는 것이다. 평소에 학생은 부지런히 배우고 익히는 것이 가장 중요한 일이라고 말해왔지만, 어쩌면 내 아이의 말처럼 지금 우리나라 학생들은 너무도 많은 것을 배우고 익히기를 강요받고 있는 것은 아닐까?

어느새 훌쩍 커버린 아이들! 그러나 과거에 비해 체격은 자랐으나 체력과 정신력을 기르는 것에 잠시 방심했다는 생각을 떨칠 수가 없다. 혼잡한 도로와 교통사고의 위험에 대한 우려 그리고 한 가지라도 더 가르치기 위해서 운전을 배우는 부모들의 각별한 애정이 이제는 버스 한 구간의 거리도 걷지 않으려고 하는 아이들을 만들었다. 중학교에서 고등학교로 진학해 갈수록 시간부족 등으로 운동장에 나가 뛰는 것을 싫어하게 되는 아이들. 학교에 있는 강당이나 체육관은 일부 운동선수의 훈련 장소로만 활용되는 바람에 때로는 이용하고 싶어도 이용할 수 없는 시설들이다. 입시 위주의 진학풍토 때문에 아무래도 소홀하게 되는 체육 시간! 이처럼 걷고 일하고 뛸 수 있는 시간과 공간이 없는 환경에서 자라고 있는 오늘의 청소년들이 비록 좋은 음식으로 체격은 크게 자랐을지 모르지만 체력은 나약해 질 수 밖에 없는 것이다.

아울러 오늘날 우리 청소년들의 정신건강문제 역시 심각하다. 설문 내용 중에는 학교 시험 결과가 나쁘게 나오면 기분이 어떠한가를 묻는 항목이 있었는데, '조금 염려된다.' 라고 응답한 학생이 32.7%인 반면에, '죽고 싶다.' 라고 응답한 학생도 9.5%나 되었다. 조그마한 일에도 쉽게 좌절하고 심지어 목숨까지 버리는 나약한 일부 청소년의 정신상태가 그대로 드러나 있었다.

헬레나 노르베리 호지가 쓴 『오래된 미래』는, 1970년대 중반까지도 세상에 잘 알려지지 않았던 작은 티베트라 불리는 서부 히말라야 고원에 있는 라다크 마을의 변화를 엮은 것인데 이 책에서 지은이는 라다크 사람들에 대해서 말하기를 "그들은 그들이 가지고 있는 것이 그들에게 충분했다"고 한다. 서구의 문물이 들어오기 이전 그러니까 현대적 교육이 이루어지기 이전 라다크 사람들의 평화로움과 잔잔한 웃음을 보면서 한 말이다.

음식에 있어서도 에스키모인들이 아무런 곡물섭취 없이 생선과 고기만으로 건강할 수 있는 것처럼 라다크 사람들은 과거에는 보리와 낙농제품만으로도 잘 살고 있었다고 말한다. 전혀 균형 잡힌 식사가 아닌 그곳 사람들은 오히려 서구에서 보는 건강상의 문제가 전혀 없다는 것이 이를 잘 증명해준다고 덧붙였다.

사람에게 필요한 영양이라는 것은 그들이 오랜 세월동안 살고 있던 땅이 제공하는 환경에 몸이 일치하게 되어있다는 이야기에 이제는 우리가 귀를 기울일 필요가 있다. 우리에게 꼭 필요하지 않는 지식이나 기술에 얽매이지 않으며 방대한 양의 지식과 정보 중에서 한두 가지를 더 아는 것이 결코 중요한 일이 아니라는 것을 빨리 깨달아, 이제라도 우리 학생들에게 자연 친화적인 환경을 제공함으로써 심신이 건강한 대한민국 청소년 기르기에 힘써야 할 것이다. 2000

사랑과 믿음이 가득한 학교

새천년 새 날이 밝았다. 어디선가 진한 풀잎 냄새 밀려온다. 온갖 풀꽃들의 향기다. 전혀 동요하지 않을 몸짓으로 태초의 소리인 듯 우주로부터 신비한 음성이 들린다. 비로소 엎드려 있던 아이들, 장난치던 아이들, 낙서하던 아이들이 하나 둘 깜짝 놀라 자연의 소리에 귀 기울인다. 2000년의 바람이다. 사랑과 믿음이 살아 숨쉬는, 희망으로 가득한 학교를 향해 불어오는 향기로운 바람에 잠시 잠들어있던 우리 아이들이 깨어나고 있는 것이다.

지나간 한 세기동안 우리나라는 학교교육이 탄생하였고 시대와 상황에 따라 변화하는 이론을 수용하고 실험하면서 발전했다. 그 동안 우리의 아이들은 훌쩍 커 버렸다. 늦게나마 앞선 교육방법의 수용과 개선을 위해 머뭇거릴 때 마치 수업 중에 한 학생과 문제를 해결하는 동안 나머지 학생들이 소란한 것처럼 그렇게 아이들과 학교와 교실은 모두 중병을 잃었다. 그것은 둑이 터진 것처럼 갑작스럽게 다가와 교단에 선 교사와 학부모 그리고 우리 사회를 놀라게 했으며 끝내는 행위의 주체가 되었던 학생들 스스로 놀라고 말았다. 무엇이 지난 세기말 우리 사회를 이토록 혼란스럽게 하였던 것일까?

즐거운 수업을 위해 온갖 궁리를 하다가 몇몇 교사들이 모여 게임도 만들고 우스운 이야기도 수집했다. 학생들의 흥미를 끌만한 자료가 어딘가에 있는가싶어 쉬는 시간마다 여기 저기 인터넷 사이트를 여행하느라 하루해가 짧다.

어느 날 초임 지에서 찍었던 사진들을 꺼내 보았다. 하얀 교복 상의 안에 곧잘 색깔 있는 티셔츠를 받쳐 입고 걱정을 들으면서도 맑은 눈동자를 굴리며 나를 바라보던 아이들. 반절이 넘는 학생들이 졸업하면 가정형편 때문에 공장에 취업해야 한다는 것을 잘 알면서도 밤늦도록 자율학습 하겠다고 남아 있던 아이들! 그 애들을 졸업시키면서 당부하기를 "힘들더라도 야간고등학교에 꼭 진학하라."고 하였더니 이듬해 명절에 놀러 와서는 "야간에 공부하다보니 하루 4시간 잠자기도 어렵다."고 말해 내 마음을 아프게 했던 아이들이 앨범 속에 그때 그 모습으로 남아 있었다.

사회가 급변한다는 것은 알고 있으면서 학생들이 변화하는 것은 너무 빠르다고 우려했던 것이 아니었을까? 과거 어느 시대를 보아도 자라나는 세대를 근심하지 않은 적이 없었던 것을 생각하면 역시 지나친 근심이요 걱정이었음에 틀림없다. 지나침은 오히려 부족함만 못하다고 하지 않던가.

지난해 가을 우리 학교에서는 개교 이래 처음으로 예술제를 개최했다.

방과후 교육활동 시간과 매주 실시한 특별활동 시간에 참여한 학생들을 중심으로 전시회와 예능 발표 프로그램을 구성하고 남은 학생들을 위해서는 장기자랑을 마련했다. 팜플렛에 참여한 학생들의 이름을 모두 기재하고 학교 홈페이지에도 명단과 함께 여러 장의 사진을 올렸다. 그것이 모든 학생들이 모교에 대한 깊은 애정과 자긍심을 갖는 계기가 되었다. 공연하는 학생들의 기량도 놀라울 만큼 훌륭했다. 저 아이들이 며칠 전까지 수업 중에 엎드려있고 담을 넘다 꾸지람을 듣던 바로 그 애들이었나 싶었다. 내내 학교를 결석하던 여학생이 무대 위에서 열심히 춤을 추고 있었다. 얇은 종이를 곱게 접어 꽃다발과 종이 인형을 만들어 화려하게 장식함으로써 교정에 생기를 불어넣었다.

처음 치르는 일인데다 밤늦도록 준비하느라 지쳐 있었지만 행사가 갖는 커다란 의미를 깨닫고 진한 감동으로 몸이 떨려왔다. 그렇다! 이처럼 무한한 가능성을 지닌 소중한 아이들이 지금 내 곁에서 자라나고 있는 것이다. 엄청난 힘으로 다가온 2000년의 밝은 햇살이 쏟아지고 있다. 숨 막히도록 예쁘고 사랑스러운 아이들의 얼굴을 보라. 한없이 맑고 고운 저 학생들을 위해 이제 교육 사랑의 힘을 새롭게 키우자! 배움의 열정으로 가득한 교실 우리의 미래가 지금 여기에 있는 것이다. 2000

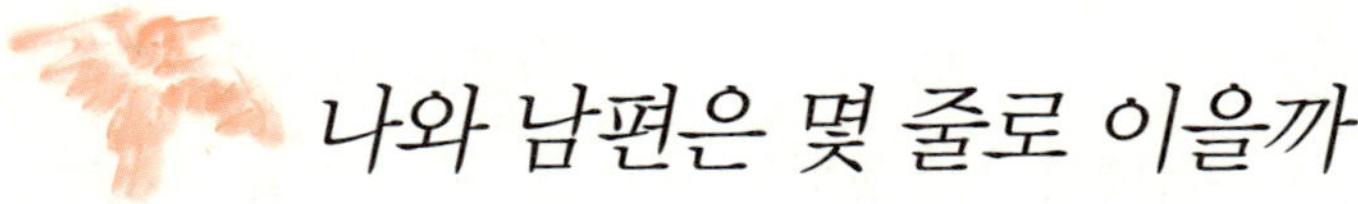

나와 남편은 몇 줄로 이을까

"나는 화장실에 가야했지만 자리를 비우기가 겁났다. 한나가 죽어가고 있다는 건 누구나 아는 사실이지만 그게 언제인지를 아는 사람은 없었다. 나는 아직 숨이 붙어있는 아이를 보면서 진작 화장실에 다녀오지 않은 내 자신을 책망했다. 죽음을 앞둔 아이들이 며칠씩 끌다가 혼자 남겨지는 순간에 숨을 거둔다는 이야기를 들은 적이 있다. 만약 내가 지금 화장실에 갔는데 그 사이에 한나가 죽는다면 한나가 내 품에서 평온하게 죽었다는 얘기 대신 내가 변기에 앉아 있는 동안 죽었다고 사람들에게 얘기해야 하는데, 과연 내가 견딜 수 있을까? 나는 차라리 볼일을 조금 더 참기로 했다. … 이제는 정말로 가야 했다. 일분에 한번 꼴로 나는 나 자신에게 말했다. '2분전에 갔다 왔더라면 별일 없었을 텐데.' 더는 일초도 참을 수 없게 되었을 때 나는 화장실로 달려가 변기에 앉았다. 한꺼번에 밀려드는 죄책감과 안도감을 억누를 수 없었다. 그리고 다시 한나 곁으로 돌아왔다. 한나는 아직 숨을 쉬고 있었다…."

세 번째 생일을 한달 앞두고 암 진단을 받았고 끝내 세상을 떠난 딸에 대한 기억들을 앨범처럼 모은 책 『한나의 선물』중에서 가장 인상 깊었던 부분이다.

며칠 전 동료 한 사람이 대학원 숙제를 하면서 느낀 어려움을 토로하면서 꺼낸 말이 생각난다. 나를 중심으로 해서 삼대를 그리는 '가계도 그리기' 가 있는데 사람과 사람 사이를 한 줄에서 세 줄까지로 친밀한 정도에 따라 표현하도록 되어 있단다. 그에게는 대학에 다니는 딸과 고등학교 3학년인 아들이 있는데 남편과 딸 그리고 아들 중에서 제일 먼저 딸과 나 사이에 세 줄을 그었단다. 언제부턴가 이런 저런 자잘한 일들을 나누고 의논하게 된 딸이 남편보다 우선하더란다. 그런데 막상 남편과의 사이를 이으려 하니 몇 줄로 이어야 할지 망설여져서 끝내 잇지 못하고 남겨 두었다고 했다. 한두 줄 더 잇는 것이 결코 쉽지 않더라는 말이다. 낮에 너무도 화가 나서 남편에게 전화를 해 이런 저런 푸념을 했다는 다른 동료에게는 "그 집 가계도는 남편과 세 줄 이구먼!" 하여 모두들 웃었다.

사실 이야기를 들으면서 우리들은 각자 나와 남편은 몇 줄로 이을 수 있는 관계인가를 생각하고 있었다. 나는 어린 나이에 병으로 죽어간 '한나' 를 떠올리면서 이렇게 고민할 수 있는 것만으로도 얼마나 다행인가 싶었다. 내 아이가 남보다 더 공부 잘하기를 바라는 것은 지금 충분히 건강하다는 증거이기 때문이다. 그러기에 비록 남겨둔 빈자리일지라도 서로의 관계를 고민할 수 있는 가족이 내게 있다는 것만으로도 우리는 분명 행복한 것이다. 그래서 살아 있는 것만으로도 참 고맙다. 2003

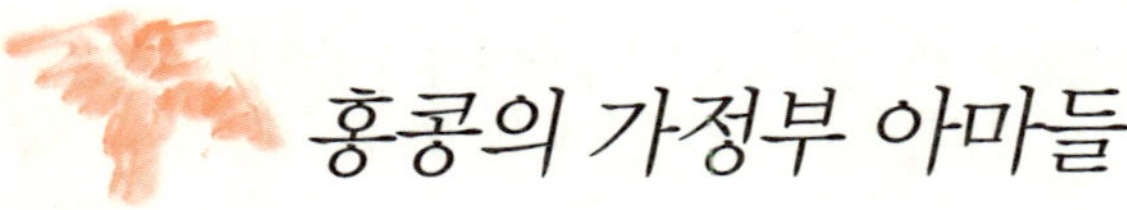

홍콩의 가정부 아마들

언젠가 홍콩에 갔을 때 일이다. 공원 옆을 지나는데 많은 사람들이 모여서 노래를 부르고 있었다. 마침 일요일이었기에 도시에서 기획하는 무슨 프로그램인 줄 알았는데 현지에서 미국인학교를 다니고 있는 조카의 설명이 홍콩의 아마들이라고 한다. '아마'란 홍콩에 와서 가정부 일을 하고 있는 사람을 말하는데 최근 통계에 의하면 홍콩 외국인 가정부는 약 24만 명이나 되고 이중에서 필리핀 여성이 60%라고 한다.

고층빌딩은 대부분 복도로 이어져 있는데, 평소와 달리 일요일이 되면 건물 벽에 등을 대고 앉아있는 아마들로 거리가 술렁인다. 토요일 밤부터 일요일 저녁까지 자유시간을 갖는 이들은 이른 아침 도시락을 들고서 일하는 집을 나와 고향에서 함께 온 친구들과 만나서 편지를 읽기도 하고 가족사진을 보면서 하루를 보낸다.

아마 중에는 대학을 졸업한 사람도 있는데 이들은 보통 한 삼 년 정도

홍콩에 머물면서 돈을 번다. 가급적 쓰지 않고 한푼이라도 아껴서 모은 돈으로 고향에 돌아가 결혼자금을 하고 집을 사기도 한다.

홍콩에 사는 많은 중국인들은 오직 차를 끓이기 위해 한 평 남짓한 부엌을 가지고 있을 뿐 집에서는 음식을 만들지 않고 하루 세끼 매식을 한다. 그러므로 아마를 데리고 있는 집은 크고 넓은 부엌을 가진 외국인들이 대부분이고 중국인 중에도 부자들이다. 아마들은 결코 주인이 있을 때 거실을 출입할 수 없으며 쓰레기를 운반하는 엘리베이터를 이용해서 외출할 수 있다. 이것은 당시 홍콩의 아마들이 얼마나 형편없는 대우를 받고 있는지를 말해주는 단적인 예이다.

홍콩정부는 최근 재정적자를 줄이기 위해 외국인 가정부 고용에 대해 세금을 부과하고 그만큼 가정부의 최저 임금을 낮추었다는데 이러한 조치에 대해 필리핀 정부는 크게 반발하고 있으며 홍콩에 가정부를 보내고 있는 필리핀 · 인도네시아 · 태국 · 네팔 등 6개국이 다음달 스리랑카에서 모임을 갖고 보복조치를 논의한다고 한다.

양쪽에 끼어 난감한 것은 아마들이다. 홍콩의 아마들은 근로계약이 끝나면 재계약하지 않는 한 당장 하루 3백5십 명씩 귀국해야 하기 때문이다. 우리나라에도 외국인 근로자들이 산업현장에 많이 들어와 있고, 그들에 대한 처우 논란이 계속되고 있는 터라 왠지 남의 일 같지 않아 마음이 아프다. 2003

빛나는 졸업장

또다시 2월이 오고 학생들이 졸업했다. 해마다 이맘때면 장롱 속에 곱게 접어 두었던 한복을 꺼내면서 다시금 한 해가 지나갔다는 것을 실감하곤 한다. 감색 교복에 단발머리를 고집했던 과거의 졸업처럼 교복을 벗는다는 벅찬 감흥이 없어서인지는 몰라도 요즈음의 졸업식은 특별히 들뜨지도 않고 헤어짐에 대한 아쉬움과 슬픔도 적어 형식적인 행사로 치러지는 것이 보통이다.

정들었던 교정이나 급우와의 이별을 실감하지 못해서인지 아니면 지긋지긋하기만 했던 수험생 시절과 숨 막히는 입시지옥에서 벗어난다는 해방감이 다른 어떤 감정보다도 우선하기 때문인지는 알 수 없지만 언제부터인가 우리는 별다른 아픔 없이 졸업을 맞이하게 되었다.

졸업식이라고 하면 말할 것도 없이 졸업장을 받는 의식이라고 할 것이다. 졸업장, 그 얼마나 값진 것인가! 그런데 졸업장 수여는 식이 시작되자마자 약간의 웅성거림 가운데 한 사람의 대표가 나왔다가 들어가는 것으로 얼른 지나가버리고 이어 시작되는 십여 명의 성적 우수자가 받는 표창과 장학금, 기관장 축사 등이 시간을 끌어 귀한 자리를 결국은 씁쓸하게 만들고 만다. 추운 겨울날 난로도 없이 두 개의 교실 사이에 있는 벽을 허물어 만든 시골학교의 졸업식장인 경우에는 더욱 그러하다.

인문계 고등학교나 대학을 진학하는 학생들보다 실업계나 취업으로 산업체로 가는 아이들이 더 많고 낙방하여 재수하는 학생들이 더 많은 오늘의 현실에서 한 시간이 넘는 졸업식의 주인공은 과연 누가 되어야 하는지 묻고 싶다.

집안 형편이 어려워 할 수 없이 산업체근로학교를 가야만 하는 핼쑥한 농촌의 딸과 아들들의 얼굴이 시간이 길어질수록 어두워지고 끝내는 고개 숙여 훌쩍이는 모습을 바라보면서 이 땅의 가난한 교육현황을 다시 한번 생각해 본다. 1989

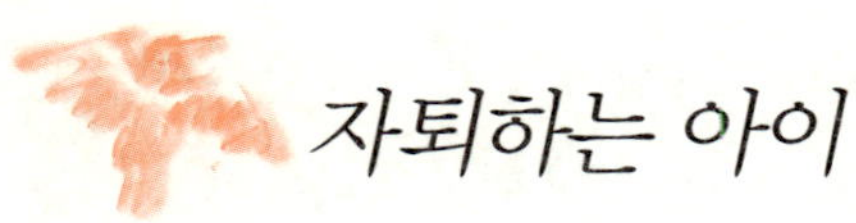

자퇴하는 아이

계절이 바뀌면 편지 쓰기가 수월해지는가. 무려 여섯 통이나 되는 편지를 쓰고 보니 미처 부리지 못하고 남아있던 짐을 비로소 해결한 것처럼 그렇게 후련할 수가 없다.

여름방학이 끝나고 개학하던 첫 날 "선생님 더 이상 학교를 다니지 못할 것 같아요. 하지만 엄마가 돌아오면 다시 다닐 수 있어요."라고 적힌 편지가 날아왔다. 1학기말이 얼마 남지 않아서 마음이 조급했다.

같은 마을에 사는 아이를 앞세우고 찾아간 집은 마을에서도 외따로 떨어져 있었는데 울창한 세 그루의 밤나무가 깊은 산 속의 적막을 더하였다. 여기 저기 수북하게 쌓인 빨래더미와 땟물이 자르르한 다섯 살 박이 사내아이를 보면서 정신을 놓아버린 남편과 어린 사남매를 두고 가출할 수밖에 없었던 한 여자를 생각했다. 단발머리 그대로 고추를 따 가지고 돌아오는 학생을 만나기전부터 멀미가 나기 시작했다.

차마 그만두겠다고 더 이상은 학교를 다닐 수 없다고 제 스스로는 말 못하고 묻는 말에 대답밖에 할 수 없는 어린 학생 앞에서 나는 참으로 무능한 교사였다. 아이의 눈가에 맺힌 눈물을 보면서 더 이상 그곳에 머물 수 없어 수업을 핑계 삼아 서둘러 도망하고야 말았다. 정녕 도망이었다. 내가 이 학생을 위해서 할 수 있는 일이 고작 이것뿐이란 말인가. 한 사람의 교육자로서 한 학생의 담임으로서 나는 한없이 부끄러웠다.

한 이삼 년 전쯤 되었을까. 보도위에 떨어지는 빗방울이 정강이를 간지럽게 한다고 느끼면서 걷고 있는데 뒤로부터 누군가 불쑥 내 우산 속으로 들어온다. 50대쯤 되어 보이는 남루한 옷차림의 여인이었다.

"대학에 다니는가 보제?"

다른 인사도 없이 그저 사투리 섞인 억양으로 투박하게 말하더니 자기 딸애는 지금 중학교까지 졸업하고 봉제공장에 다닌다고 묻지도 않는 말을 계속한다. 그리고 이렇게 말했다.

"대학 나오면 공장에는 안가도 되겄네?"

가슴이 두근두근 했다. 전혀 낯선 장소에서 아침잠을 깬 사람처럼, 해서는 안되는 나쁜 짓을 하다가 부모에게 들킨 아이처럼 알 수 없이 불안했다.

길가에 공중전화가 있었다. 그리고 그 앞에는 한 촌로가 무엇인가를 찾는 양 두리번거리고 있었다. 하나 남은 10원짜리 동전이라도 잃어버렸나 싶었는데 그것이 아니었다. 그는 자기 손가락을 대신해서 다이얼을 돌려줄 만한 물건을 찾고 있었던 것이다. 그의 굵은 손가락은 공중전화의 다이얼을 돌리기에 너무 통통했던 것이다.

바다는 숨을 몰아쉰다/얄팍한 웃음마저 깡그리 잊어버린/시대의 견습생/눈을 감을 수가 있다면 꿇어 엎드릴 수도 있겠지만은/날이 곧게 선 도시/곧은 날로 베어버린 다이얼 숙명/굵어진 손마디만이 도시의 이방인/그 어느 것도 버려둘 수 없는 황토흙 설움

–〈어둠밖에는〉 중에서–

한 아이를 자퇴처리하고는 종일 가슴을 앓았다. 담임 의견서가 필요하다는데 16절지 빈 종이를 앞에 두고 한참을 망설였다. 겨울이 멀지 않은 어느 날 어머니가 커다란 보따리를 안고 막차에서 내리는 생각을 했다. 그 애가 활짝 웃으면서 교실 문을 열고 들어서는 생각을 했다. 그러다 곧 우물가에서 쌀을 씻는 모습을 보았다. 고추를 따는 모습을 보았다. 미친 아버지를 붙들고 애원하는 모습을 보았다.

그래서 편지를 썼다. 더 이상은 이 아이들을 놓치고 싶지 않다고. 더 이상은 이 땅의 농촌 아이들을 울리고 싶지 않다고. 그리고는 곧바로 남은 학생들과의 개인면담을 시작했다. 1981

어려운 문제는 게임으로 풀어

'까르르~' 커다란 웃음소리가 막 니스 칠을 끝낸 한낮의 복도로 울려 퍼지면 지난주에 신문에 난 기사를 오려 재구성하던 아이들은 저희들끼리 얼굴을 마주보며 빙긋 웃는다. 무언가를 알겠다는 표정들이다.

그네들도 그랬듯이 지금 옆 반에서는 옆자리에 앉은 짝과 두 사람이 한 조가 되어 하는 과학 파트너 게임이 한창인 것이다. 어려운 수학공식을 도입하여도 풀리지 않는 물리 문제와 까다로운 화학반응식을 만날 때마다 시작되는 게임. 언제부터인지 학생들은 과학시간을 더 이상 지루하게 생각하지 않게 되었으며 어렵다는 생각마저 잊어버렸다.

3학년 지구과학 단원에서 태양계를 구성하는 항성과 행성에 대하여 공부하기 위하여 학생들은 네 개 조로 편성되어 한 조에 열명씩 모둠으로 앉았다. 각 조는 자기들의 고유이름을 정하고 조원들은 각자 태양, 수성, 금성, 지구, 화성, 목성, 토성, 천왕성, 해왕성, 명왕성[1]의 이름을 나누어 갖는다. 교사의 진행에 의해 지명 받은 조에서는 우선 모두가 네 박자에 맞추어 자기 조의 이름을 대고 지명 받은 조원은 다른 조의 이름과 행성을 부르면서 게임을 진행하는데 정해진 시간 안에 조원이 많이 살아 있으면 이기는 것으로 한다. 이러한 과정을 통하여 조별 협동심은 물론 개인의 집중력이 길러지며 항성과 행성의 관계도 절로 암기가 되는 것이다.

어느 날은 반 학생들이 책상을 뒤로 미루고 모두들 교실 바닥에 둘러 앉았다. 그리고는 카드놀이를 시작하는 것이다. 카드는 두 장씩 짝을 이루도록 미리 학생들이 적어둔 것이다. 즉, 산과 염기, 동물과 식물, 전해질과 비전해질 등 서로 밀접하게 관련된 두 단어들이다. 둥그렇게 앉아서 한쪽 카드는 손에 보관하고 또 한쪽 카드는 옆으로 돌리는데 돌아 온 카드와 본래 적어 넣은 것이 짝을 이루면 된다. 이것은 물질의 특성이나 생물의 분류과정을 스스로 터득할 수 있는 좋은 방법이며 상대방의 오류를 보면서 분류의 방법까지 터득하게 되는 것이다.

이처럼 카드놀이를 하는 학생들은 스스로 지금 자신들이 까다로운 생물의 분류단원을 공부하고 있다고 생각하지 못할 것이다. 그러나 한 시간이 지난 후에는 이미 생물 간의 공통점과 유연관계까지 다 깨달을 수 있으니 얼마나 좋은가!

우리학교에서 이처럼 과학수업에 게임을 도입한 것은 그리 오래되지 않았다. 아무리 노력해도 흥미를 느끼지 못하는 일부 학생들 뿐 아니라, 학교에서 공부하는 것만으로는 부족하다하여 저녁이면 학원에 가서 수

---

1) 명왕성은 2006년 국제천문연맹의 결정으로 태양계 행성에서 제외되었다.

강한 뒤 밤늦게 귀가하는 학생들, 더구나 금년에는 수행평가의 실시로 인해 과목마다 엄청나게 쏟아지는 과제물 등을 처리하다보니 우수한 학생들도 수업시간에 조는 경우가 많았다. 단순한 지식 전달과 문제풀이 등은 누구에게도 흥미를 가져다줄 수 없었던 것이다. 교과협의회가 있던 어느 날 이러한 문제점을 진즉부터 공감하고 있던 과학교사들은, 마침 레크리에이션 강습을 받고 돌아 온 선생으로부터 게임을 도입한 수업진행에 대한 이야기를 듣고 깊은 관심을 갖게 되었다. 그날 이후 전주중앙중학교 과학과에서는 자신이 맡고 있는 학년의 교수학습지도안을 작성할 때면 가급적 게임이 들어있는 교수학습모형을 틈나는 대로 개발하게 된 것이다. 그 결과 더 이상 과학시간에 졸고 있는 학생을 발견할 수 없게 된 것이다.

전주중앙중학교는 29학급에 남학생이 396명, 여학생이 795명으로 여학생의 수가 남학생의 두 배나 된다. 그럴 수밖에 없었던 이유는 반세기전에 설립된 이후 줄곧 여학교였는데 남녀공학으로 전환된 지 이제 3년밖에 되지 않았기 때문이다. 지금 3학년에 다니는 남학생들이 최초로 졸업하게 되는 남학생들인 것이다.

이 아이들이 중학교에 입학하던 날을 잊을 수 없다. 교정은 온통 서성거리는 여학생들로 술렁거렸다. 겨우 90여명밖에 배정되지 않은데다 새 학교에 입학하는 첫날이라 어색한 몸짓의 짧은 머리 남학생들이 교문을 들어서자 전교 여학생들의 눈길은 운동장으로 쏠렸다. 적어도 3월 한 달 동안은 1학년 남학생을 힐끗거리느라 아침 등교 길의 진입로가 정체현상을 빚었다. 선도부를 맡은 선배들이 남학생만 봐준다는 애교 있는 항의가 시작된 것도 그때부터였다.

과거의 중앙여중이 중앙중학교로 바뀐 지도 어느새 3년이다. 금년에야 비로소 남녀학생수가 1:1의 비율로 조정되어 40명의 학생중 남 · 여 각 20명씩으로 배정되니 이제야 공학다운 면모를 갖춘 셈인데, 초등학교의 연장에다 아직도 신입생이라는 분위기 때문인가. 다른 학년에 비하여 1학년 교실은 더욱 활기가 있다. 거리낌 없는 몸짓과 맑고 밝은 아이들의 표정을 바라보고 있노라면 우리 교육의 밝은 미래가 이곳에 있음을 새삼스럽게 느낄 수 있다.

창의적 교육과정의 운영으로 한 달에 한 번 토요일은 반별로 돌아가며 종일토록 과학실험을 하기도 하는데 교과서에 있는 내용 말고 조별로 할 수 있는 자율적인 실험과정을 구성하는 순서에 이르면 저마다 의견을 제시하느라 과학실은 그야말로 와글와글하다. 그러다보니 성급한 아이는 자기가 생각한 실험을 어서 빨리 해보려고 서두르다가 실수를 하기도 한다. 조교선생님의 말에 의하면 예전에 비해 유리기구의 파손이 엄청나게 늘었다고 한다. 그러나 실험기구의 파손이나 고장을 두려워한다면 어찌 제대로 된 실험수업을 할 수 있겠느냐고 선생들은 잘라 말한다. 이처럼 열려있는 선생님들과 함께하는 학생들은 얼마나 행복한가!

지난해 내가 담임했던 3학년 학생들은 도덕시간 탐구활동을 위하여 토요일 오후 비디오카메라를 들고 거리로 나섰다. "행복한 삶은 과연 어떻게 사는 것일까? 미래에 내가 선택할 수 있는 직업의 유형을 어느 곳에서 찾을 수 있을까?"에 대한 해답을 구하기 위하여 번화한 중앙동과 대학가 등을 돌아다니면서 만나는 사람들과 인터뷰를 하고 그 결과를 표로 만들어 본 것이다. 비디오 자료를 편집하는 일과 설문지를 작성하는 일 그리고 발표할 내용을 재구성하는 일 등을 조원들이 하나씩 나누어 준비하였으니 얼마나 충실하였는지는 가히 짐작할 수 있을 것이다. 담임으로서 내가 도울 수 있었던 일은 미처 준비하지 못한 자료의 보충을 위하여 도서관을 방문한다면서 오후 자율학습시간을 면제시켜 달라기에 기꺼이 그러라고 허락한 것뿐이다. 한 해의 수많은 수업시간 중에 겨우 한 시간을 위해 그처럼 열심히 노력하는 아이들의 모습이 얼마나 대견스럽고 예쁘던지 할 수 있다면 더 많은 것도 돕고 싶은 것이 나의 심정이었다. 수업을 마치고 온 담당교과 선생님은 내게 너무너무 행복하다고 말했다. 어쩌면 학생들이 그렇게 잘 해 왔는지 모르겠다면서 학생들의 무한한 능력에 놀랐으며 앞으로 고쳐 생각할 것이 많이 생겼다는 것이다. 열린 마음으로 지도하기에 학생을 가르치면서 행복한 선생님과 그래서 행복한 학생이 바로 이곳에 있는것이다.

조별 활동은 우수한 학생들과 어느 분야에서는 다소 뒤떨어지는 학생들이 같은 조를 이룸으로써 축소된 사회에서 함께하는 생활을 체험할 수 있다는 점에서 매우 바람직한 방법이다. 그러기에 실험을 많이 하게 되는 과학시간뿐 아니라 국어, 영어, 도덕, 사회, 기술 등 거의 모든 시간에 조별활동은 이루어지고 있다.

이십여 년 전 초임지에서 학생들에게 무섭게 말하던 어느분의 목소리가 기억난다. "실내에서는 쥐죽은 듯 고요하게 별들이 속삭이는 소리가 들리도록 하여라." 옆에서 듣고 있던 선생들까지 그 말에 서로들 바라보며 웃었지만 그동안 현장에서 학생을 교육하면서 가끔은 그 말이 생각났다.

별들이 속삭이는 소리가 들릴 정도로 조용한 교실! 그런 곳에서 과연 학생들은 무엇을 배우고 익히며 자신의 사고 영역을 넓힐 수 있었을까?

어쩌면 그렇게 배운 학생들은 과거를 그대로 답습하는 일에는 익숙할지 모른다. 그러나 수 분 이내에 전 세계의 인터넷 사이트를 자유롭게 여행할 수 있는 오늘날의 지구인으로 성장하기는 어려울 것임이 틀림없다.

지난 여름방학동안 학생들은 주변에서 더러운 곳과 깨끗한 곳을 찾아 사진을 찍고 비교해 보자는 과제를 받았다. 이미 과제 해결방법에 익숙해진 학생들이라 전주천의 상류에서 하류까지 따라 걸어가며 군데군데 사진을 찍어 비교한 후에 한벽루가 있는 상류는 비교적 맑아서 2급수를 유지하고 있으나 하류로 내려올수록 4급수에도 미치지 못할 만큼 많이 오염되어 있음을 밝혀냈다.

또한 깨끗하게 정돈된 아파트 단지 내부와 분리되지도 않은 채 쓰레기가 마구 버려진 주택가 골목길 전신주 아래 등을 비교하면서 여기저기에 쓰레기처럼 버려진 시민의 양심을 성토하기도 하였다. 발표를 원하는 학생은 실물화상기를 이용하여 자유롭게 발표하도록 권하였더니 자동카메라로 직접 찍은 사진을 재빨리 반 친구들에게 자랑하고 싶기도 하고 화면에 나타나는 자신의 보고서가 신기하기도 해서인지 서로 먼저 내용을 설명하려고 야단들이다. 발표하는 학생 옆에 미리 나가 대기하는 학생도 있었다. 그러면서도 다른 아이의 과제해결 과정을 듣기위하여 귀를 기울이는 모습이 사뭇 진지하다. "어! 저기에서 나도 사진 찍었는데 너무 더럽더라." "야, 정말 깨끗하다." "저기가 어디야?" 등등, 탄성이 여기저기에서 터져 나온다.

한 학생이 "저는 이번에 깨끗한 곳보다는 더러운 곳 찾기가 정말 쉬웠습니다. 이것으로 우리 환경이 지금 얼마나 많이 오염되어 있는가를 바로 알 수 있었습니다."라고 말하자 모두들 그렇다면서 손뼉을 치거나 심각한 표정으로 고개를 끄덕이기도 했다.

사회과에서는 우리 고장의 문화 유적지를 찾아보는 개인별 현장체험 학습이 있었다. 학생들의 보고서를 모두 모아 놓고 보니 어느새 몇 권의 전라북도 문화유적자료집이 만들어졌으며 규모 또한 방대하였다.

전주 풍남문을 비롯하여 조선왕조를 창업한 이태조의 영정이 봉안된 경기전과 고종황제의 친필 비가 남아있는 오목대, 그리고 전주 이씨 시조인 이한공의 묘가 있는 조경단 등은 시내에 있는 곳들이라서 조금만 걸어가면 얼마든지 찾을 수 있는 조상의 흔적으로 멀리 가지 않더라도 특별한 경험이 되었다고들 했다.

주말마다 한 지역을 집중적으로 찾아가서 사진도 찍고 유래 등을 조사하여 첨부한 어느 학생의 개인 보고서는 당시 동양 최대의 사찰이었다는 익산 미륵사지에 남아있는 석탑을 비롯하여 서동과 선화공주의 이야기로 우리에게 잘 알려진 무왕의 쌍릉, 고창의 고인돌 집성단지 등을 모아 누가보아도 한 권의 훌륭한 책이었다. 이 학생은 보고서 말미마다 체험학습 후에 느낀 점을 적어 두었는데, 인촌 김성수 선생의 생가를 다녀와서는 이렇게 썼다 “몇 년 전에 이곳에 와 본 일이 있었다. 그런데 그때에는 예전의 모습이 그대로 남아있어 아늑하였는데 이번에 보니 페인트칠을 새로 하여서인지 옛날의 모습을 찾아볼 수가 없었다. 왠지 역사적인 가치마저 떨어져 버린 것 같았다. 깨끗하게 칠하는 것도 좋지만 그대로 보존하는 것이 더 좋은 것이 아닐까하는 생각을 했다”라고.

지금은 우리 교사들이 학생들에게 무엇을 어떻게 가르쳐야 할 것인가를 심각하게 고민해야 할 시기이다. 정년단축으로 교단을 떠나게 된 어느 교장선생님의 말씀이 생각난다. “나는 지금까지 교직을 천직으로 생각하고 살아왔습니다. 교단에서 학생을 가르칠 때도 어떻게 하면 쉽게 가르칠 수 있을까를 늘 연구했습니다. 그래서인지 지금 이렇게 내 뜻과 다르게 교단을 떠나지만 큰 아쉬움은 없습니다." 이 분의 말처럼 과거의 선생들은 제자들에게 가급적 많은 것을 가르쳐주고자 노력했었다. 내 기억에도 수업시간마다 쏟아지던 엄청난 유인물로 책가방은 교과서 보다 과목별로 묶어진 프린트물이 더 많았다. 그리고 그 내용을 이해하기 위하여 새벽부터 밤늦게까지 수업을 받았다.

오늘날 필요한 것은 많은 양의 지식이 아니다. 예측할 수 없는 미래사회에 대응할 수 있도록 다양하고 창의적인 사고를 길러주는 일이 교육의 몫이다.

놀이와 게임을 하며 문제풀이를 하거나 조사해 온 자료에 대하여 거침없이 비판하고 새로운 의견을 제시하느라고 떠들썩한 교실은 교육에너지가 넘치는 풍요로운 교육의 현장이며 조국의 희망과 새천년이 살아 숨쉬는 곳이라는 자부심으로 가슴이 뿌듯해진다. 1999

다양한 학생들의 눈높이에 맞추어

즐거운 수업을 전개하고자 하는 데에는 지도교사가 얼마만큼 한 시간의 수업을 위해 많은 준비를 하고 구상했는가에 달려 있을 것이다. 평생 어떻게 하면 쉽게 가르칠 것인가를 고민하였다면서 교단을 떠나간 선배 교사의 뒷모습이 아른거린다. 학생 개개인이 활발하게 실험활동하면서 끊임없이 탐구하는 과학수업으로 대한민국의 밝은 미래를 꿈꾼다. 학생들과 함께 아이들의 눈높이에 맞추어 교육과정에 충실한 수업지도가 필요하다.

과학송으로 시작되는 수업시간

바람이 불고 지나자 노오란 은행잎들이 우수수 떨어진다. 바람 따라 '까르르' 웃는 학생들의 웃음소리가 은행나무아래 함께 날아와 쌓인다. 유난히도 단풍이 고운 올 가을의 풍성함이 우리 학생들의 거침없고 활기찬 웃음소리처럼 보인다. 참 아름다운 계절이다.

학생들은 어제와 오늘이 다르다. 어느 날은 '소화송' 을 열심히 부르기도 하고 어느 날은 소리 높여 교과서를 읽기도 한다. 시작종 소리가 울리고 교무실을 출발하여 과학실까지 학생을 찾아 가는 동안의 풍경이다. 멀리까지 들리는 학생들의 노래 소리가 수업하러가는 선생님들의 발길을 멈추게 한다.

고기 야채 콩밥 넣고~/비벼 비벼 한숟갈 냠냠~//입에서 아밀라아제/탄수화물 분해되고/위에선 펩신이 단백질 분해//울렁울렁 울렁울렁//소장 이자액에선/리.트.말.아를 통해/탄.단.지 분해되고 융털에서 흡수되고/모세혈관 간문맥간 심장탄단수용BC 무기염류/암죽관 림프관 가슴관 심장 지용비타민A,D,E,K//나머지는 대장에서/물기를 쫙 뺀 후에/한 떨기의 예쁜 변으로~/아이좋아~ 이제 소화 다됐네~

– '소화송' 가사 전문–

인터넷 사이트 http://www.lg-sl.net에서 만들어 보급하고 있는 '과학송' 중에서 '소화송' 은 따라 부르기도 쉽고 그 내용 또한 재미있어서 학생들이 가장 즐겨 부르는 노래 중의 하나다. 중학교 1학년 과학교과서에 있는 소화와 순환 단원을 배우기 전부터 시작해서 이미 학습이 끝이 난 지금까지 가장 사랑을 받고 있는 노래라고 할까.

아무튼 올해 학생들은 노래 부르는 재미에 푹 빠져 있는 것만 같다. 학생들이 좋아하는 가요를 패러디하여 만든 '과학송' 만들기 작업은 참 잘한 일이다. 학생들이 하도 재미있어라 하기에 지난 9월에는 개인별로 배운 단원을 설정하여 한 편씩 '내가 만든 과학송' 을 주제로한 과제를 냈더니 학생들은 생각했던 것보다도 훨씬 재미있는 노랫말을 만들어 와 우리를 즐겁게 했다.

학교 홈페이지 숙제방에서 만나는 이야기

올해 우리 학생들은 학교 홈페이지 숙제방에 지도교사가 숙제를 등록하고 제출기한을 주면 그 기한 내에 숙제한 것을 올리고 있다. 등록한 기한 내에 제출한 학생들의 작품은 따로 출력해서 보관하기도 하지만, 지도교사가 보관하지 않아도 항상 홈페이지 안에 들어있어 언제든지 특정 학생의 작품을 다시 꺼내어 볼 수가 있다. 경우에 따라서는 수업 중에 우수과제를 직접 찾아서 학생들과 함께 어떤 점이 잘되었는지에 대해 객관적인 평가를 할 수도 있다. 이러한 방법에 익숙하지 못한 학생들이 있어 때로는 마감일을 놓친 학생에게는 직접 제출할 수 있도록 기회를 열어주고는 있지만, 대부분의 많은 학생들은 매우 귀여운 언어와 표정을 곁들여서 제출기한 이후에는 선생님에게 쪽지와 함께 숙제물을 첨부파일로 붙여 보내온다.

학생들이 자신의 과제물을 보내올 때 써서 보내오는 짧은 편지를 읽는 재미가 얼마나 대단한지 받아보지 않은 사람은 짐작하기 어려울 것이다. 얼마 전까지는 일부러 과제를 이메일로 제출하도록 하여 몇 줄의 안부와 재미있는 이야기를 학생들과 주고받기도 했었는데 이메일보다도 학교홈페이지를 통해 이루어지는 이러한 일련의 과정들이 교사와 학생과의 관계를 더욱 가깝게 도울 뿐 아니라 학생의 형편을 더욱 잘 이해할 수 있어서 좋다. 차마 말할 수 없었던 집안 사정이나 심리적 갈등까지도 가끔은 자연스럽게 전달하기 때문이다. 그러기에 할 수 있다면 자잘한 일이라도 자주 올려서 학생들과 소통하고 휴대폰 문자메세지 등을 활용하여 학생은 물론 학부모님과도 대화의 기회를 많이 갖는 것이 필요하다.

현대화된 과학실에서

세월의 힘은 참 크다. 3년 전에는 수돗물을 틀면 세면대에서 지네가 올라오고 광물과 암석 상자를 열면 벌레가 기어 나와 학생들이 소리를 지르면서 저만큼씩 도망하던 과학실이었다. 그해에 과학실현대화사업을 신청하였고 마침 학교가 신축 중이었기에 새로 지은 건물에 과학실의 현대화를 설계할 수 있었다. 일부 진열장 등은 전에 쓰던 것을 계속 쓸 수밖에 없었으나 밝고 쾌적한 교실에 새로 들인 실험대와 여러 부대시설을 갖춘 지금의 과학실은 학생들의 새로운 공작실이 되었다.

과학시간이 되면 학생들은 과학실로 향한다. 으레 과학수업은 과학실에서 하는 것으로 되어 있다. 7차 교육과정으로 개편된 교과서의 여러 탐구활동은 비교적 간단한 실험을 통해 단원의 학습요소를 이해하도록 구성되어 있다. 과학실에서 수업을 하면 경우에 따라서는 사전에 실험준비가 되어 있지 않는다고 해도 짧은 시간에 관찰이나 시연 등의 활동 준비가 가능하다. 수업 중에 다음 시간에 하게 될 실험을 소개하면 학생들은 교실로 돌아가기 전에 다음 실험 준비물을 찾아오기도 한다.

충분한 실험 활동을 위해서는 수업시간을 2시간 연속해서 편성하는 것이 좋다. 중학생의 경우에는 실험기구 다루는 방법 등이 미숙하기 때문에 기구 및 재료 익히기 과정이 따로 필요하기 때문이다. 실험과정에 대한 충분한 검토와 함께 실험 결과에 대한 예상과 모듬 구성원간의 충분한 토론을 통해 실험을 하지 않아도 될 만큼의 활동이 이루어진 후에 실험을 실시한다면 완전학습이 될 것이다. 하지만 시간표 편성의 어려움은 물론 지도해야 할 교과의 내용이 많기 때문에 주어진 여건 하에서 과학수업의 효과를 기대할 수 있는 것은 역시 과학실에서 늘상 이루어지는 수업이다. 일단 과학실에서 수업을 하게 되면 간단한 시연이나 관찰만으로도 수업과정을 효율적으로 운영할 수 있게 된다. 1시간 동안에 교수학습과정을 완료하기위해서는 매시간 실험보고서를 꼼꼼하게 쓰는 일 등은 조절할 필요가 있다고 본다. 경우에 따라서는 교과서에 직접 실험값을 적어 분석할 수도 있고 노트에 그림이나 표로 그릴 수도 있다. 또는 방안지에 실험값과 그래프만을 그려서 내도록 할 수도 있다. 내가 학생들과 즐겨 사용하는 것은 실험 결과를 그림이나 그래프로 그리는 일인데 보고서보다는 방안지에 측정값과 함께 써서 제출하는 방법을 주로 이용한다.

학생들은 과학실에 있는 여러 가지 물건들을 모두 신기하게 여긴다. 뼈대가 드러난 인체 모형을 가까이서 들여다보며 이리저리 기웃거리기도 하고 만져보기도 한다. 1학년 학생들은 2학년들이 고무찰흙으로 만들어 하얀 종이에 붙여 만든 뇌와 신경계의 구조를 들여다보고는 우리도 배설기관을 고무찰흙으로 만들자고 말한다. 과학실은 이처럼 선후배간에 말이 없어도 이미 여러 가지 모형을 통해서 교통하는 곳이다.

동영상을 활용하는 수업을 통해

경우에 따라서는 말없이 만화로 시작되는 동영상 자료가 훨씬 학습동

기유발에 효과적이다. 화면에서 휘적휘적 걸어 나오는 한 소년이 식탁 위에 앉자마자 차례차례 차려지는 밥상에 이어 빠른 속도로 사라지는 음식으로 인해 비어버린 식탁은 이내 접시들만 반짝거린다. 그리고는 다소 붉어지는 소년의 얼굴과 화장실이 나오고 점점 밝아지는 표정과 함께 '배설기관' 에 대한 설명이 이어지는 동영상 자료를 보고나면 이제 우리가 무엇을 배워야하는지가 짧은 시간에 명백해진다.

지도교사가 직접 자료를 제작하지 않아도 인터넷서핑만으로도 차시별로 가장 적절한 자료를 얼마든지 찾을 수 있다. http://scienceall.com과 같은 잘 알려진 사이트를 비롯하여 개인자료실 등에 탑재되어 있는 훌륭한 자료를 다양한 방법으로 적절히 활용하는 일은 이미 우리선생님들의 자연스러운 교수 · 학습과정이 된지 오래다.

요즘에는 학생들도 디지털카메라를 자유롭게 사용하기 때문에 직접 촬영하여 해결할 수 있는 과제를 주는 것이 바람직하다. 학생들이 조사활동을 해야 하는 경우에는 가급적이면 내가 살고 있는 고장과 관련된 것이 좋다고 생각한다. 작은 활동이라도 항상 고향을 알고 사랑할 수 있도록 교육하는 것이 바람직하다고 믿기 때문이다. 지난해 캐나다에 학생들과 함께 과학체험을 다녀온 선생이 그곳의 교과서가 학생들이 살고 있는 지역의 지명과 자연환경을 중심으로 만들어진 점이 참 부러웠다고 말한 생각이 난다.

중등교과서에도 이제는 이런 작업이 필요한 시기가 되었다. 힘과 운동을 설명하기 위한 화보에 내 고장의 축구선수가 공을 차고 있으며 우리 동네 아저씨가 자전거를 타고 달리고 있으며 전주빙상경기장이라는 안내표지판 아래 스케이트를 타고 있는 두 사람을 통해 작용과 반작용의 법칙을 설명한다면 전라북도 학생들의 학습효과는 배가될 것이 틀림없는 일 아니겠는가.

현재 우리들의 교과서에서 부족한 점을 학생들이 직접 찍은 동영상 자료를 편집하여 재구성할 수 있을 것이다. 학생들의 자료는 작품성이나 완성도가 다소 떨어진다고 해도 아이들 자신이 모델이 되었다는 사실 하나만으로 모듬별로 실험활동에 응용하였을 때 매우 효과적이다. 이런 경우에는 지도교사의 교수 · 학습계획이 구체적이어야 한다는 전제가 필수적이다.

때로는 지도교사가 학생들의 실험과정을 촬영해 두었다가 실험결과에 대해 토론하는 과정에 자료로 적용할 수도 있다. 내 경우에는 가끔 학생들이 실험하고 있는 모습을 동영상으로 찍어 수업 끝나기 직전에 잠시 보여주곤 하는데 그때마다 학생들은 소리를 지르면서 즐거워라한다. 학생들과의 재미있는 한 시간의 수업을 위해서 단순하게 시작한 작업이었지만 이러한 방법을 수행평가에도 적용할 수도 있을 것이라는 생각을 해 본다. 미리 학생들과의 충분한 의사소통 후에 실험기구 다루는 법이나 주제에 맞는 실험 장치 과정 등을 촬영해 둔다면, 학생 상호간의 다면평가에도 활용할 수 있을 것이며 수행평가의 객관성과 신뢰도를 높이는 방안으로 활용할 수 있을 것이기 때문이다.

중국 조선족 학생들의 과학시간

지난여름 약 20여 명의 과학 선생님들과 함께 중국 요녕성 본계시에 있는 조선족중학에 갔었다. 조선족중학은 중국에 있는 조선족학생들을 교육하는 학교인데 학생들은 방학 중이었음에도 100여 명 정도가 등교해서 한국에서 온 과학 선생님을 기다리고 있었다. 중국인 교사의 설명에 의하면 평소 수업시간에 과학실험은 한번도 한 적이 없다고 했다. 그것은 실험할 수 있는 여건이 전혀 갖추어져 있지 않았기 때문이었다. 실험실이라는 곳이 있기는 했는데 우리나라 준비실보다 작았으며 그 작은 공간에 있는 진열장에는 겨우 전류계 몇 개와 비커 등 유리기구 몇 점이 전부였다.

우리는 미리 준비해 간 13가지의 간단한 과학실험 주제를 가지고 초 · 중등학생에게 실험과 공작 등의 수업을 했다. 현지 선생님의 협조를 받으면서 한국말에 익숙하지 않은 학생들에게 전개한 실험활동이 얼마나 재미있었는지는 충분히 상상할 수 있을 것이다. 학생들은 자신이 만든 종이비행기와 손가락 화석 등을 한 아름씩 들고 머리에다가 요술풍선으로 모자를 만들어 쓰고서 다음 실험을 위해 복도에 길게 줄을 서 기다렸다.

과학실험을 그렇게 좋아하는 아이들을 남겨두고 일정 때문에 돌아서서 올 수밖에 없었을 때 우리들은 서로를 다독이면서 한국에 돌아가서 우리가 맡고 있는 우리나라의 학생들을 위해서 지금보다도 더 열심히 가르치자고 다짐했다. 잊고 있었던 '가르침으로 인해 얻어지는 큰 기쁨'을 그날에 모두가 새삼 깨달았던 것이다. 그동안 많은 선생들이 고민하고 있었던 것은 어떻게 하면 재미있게 가르칠 수 있을 것인가에 대한 방법이었지만 여건이 낙후된 중국학교에서의 실험봉사를 통해 교사는 가르친다는 그 자체가 바로 기쁨이라는 것을 알았던 것이다.

지역과학축제와 과학캠프에의 참여

전라북도교육청이 주최하는 지역과학축제가 지난 10월에 정읍제일고등학교 운동장에서 있었다. 몇 년 전부터 전북에서도 과학의 대중화를 이루고자 과학축제를 개최하고 있었으나 주로 전북대학교나 교육정보과학원에서 열었던 관계로 전주시와 인접한 지역의 거주학생들 이외의 원거리에 있는 지역 학생들은 '과학축제' 로부터 소외되어 있을 수밖에 없었다. 다행히 올해 정읍에서 처음으로 지역과학축제를 갖게 되어 많은 지역 학생들이 새로운 체험을 할 수 있었다.

이번 행사에는 정읍시 관내 초 · 중학교에서 하나 이상의 프로그램을 가지고 참여하였는데 비교적 쉽게 접근할 수 있고 흥미로우며 학생들이 직접 체험할 수 있는 항목들로 구성되었다. 아울러 정읍시가 선도하고 있는 한국생명공학연구원과 첨단방사성이용연구센터 등이 있는 정읍시에 있는 여러 연구소의 자료를 전시장으로 마련하고 학생들로 하여금 우리고장에 대한 이해를 높이고자 노력했다. 각 부스마다 지도하는 선생님들이 길게 줄을 선 학생들을 위해서 종일 열심히 설명하면서 체험활동 속에 들어있는 과학적 원리를 가르치느라 하루해가 짧았다.

각급 학교에서는 정상수업을 조정하여 학생들이 과학체험활동을 할 수 있도록 하다보니 체험할 수 있었던 시간이 충분하지 못했던 점이 아쉬었지만 정읍 학생들에게는 참으로 유익한 하루였다.

교실에서 정규수업시간에 배우는 것보다도 색다른 이벤트를 통해 우리 학생들이 더 많은 것을 느끼고 깨우칠 수 있기 때문이다. 아동의 성장과정에서 어떤 행사에 한번이라도 참여한 경험이 있었는가의 유무는 자신의 사고의 폭을 넓히고 다양화시키는데 큰 역할을 좌우하게 된다. 뿐만 아니라 과학을 쉽게 이해하고 접근하게 될 것이니 학교수업에도 긍정적인 영향을 미치게 되고 진로를 결정하는 데에도 영향을 줄 수 있다. 같은 의미에서 학생들에게 과학캠프 등 단체 활동에의 적극적인 참가를 권유할 필요가 있다.

해마다 방학이 되면 학교 밖에서 이루어지는 여러 캠프 들이 있다. 과학캠프는 학생들만 참여하는 경우와 부모가 함께하는 프로그램 등이 있는데 가족사랑을 실천하고 자녀에게 체험의 즐거움을 알게 하고자 부모들이 의도적으로 가족캠프에 참가할 필요가 있다고 본다. 이런 경우 과학캠프를 선택한다면 아버지와 엄마가 아이들과 함께 어울려 만들기도 하고 놀이도 같이 할 수 있어 매우 효과적이다. 그러므로 학부모들에게는 가족과 함께하는 휴가계획을 단순한 놀이문화에 머무르게 하지 말고 교육적 효과를 염두에 두고 계획할 것을 권하고 싶다.

방학과제를 부과할 때에 교사는 이러한 사실을 염두에 두고 주제를 설정할 수도 있다. 예를 들면 학생들이 가족과 함께한 여행이나 친척집 방문, 수련회 등에서 경험한 사실을 체험활동 보고서로 써 보도록 하는 경우에 반드시 과학적 이야기와 원리 등을 곁들이도록 하는 것이다. 다소 제한적이고 구속력이 있는 일이지만 학생들이 너무 큰 부담을 갖지 않도록 하면서 과학을 공부할 수 있도록 교사가 인도한다면 효과는 생각보다 크게 나타날 것이다.

지난여름 학생들에게 부여한 방학과제보고서를 보면 해수욕장에 다녀온 학생이 바닷물의 운동을 밀물과 썰물로 또는 달의 운동으로 힘의 합성으로 설명하고 있었다. 냇물에서 조약돌을 보면서 유수에 의한 침식작용을 설명했으며, 산에 놀러 간 학생은 지층 사진을 찍어오기도 했다. 동네에서 쓰레기가 많은 불결한 곳을 통해 환경오염에 대해 써 온 학생도 있었으며, 집에서 내내 지낸 학생이라도 달의 모양이나 식물을 통해 관찰일지를 마련해오기도 했다.

다양한 학생들의 눈높이에 맞추어

유치원에 다니는 어린아이의 글자를 깨치기 위한 방송을 보고 나서 엄마가 무엇을 배웠느냐고 물으니까 가장 마지막에 본 광고 노래를 불렀다고 한다. 가끔 동영상이나 실험중심으로 수업을 하면서 내가 지도하고 있는 학생들 중에도 그러한 학생들이 있어 걱정이다.

강의식 수업에서는 학생들과 눈을 맞추면서 아이들의 표정을 관찰해가면서 적절하게 수업의 밀도를 조절할 수 있지만 동영상 자료들은 보통 실내를 조금 어둡게 유지해야 선명한 화면을 볼 수 있기 때문에 조명을 끄고 수업을 진행할 수밖에 없는 경우가 생기는데 이때 집중하지 않고 있는 학생들이 더러 있다. 때로는 화면으로 보여주는 자료만으로 학습내용을 충분하게 이해하지 못하는 경우도 있어 하는 수 없이 시간을 다시 마련하여 같은 내용을 반복하여 강의할 수밖에 없기도 한다.

탐구실험이나 관찰 등의 경우에도 가급적 모듬원이 모두 고르게 활동할 수 있도록 궁리를 해보지만 실험이 끝난 후에 무엇을 실험했는지조차 모르는 학생이 있다. 교사는 재미있는 수업을 이루고자하여 열심히 자료를 찾고 준비하고 이야기꺼리도 만들어 수업을 했는데 후에 확인해보면 재미있는 이야기만 기억하고 정작 과학적인 이론은 잊어버린 학생들을 발견하곤 한다.

그러기에 교구학습과정을 계획 중인 교사는 지도할 학생들의 수준과

환경을 고려할 필요가 있다. 아무리 우수한 동영상 자료라고 해도 선택하는 경우 지금 내가 가르치는 학생들에게 적절할지의 여부를 판단해야 하는 것이다. 한 학교에서도 학급 구성원간의 개인차로 인해 어느 학급에서는 괜찮았던 자료가 다른 학급에 적용했을 때에는 적절치 않은 경우도 있을 수 있기 때문이다. 그런 경우에는 심화보충과정을 적절하게 도입하는 방법도 좋을 것이라고 생각하며 더 높은 흥미를 가진 학생을 위해서는 방과 후에 특별한 시간을 마련함으로써 다양성에 대비하는 것도 좋을 것이다. 우리 학생들을 능동적이고 창의적인 업무를 수행하는 미래의 한국인으로 교육하기 위해서는 끊임없는 교사의 자기연찬이 병행되어야 한다.

너무도 조용하여 아직 학생들이 교실에서 과학실로 내려오지 않았는가 싶어 조심스럽게 문을 열면 지난 시간에 다 하지 못한 실험을 정리하고 다시 측정하느라 누군가 들어서는 것도 눈치 채지 못하는 정경이야말로 교사로서 내가 바라는 가장 이상적인 것이다. 하지만 오늘 우리 학생들이 무슨 일인지 알 수 없는 것들에 휩싸여 한없는 재잘거림으로 왁자지껄한 풍경 또한 내 아이들이 건강하다는 증거이기에 호통을 치면서도 나는 반갑다. 이처럼 밝고 예쁜 학생들을 가르치고 있다는 사실만으로도 행복한 나날이다. 2005

순간과 자신의 생生

무한한 시간 속에서 우리가 만나는 순간은 순간들끼리 뭉쳐 역사를 이룬다. 매순간은 신이 우리에게 부여했거나 삶이 인위적으로 조작한 것이라기보다는 자신과의 약속으로 파생된 것이라고 봐야할 것이다. 우리는 자신의 삶을 살고 있는 것이므로 좀 더 열심히 살아야할 의무가 있다. 우리의 삶에서 오직 존재하는 것은 이 순간뿐이요 순간만이 있을 뿐이다.

가끔은 한 달 전에 기록했던 일기가 생소하게 느껴지는 것은 그동안 자신을 잊고 살았기 때문이거나 어느새 변화되어버린 자신의 사고 때문일지 모른다. 우주의 시공을 생각한다면 한달이라는 시간 역시 짧은 순간이다. 오늘이라는 스물네 시간은 물론, 한 시간, 일 분, 일 초 역시 너무도 미미하여 그 존재조차 찾기 어려운 것이다. 그럼에도 그 짧은 시간 동안에도 우리는 수없이 변화하고 변모된 모습으로 살고 있다.

지상에서 살고 있는 모든 것들은 변화한다. 우리는 그렇게 변화하는 순간을 살고 있는 것이다. 인간이란 본래 고정이라는 단어와는 인연이 없는 생물이다. 하루 중 단 일초라도 다르게 변화되어지는 순간속의 변화를 가진 삶은, 잠재적인 기존 질서에 터를 닦아 순간에 충실함으로써 순간과 순간을 모아 영원을 이룸으로써 한 사람의 생에서 비로소 영원이라는 단어를 조합할 수 있다.

모든 사람들은 나름대로 크고 작은 문제를 안고 있다. 대부분의 사람들은 오늘 내가 겪고 있는 문제가 그 어느 때의 그것보다도 어렵고 더 크다고 생각한다. 그것은 지나쳐왔던 과거의 문제들은 이미 과거로 지나가 버린 것이고 미래에 닥쳐올 문제라면 그것은 아직 자신에게 겪고 있지 않기 때문에 그 농도나 비중을 느끼지 못하기 때문이다. 그러므로 현재 당면하고 있는 문제가 가장 크게 느껴지고 가장 안타까운 현실이 되는 것이다.

때로는 당면한 문제가 바로 해결되지 않는 경우에 몹시 당황하고 좌절하곤 한다. 하지만 다시 생각해보자. 오늘도 내일이면 과거가 된다. 이미 내게는 지나가버린 과거가 되는 것이다. 결국 모든 날의 순간은 하나의 생이라는 영속적인 삶속에서 존재하는 집합의 원소일 뿐이다. 한 개의 커다란 집단속에 속해있는 원소인 까닭에 그 원소는 나름대로 임무를 충실히 하고 역할을 잘해야 한다. 하지만 역시 원소는 원소이고 그 원소는 집합 내에 속해있는 것 이외에 그 무엇일 수 없다.

그러므로 우리는 좀더 넓게 좌우를 둘러보는 여유를 가져야 한다. 보다 포괄적인 눈으로 내게 주어진 생을 바라보고 그 삶 속에서 존재하는 오늘을 깊이 생각해야 한다. 그렇게 되면 적어도 실패를 위한 실패와 같은 결과물은 없으리라. 그것은 '여유' 가 책임 있는 결과를 동반할 능력을 가지기 때문이다.

내일을 위해서 오늘 한모금의 물조차도 아끼던 사람이 어느 날 갑자기 죽는 것을 보았다. 안타까운 젊은 여인에게 과연 내일은 존재하였는가? 내일이라는 단어는 무엇을 말하고 있는가? 내일은 곧 오늘이 되고 오늘은 또 다시 과거가 되어버린다. 존재하는 모든 것은 결국 순간뿐이다. 게오르규나 스피노자 마르틴 · 루터가 심었던 내일을 위한 오늘의 사과나무는 결코 오늘을 포기한 내일만의 사과나무가 아니라 한 그루의 사과나무는 곧 오늘이라는 명제로 순간에 대한 아낌없는 충실을 뜻한다. 우리에게는 오늘 이 순간을 보다 과감하고 대담하게 대처하는 자세가 필요하다. 주춤거리거나 머뭇거리지 말라. 내 앞을 직시하는 생활을 'Ego' 라고 평가한다면 그것은 폭력이다.

얼마 전 겨울바다에 갔다가 어느 젊은 부부를 만나게 되었다. 이제 갓 서른을 넘은 그들은 같은 대학 같은 과를 졸업하고 그 해 결혼하면서 시골로 내려왔다고 했다. 땅을 일구어 채소를 심고 손수 찍은 벽돌을 이어 집을 지은 그들만의 보금자리에서 농사를 지으며 살고 있었다. 진정으로 농부가 되고자 내려온 사람들이었다. 인간 최고의 선이 행복이라는데 나는 그들에게서 참 행복을 보았다.

'자기 확신' 이라고 한다. 어떤 사실이나 행위에 있어 먼저 자기 스스로를 믿음으로써 진정으로 그 일을 하고 싶고 할 수 있다고 생각하고 행위로써 실천하는 것이다. '자기 확신' 이 뚜렷한 사람은 결과의 가능성을 믿는 사람이다. '자기 확신' 은 '자기만족' 을 낳고 그것은 '자신의 행복' 을 잉태한다. 그것은 타인의 삶이 아니라 바로 자신의 삶이다. 행복이란 자신의 삶의 결과적 산물이다. 우리가 자주 잊는 것은 자신의 삶이 아니라 살고 있다는 생각을 잊는 것이 아닐까? 사람들의 삶에는 자신의 삶을 사는 사람이 있고 타인의 삶을 살아주고 있는 경우가 있다. 타인의 삶이란 한마디로 덤으로 사는 인생일 것이다. 자신의 삶은 생명이 있으며 타인의 삶을 사는 것은 생명이 없다.

민족을 위해 분연히 일어섰던 사람들은 민족을 곧 자신이라고 생각한 자신의 삶을 선택한 것이요, 인류를 위해 큰 몸짓으로 희생했던 사람은 희생하는 것이 곧 자신의 삶이라고 받아들인 것이기에 곧 자신의 삶을 바르게 살았다고 본다. 자신의 삶은 순간의 연속으로 이루어지는 것이고 순간과 순간에의 충실로 진정한 삶을 이룰 수 있는 것이다. 우리에겐 오늘 이 순간을 뚜렷한 '자기 확신'을 가지고 용감하게 개척해야 할 의무가 있다. 1978

장애학생을 위한 과학교육의 실현

수업을 위해 교실까지 가는 길에서 철쭉이 하루가 다르게 벙글어진다. 지난주에는 그저 분홍빛 화관을 쓰고 앉아있더니만 오늘 아침에는 작은 럭비공이 되어 연신 하늘을 향해 고갯짓을 한다. 이미 활짝 개화했거나 진홍빛처럼 오후에라도 꽃필 것 같은 것도 있는데 백철쭉만은 이제야 화관을 막 쓰고 부스스 일어서고 있다. 다 같은 철쭉인줄 알았는데 이제 보니 그들에게도 조금 일찍 피는 것이 있고 늦게 피는 것이 있었던 것이다. 오히려 늦게 봉오리를 맺은 백철쭉은 그동안 초록치마사이로 내보인 버선코 같기도 하고 새의 날개 끝 같기도 한 꽃잎을 내밀어 여러 사람들의 발길을 멈추게 했다.

4월 과학의 달을 맞이하여 얼마 전 전라북도과학교사교육연합회가 주관하는 학술세미나가 있었다. 이날 초청연사인 과학문화교육연구소 박승재 교수는 '잃어버린 1/3을 찾아서' 라는 주제로 우리에게 깊은 감동을 주었다. 잃어버린 1/3이란, 공부를 잘 할 수 있는데 하고 싶어도 할 수 없는 신체장애학생이나 노력해도 안 되는 학습지진학생, 공부를 하지 않아서 성적이 나쁜 학습부진학생, 공부를 잘 하지만 제도 및 경제적 여건 등으로 소외된 학생 그리고 신체적 정신적 장애가 겹친 중복장애 학생을 말한다.

서울대학교에서 정년까지 우수한 학생을 대상으로 강의를 했던 그는 그동안 상위 1/3에 해당하는 학생들만을 격려하고 연구 지원해왔다면서 공부하기를 어려워하고 점수가 낮은 학생은 모든 것이 학생의 탓이라고만 생각하고 이해하려하지 않았던 지난 시간을 반성했다. 그리고는 시각장애학생을 위해서 만든 학습 자료로 지레의 원리를 설명하기 위해 군데군데 홈을 파서 만든 나무판지와 오목렌즈와 볼록렌즈를 통과하는 빛이 지나는 길을 실로 이어 만든 실험기구를 보여주었다.

평준화정책의 보완을 위해 학교에서는 영재교육과 수월성교육을 실시하고 있으며 기초학력이 부족한 학생을 위해 무료보충학습으로 지원하고 있다. 이제는 장애학생을 위한 과학실험교재의 개발과 공부를 잘 하지 못하는 학생들을 위한 보충학습자료의 개발을 위해서 노력해야 할 시점이다. 영재학생을 위한 지도 방법과 교재는 보통학생이나 지진학생을 위해 쓰기에는 적합하지 않겠지만 부진학생을 위해 연구 개발한 학습지도방법이나 실험교재는 모든 학생에게 유용할 것이라고 판단되기 때문이다.

머지않아 백철쭉이 활짝 피어 늦은 봄까지 눈 시리도록 아름다운 풍경을 이루면서 세상을 하얗게 만들 것이다. 다소 이르고 늦은 시간적인 차이가 있을지언정 꽃들은 이처럼 언젠가는 제 모습을 다 내보인다. 다소 이해가 느린 우리 학생들도 더 쉬운 교재를 활용한다면 어려운 과학적 원리에도 언젠가는 훤하게 물리가 트일 날이 올 것이라고 믿는다.

2006

군자오치君子五耻를 다시 읽는다

예로부터 기방에 가면 해서는 아니 되는 다섯 가지가 있었으니 이를 기생오불妓生五不이라고 했다. 그것이 무엇 무엇인지를 알아보는 것도 재미있는 일이겠으나 그보다는 군자가 해서는 아니 되는 다섯 가지의 덕목으로 군자5불君子五不을 진지하게 생각하는 것이 더 의미 있는 일이 아닌가 싶다.

군자가 해서는 아니 되는 군자오불 중에서 제1불不은 남을 따라 내 지조를 바꾸지 않는 것이요. 제2불不은 싫고 밉다고 하여 남을 모함하지 않는 것이다. 제3불不은 귀천에 따라 대접을 달리 하지 않는 것이요. 제4불不은 작은 예절에 구애받지 않는 것이며, 제5불不은 남의 실수나 흉을 들춰내지 않는 것이다.

세상에 나와 이름 석자 올린 후로 문단 말석에서 평생 쓰다 죽을 생각으로 시詩를 쓰면서도 원대로 다 쓰지 못하여 체한 가슴 쓸어내리듯 그렇게 지내왔는데, 지난 연말에 전북예술상을 받고 보니 그저 부끄럽기만하다. 비록 21세기 엄청난 속도로 변화하고 있는 현재에 내가 머물고는 있으나 우리 조상님들의 군자오치君子五恥를 열어 한 줄 한 줄 정성들여 다시 읽으면서 마음을 다스리고 더욱 좋은 글쓰기에 게으르지 않겠다는 다짐을 해 본다.

군자가 정녕 부끄러워해야 하는 군자오치 중 제1치恥는 예를 다하지 못함이요. 제2치恥는 마음속의 성의가 외모에 미치지 못함이며, 제3치恥는 겉으로 화려外華하고 내실이 없음이고, 제4치恥는 자신의 역량을 모르고 행하는 것이며, 제5치恥는 행하고서도 이루지 못함을 뜻한다.

나는 물이 되고자 한다. 자연에 거스르지 않고 흘러가고 싶다. 어느 산골 좁은 계곡에서 졸졸졸 흐르기 시작한 물이어도 좋다. 흐르다 나와 같은 또 다른 물을 만나 함께 어우러져 조금 더 많은 물이 되어 흐르고도 싶다. 때로는 경사진 곳을 흐를 수 있고 커다란 바위를 휘감아 돌아가거나 강폭이 좁은 곳을 흐르노라 다소 서둘러 빨리 갈 수도 있을 것이다. 그러다 평지를 흐르게 되면 유속은 점차 느려질 것이고 그때쯤이면 아름다운 풍광을 제 몸속에 담기도 하고 따스한 햇살로 온도를 높이기도 할 것이다. 계곡의 찬 물에는 미처 담그지 못한 눈동자 맑은 동네아이들도 이쯤 되면 살금살금 강가로 나와 물장난을 치며 놀겠지……. 나뭇잎에 가린 그늘에 숨어 노래도 하고 물장구치는 아이들 숨소리를 들으면서 깔깔대기도 하는 그런 물이 되어 오래오래 좋은 글을 쓰면서 살고 싶다. 2005

조미애 칼럼집

군자오불 학자오불

초판인쇄 | 2007년 6월 25일
초판발행 | 2007년 7월 1일

지은이 | 조 미 애
펴낸이 | 서 정 환
펴낸곳 | 신아출판사

주 소 | 전주시 완산구 태평동 251-30
전 화 | 063) 275-4000, 252-5633
등 록 | 1984년 8월 17일 제 28호
홈페이지 | http://www.shinapress.com
e-mail | shina321@chol.com

값 12,000원

ISBN 978-89-5925-225-1 03800

* 저자와 협의하여 인지는 생략합니다.
* 잘못된 책은 바꿔 드립니다.